HELIG DESIGN

OM FÖRFATTARNA

Christine Kromm Henrie är transmedium, andlig kanal, certifierad tidigare liv och livet mellan liven Regressionsterapeut samt framtida liv Progressionsterapeut och astrolog. Hon föddes och bodde i Stockholm, fram till 2014, då hon flyttade till USA och gifte sig med David Henrie, med vilken hon nu delar sitt arbete.

Hon hade ett intensivt andligt uppvaknande 2009, under en tidigare liv regression, vilket blev startpunkten för hennes arbete med de högre dimensionerna. Hon började ta emot budskap och visioner från sina andliga guider om sin själs uppdrag, information så att hon kunde utveckla de färdigheter som behövdes för att de skulle kunna tala genom henne. Hon tog till sig deras råd och studerade olika former av mediumskap, trans och astrologi i Sverige och England under de kommande fem åren. Denna intensiva träning gjorde det möjligt för henne att förfina länken och etablera förmågan att upprätthålla det förändrade medvetandetillståndet som krävdes under längre perioder.

Efter att ha flyttat till USA fortsatte hennes formella utbildning inom regression och hypnoterapi och där blev hon en licensierad Regressionsterapeut. Christine har kontor i Denver, Colorado och Stockholm, där hon erbjuder privata regressioner för att hjälpa människor att återkalla lärdomar från tidigare liv och minnen från deras andliga hem. Från 2019 tar hon även emot klienter i Skåne. Astrologiska konsultationer är också tillgängliga online.

David Henrie är en andlig forskare och ingenjör inom gas- och oljeindustrin. Under de senaste tre decennierna har han studerat och praktiserat tibetansk buddhism, amerikanska ursprungsbefolkningens seder, mediumskap och har utförligt forskat på nära-dödsupplevelser och olika former av andlig kommunikation. Han leder trans-sessionerna, samtalar med de andliga guider som Christine kanaliserar, och renskriver sen de inspelade dialogerna. Han sammanställer och organiserar materialet som presenteras i deras böcker.

Christine och David håller föreläsningar om själens utveckling och livet efter detta i USA och utomlands för att hjälpa människor att komma ihåg att de alla har ett själsligt uppdrag och syfte här på Jorden. Deras företag och all publicering sker via **Access Soul Knowledge, LLC**, ett Colorado-företag. För mer information, besök www.AccesSoulKnowledge.com.

HELIG DESIGN

Kanaliserade Budskap,

Första Vågen

Christine Kromm Henrie

&

David Henrie, Sp.D.

<u>Svensk Översättning</u>

Susanne Kromm   &   Christine Kromm Henrie

Access Soul Knowledge, LLC
Lakewood, Colorado
2020

Copyright © 2017 by Christine Kromm Henrie, David Henrie.

Alla rättigheter förbehållna. Ingen del av denna bok får reproduceras, lagras i, eller införas i ett informationslagringssystem, inte heller överföras i någon form eller på något sätt, vare sig elektroniskt, fotografiskt, inspelat eller på annat sätt, utan skriftligt tillstånd från upphovsrättsägaren. För information, vänligen kontakta författaren.

Library of Congress Cataloging-in-Publication

Henrie, Christine Kromm, 1972 - | Henrie, David, 1962 -

The Spiritual Design : channeled teachings, wave 1 / By Christine Kromm Henrie and David Henrie

  ISBN 978-0-9989870-0-2 (Paperback Edition)

  ISBN 978-0-9989870-1-9 (Hardcover Edition)

  ISBN 978-0-9989870-2-6 (E-book Edition)

  ISBN 978-1-951879-00-6 (Swedish Language Paperback)

  ISBN 978-1-951879-01-3 (Swedish Language E-book)

    Library of Congress Data Control Number: 2017943706

    LC record available at https://lccn.loc.gov/2017943706

  1. Reincarnation. 2. Channeling (Spiritualism). 3. Spirituality

  BL515 .H74 2017

  133.9'01'35—dc22

Translators: Christine Kromm Henrie and Susanne Kromm

Cover Art © Michael Pelin | Dreamstime.com

Printed in the United States of America

First Edition

First Printing, June 2017

Swedish Language Edition, January 2020

Access Soul Knowledge, LLC
Lakewood, Colorado 80226

För information om special rabatter vid bulkköp, vänligen kontakta förlaget via e-post: ask.krommhenrie@gmail.com eller via deras hemsida www.AccesSoulKnowledge.com

Innehåll

Kapitel	Sida
Inledning	1
Vårt Andliga Team	12
Själens Grundläggande Principer	19
Introduktion till Dimensionerna	26
Återblick på Livet	37
Den Mentala Världen	47
Den Karmiska Kappan	54
Kratrar eller Gupp	71
Du, Anden	83
Bob i Biblioteket	89
Fönster av Möjligheter	95
Reinkarnation	97
Du, Själen i en Människa	105
De Inre Dimensionerna	120
Jorden, 2:a och 3:e Dimensionen	158
GMO: s och Kommersiellt Jordbruk	223
Dimensionerna i Detalj	235
Fjärde Dimensionen	253
Moln med Nya Mönster	255

Konsten att Leva 273

Det Tredje Lagret, den Fysiska Kroppen 274

Det Fjärde och Femte Inre Lagren 281

Det Sjätte Inre Lagret av Helande Energier 282

Det Sjunde Inre Lagret, Kopplingen till Andevärlden 285

Ophelia Talar om Guider 293

Andliga Guider i Djur 299

Slutord 302

Förord till den Svenska Upplagan

Det är med stor glädje som vi nu kan presentera dessa kanaliserade budskap för våra svenska läsare på Christines modersmål. Våra andliga vänner talar ibland på svenska under offentliga trans-sessioner som hålls i Sverige, och om det inte vore för medförfattarens språkliga begränsningar, kunde de lätt ha levererat alla sina budskap på det språket. Andar kommunicerar med tankebubblor, som är telepatiska och ordlösa, och innehåller bilder, känslor och koncepten i sin helhet. Under trans-sessionerna måste de dekonstruera tankebubblorna i delar och sedan mödosamt, ord för ord, överföra dem till oss för att återskapa idén eller konceptet som de presenterar. De andar vars ord fyller våra böcker har en anmärkningsvärd förmåga att göra just det, och kärnan i deras budskap kan lätt överföras till andra språk som har en gemensam kulturell och social struktur, förutsatt att de individer som gör översättningen inte bara förstår den specifika betydelsen av ett ord på båda språken, men också helt förstår den ursprungliga andliga betydelsen. Vi sänder ett stort tack till Susanne Kromm från Malmö, Sverige, som genom sina språkkunskaper har kunnat ge oss en enastående, språkligt exakt översättning av den första vågens budskap och lärdomar. Susanne har också varit behjälplig med de redaktionella korrigeringarna av alla våra böcker och har lyssnat på nästan alla inspelningar av Bob, vilket har gett henne ett helt nödvändigt perspektiv i detta projekt. Christine har minutiöst sett till att översättningen har bibehållit både äktheten och nyanserna i budskapen. Vi kan försäkra läsaren att denna svenska version exakt förmedlar kärnan i de andliga budskapen.

David Henrie
Lakewood, Colorado
Januari 2020

Inledning

Denna bok är en sammanställning av budskap som getts till oss av en grupp andliga varelser, vars mål är att utbilda och väcka människors medvetenhet om deras egentliga plats och syfte som medskapare både här på Jorden och i andevärlden, när detta liv är över. De har tillhandahållit ett helt ramverk över hur andevärlden är organiserad och hur den fungerar, och avslöjar en storslagenhet som bara kan anas i nära-döden-upplevelser eller under hypnotiska livet-mellan-livet-regressioner. Vi har alltid varit, och kommer alltid att vara, andliga varelser med ett hem i, och en skapande roll inom, denna stora andliga organisation. Det olyckliga med att inkarneras som människa är att ditt medvetna sinne tvingas glömma vem du är. Eftersom så få kommer ihåg har mänskligheten blivit insnärjd i ideologier av halvsanningar och osanningar som främjas av religiösa och vetenskapliga organisationer. De andeväsen som vakar över vår planet beslutade att det nu var dags att ge mer kunskap till människan och starta processen att befria oss från dessa bojor. Dessa mästare har levererat helt fantastiska lärdomar genom en extraordinär transkanal, medförfattaren till denna bok, Christine. Genom de förmågor hon besitter kan de tala direkt, tydligt och utsökt detaljerat, precis som om de satt bredvid oss, om saker som tidigare varit dolda för människan. Våra andliga vänner lämnar inget utrymme för missuppfattningar eller oklarheter om vad de menar. Det primära fokuset i denna uppsättning dialoger handlar om hur alla livsformer skapas, hur vi blev till, varför vi är på Jorden och hur vi kan utnyttja vår återstående tid här på ett bättre sätt. Deras avsikt, genom att ge oss hela skapelseprocessen, är att förändra hur vi uppfattar och behandlar andra varelser som vi delar planeten med. Vissa kulturer, i ett mycket avlägset förflutet, hade en större förståelse för de andliga krafterna som skapar livsformer och allt det som är synligt för oss. Sedan den tiden för tusentals år sedan har människan fallit ner i ett djupt tillstånd av andlig okunnighet, och vår civilisation står och vacklar på randen till ännu en mörk tidsålder. Forskare kan förklara ett träd, men hur jord, vatten, luft och solljus blir till ett träd är över människans förstånd. Vårt andliga team har trätt fram för att ge oss detaljerna om de processer som pågår i kulissen, innan något manifesteras. Kanske, när vi inser hur allt hänger samman, kommer vi att börja förstå kraften i de val vi gör när det gäller oss själva och världen runt omkring oss.

Vi föds in i kulturer och indoktrineras av samhället att söka utanför oss själva för vägledning, visdom och meningen med våra liv. Men tänk om du själv hade sanningen inom dig om allt du vill veta om din själ, ditt syfte här på Jorden eller vad som händer efter att din kropp dör? Eller om hur andevärlden är organiserad och hur den fungerar? Och dessutom, tänk om du visste att din ande är lika ren som Skaparen? Skulle det förändra ditt sätt att leva eller tänka, om du visste att du inom dig själv kan leta efter svaren? Eller att inga religiösa institutioner eller ideologier kan stå mellan dig och din Skapare, och att ingen har rätt att döma din själ? Vårt andliga team har talat om dessa koncept, och många fler, under ett flertal kanaliserade sessioner med Christine. Det har varit ett privilegium och en ära att vara en del av detta projekt och när de började hålla sina föreläsningar gjorde de klart för oss att detta skulle spridas, så varje session spelas in och skrivs sedan noggrant ner. De instruerade oss att sammanställa vissa kärnidéer från denna samling budskap till en bok, så en stor del är direkt dikterat till oss från dem. Förutom att få en medvetenhet om de andliga verkligheter som är källan till livet på denna planet, vill vårt andliga team göra oss medvetna om de regler vi lever under som besökare här, det vi kallar karma, så att vår tid på Jorden kan användas klokare. Genom att lära människor att förstå gåvan och värdet i deras liv, hoppas de kunna styra mänskligheten i en mer positiv riktning.

I århundraden har religiösa organisationer kunnat kontrollera flödet av idéer och har effektivt hållit alla okunniga om själens sanna natur, även om det i sanningens namn, inte finns några bevis för att de skulle ha någon hemlighållen insikt om andlighet. Utanför kyrkväggarna har det alltid funnits healers, shamaner, mystiker och andra mera andligt medvetna, som följer en väg i avskildhet, något vi alla måste göra så småningom. Religiösa institutioner kräver lojalitet och anpassning till deras uppfattningar, där kritiskt tänkande ersätts av grupptänkande. Av den anledningen har de som påstått sig bevara en helig kunskap alltid varit snabba att hitta kättare i flocken och straffa dem, av rädsla för alla som skulle kunna ifrågasätta deras auktoritet. Tron är, som det visar sig, inget annat än blind lydnad mot de mandat som utfärdats av de nuvarande kyrkoledarna. Även om det på något sätt har fallit ur modet att tända eldar och bränna människor, är många religioner, särskilt de med ursprung mellan Medelhavet och Arabiska havet, fortfarande väldigt trångsynta i vad deras anhängare tillåts tro. Ett av deras största problem på senare tid har varit tillgången på idéer och upplevelser som delas på internet. Mängden kättarinformation måste vara överväldigande för dem som ansvarar för att upprätthålla imperier som bygger på lydnad och bedrägeri. Berättelser om nära-döden-upplevelser, och människor som minns tidigare liv, antingen genom regressionshypnos eller spontana minnen, räknas i hundratusentals, om inte miljoner. Att förbli illa informerad idag måste vara övermäktigt påfrestande för dem som vägrar att öppna sina ögon och öron. När allt fler människor vänder sig ifrån de traditionella religionerna, så blir det allt vanligare att de hamnar på villovägar, eftersom det finns få vägledare som pekar ut vilken riktning de ska ta. Det kan kännas jobbigt för individer, som under hela sitt liv accepterat regler utifrån, att själva börja ta beslut om hur de ska agera och tänka.

Vetenskapsakademierna är heller inte immuna mot samma generella kritik när det gäller egenrättfärdighet. När vetenskapen äntligen släpptes fri från undertryckande religiös kontroll, gick den helt i motsatt riktning. Nu verkar det som att den enda accepterade inställningen är en som avvisar alla uppfattningar om ett gudomligt ursprung av skapelsen. Istället väljer man att låtsas att denna vackra Jord, och omgivande kosmos, på något sätt organiserades i en komplex matematisk precision av en slumpmässig solvind. I många avseenden börjar den vetenskapliga uppfattningen med antagandet att det inte finns någon skapare, och ignorerar medvetet alla bevis som pekar i den riktningen. De vetenskapliga disciplinerna fungerar ungefär som religioner, eftersom de också kräver en blind lydnad till ett kollektivt grupptänkande, som dikterats av olika universitet och tekniska tidskrifter, alla kontrollerade och förhandsgranskade av likasinnade. Den mesta forskningen finansieras av regeringar eller stora företag som är i linje med varandra, så skadan de skapar kan vara enorm i omfattning, eftersom teknik regelbundet används på ett andligt destruktivt sätt. Det trösterika i den här historien är att det finns många forskare som privat tror på en högre makt, och jag räknar mig själv till dem.

Som en fri och oberoende andlig varelse har du all rätt att göra din egen forskning och följa dina egna instinkter om vad som kan vara sant eller inte. När du väl har gått över tröskeln till att acceptera att det finns en själ bortom din kropp, bortom döden, då öppnas dörren till alla slags andra sanningar och principer. Gå igenom den dörren och du blir vad du alltid har varit, en mästare i ditt eget öde, men är nu oberörd av andras åsikter. Så vi bjuder in dig på en resa av självupptäckande, om du är villig att ta det steget.

På grund av detta behov att höja mänsklighetens medvetande, enades en liten grupp andliga varelser om att delta i ett projekt för att återinföra en grundläggande förståelse för hur livet på denna planet skapas och underhålls, och hur var och en av oss bör interagera med denna verklighet. Förhoppningsvis kommer deras lärdomar att lägga en grund som kommande generationer av andliga sökare kan bygga en bättre värld på. Den här boken representerar den första vågen av visdom, levererad främst av tre mycket avancerade varelser inom de andliga områdena, var och en med unik kunskap i sin egen specialitet. Hela vägen genom deras samtal förblir de mycket kärleksfulla, omtänksamma, gladlynta och icke-dömande gentemot mänskligheten, trots att vi så lättvindigt förstör för oss själva och många andra av deras skapelser.

Christine och jag var involverade i planeringen av detta projekt innan vi föddes in i våra nuvarande liv och kom överens om att träda in i fysiska kroppar för att göra vår del i att föra ut viss kunskap vid denna tidpunkt. Tro inte att detta är unikt, eftersom varje inkommande själ har ett uppdrag med specifika mål de vill uppnå. I jordeår räknat har det tagit ganska lång tid att bryta mark för vårt projekt, eftersom vi båda var tvungna att förbereda oss på vårt eget sätt. För Christines del var hon tvungen att väcka de andliga krafterna i sig själv och utveckla förmågan att känna igen och kommunicera med sitt Högre Jag och andra avancerade andliga väsen.

Hon har sedan dess utvecklats till en anmärkningsvärt begåvad trans-kanal, och många delar av denna bok är ord-för-ord-budskap från detta andliga team, som kan tala både vältaligt och uttrycksfullt genom henne. Min karriär däremot har varit i den materiella världen som ingenjör inom gas och oljeindustrin, men mina verkliga intressen har följt en mer andlig väg. Eftersom Christine och jag först nyligen fann varandra, väntade resten av vårt team i andevärlden för att allt skulle falla på plats, så att de kunde börja överföra sina budskap. De har sagt att detta är ett tioårigt projekt, och att vi ska se det som insikter som kommer till Jorden, likt vågor på ett hav som rullar in mot land

Christine föddes och växte upp i Sverige och levde ett helt vanligt liv fram till 2009 då hon började få visioner som introducerade henne till en okänd värld, en värld bortom det fysiska, vilken utstrålar kärlek och djup medkänsla, och som vi har lärt känna som den rena andevärlden. Efter dessa oplanerade möten började hon studera och öva hur man medvetet kan kommunicera med denna verklighet. Hon deltog i workshops och utbildningsprogram med fokus på andlig utveckling och kommunikation, där hon också träffade och blev vän med några likasinnade personer. Under flera år träffades hon och hennes vänner varje vecka i Stockholm för att öva och utveckla de färdigheter som krävdes för att skifta medvetandet bort från det fysiska planet till det högre vibrationstillståndet, där andevärlden kunde komma i kontakt med henne. Under denna tid utbildade hon sig också på Arthur Findlay College i London, främst med fokus på trans-mediumskap. Efter flera års intensivt arbete blev Christine bekant med flera av sina personliga guider. Hon fungerar mycket som Jane Roberts, som kanaliserade Seth, eller J.Z. Knight, som vidarebefordrade budskap från Ramtha. Men det finns en betydande skillnad, Christine kan komma i kontakt med flera enskilda väsen från de högre dimensionerna. Några av de varelser som kommer igenom har aldrig inkarnerat på Jorden, medan andra har haft många liv här och avancerat till den punkt där inkarnation inte bidrar till deras växande. Båda typerna av andliga intelligenser kan agera, och gör det också, som guider till människor här på Jorden. Precis som fysiska personer är olika, så har varje ande sin egen personlighet och energi, och detta möjliggör en enkel identifiering när en relation har upprättats. Hur de talar, ordval och kunskap om olika ämnen är lika distinkta och varierande som du hittar bland någon av dina vänner. Under de flesta av våra sessioner kommer minst två guider ur vårt team igenom för att leverera information. Medan vissa idéer är mycket komplicerade och svåra att förstå, till exempel energiflödet genom universum, hur tid och rum interagerar, gravitationsvågor och andra livsformer, så har de mest fokuserat på begrepp som är mer personliga, lättillgängliga och relevanta för oss människor. Från och med 2016 började vårt andliga team leverera delar av denna bok, som de har kallat den första kunskapsvågen.

Jag hade turen att växa upp på landet i West Virginia, där många människor bor nära naturen och i relativ ensamhet. Att vara ensam i naturen tvingar en nästan att vara reflekterande. Under åren har jag antagligen ägt eller läst minst 2000 böcker om spiritualism, tibetansk buddhism, indianers religiösa traditioner, kanalisering, tidigare liv- och livet mellan liven-regressioner och kanske viktigast av allt, nära-döden-upplevelser. En sak som jag har lärt mig är att vara selektiv i vad jag accepterar som en personlig sanning, vilket betyder, vad som känns sant för mig. Det är ditt Högre Jag som talar ska du veta. Många böcker innehåller några mycket väl grundade idéer, men blandas ofta med begrepp som är både vilseledande eller felaktiga. Du måste lära dig att lita på din inre röst, den omedelbara känslan som säger "ja" eller "nej". Det sker nästan hela tiden, varje dag i ditt liv, att ditt sinne talar om för dig vad som kan användas och vad som bör rensas bort, det som ditt inre jag inte håller med om. Jag växte upp som kristen och kände som barn en tillhörighet med deras idéer. Men när jag växte upp upplevde jag så många motsägelser att det tvingade mig att finna min egen väg. Mina åsikter och övertygelser har förändrats något genom åren, men jag har aldrig känt mig kopplad till någon specifik ideologi. På sätt och vis är det tur, för när jag genomför trans-sessionerna med Christine, kan jag få förklaringar till saker som länge har förbryllat mig, eftersom tidigare tillgänglig forskning om andevärlden har lämnat många frågor obesvarade. Till och med de underbara böckerna av Michael Newton gav bara några ledtrådar till hur skapelsen fungerar. Vårt andliga team har varit mycket öppna och har gett oss en otrolig mängd information om vad som händer "på andra sidan". Våra lärare har livligt och detaljerat beskrivit processerna som ligger bakom hur vårt universum är uppbyggt, och målat upp en fullständig bild av skapelseprocessen och vad det betyder att vara en själ på Jorden.

Christine och jag håller regelbundna trans-sessioner, normalt två gånger i veckan, och de varar i ungefär en timme. Huvudsessionen är på söndagar runt klockan 10 på morgonen. Den andra är på onsdag eller torsdag, och om vädret tillåter det, vanligtvis någonstans i bergen väster om Denver, Colorado. Oavsett var vi sitter, renar vi platsen energimässigt och vi börjar alltid med en bön om beskydd och vägledning, där vi ber att endast andar från de högre dimensionerna ska tillåtas kommunicera eller komma nära oss. Att etablera en rutin och sätta rätt intention är mycket viktigt för både oss och vårt andliga team. På deras sida uppfattas vår intention som en uppmaning att komma och förena sig med oss. Jag leder sedan Christine in i ett lätt hypnotiskt tillstånd, på samma sätt varje gång. Genom denna upprepning har lättheten och hastigheten, med vilken hon kan höja sitt medvetande till sitt Högre Jag, minskat från ca tio minuter, till bara några få. Under åren har Christine alltid begett sig till samma icke-fysiska plats för att träffa sina guider. Hon ser det som ett litet tempel på en hög klippa med utsikt över havet. Det är här hennes Högre Jag möter tre personliga andliga guider, Ophelia, Zachariah och Bob, som utgör kärnan i vårt andliga team. Ibland åtföljs de av våra primära personliga guider, som kommer för att ge uppmuntran eller råd. Min är känd för oss som Jeshua, och hennes, Isak. Alla dessa guider har olika kompetensområden och kommer från olika plan i andevärlden. Vi använder det maskulina och feminina för att beskriva dem, men det är bara en hänvisning till vilken typ av energi som de starkast projicerar. Det finns inga kön bortom Jorden, bara mönster inom varje själ som verkar mer maskulint eller feminint, vilket visar på varifrån den anden kommer, dess hemfrekvens. Ophelia är ansvarig för detta projekt, alltid närvarande och iakttagande, medan Zachariah och Bob har levererat mycket av informationen i denna första bok. Christine och jag är huvudrollsinnehavarna kan man säga, eftersom vi är de två själar som inkarnerade för att förverkliga projektet. Ophelia har berättat att hon svarar för projektet inför en högre grupp andliga varelser, och hon kontrollerar både innehåll och vem som får tillgång till vår krets. De arbetar och fungerar som *ett* sinne när de förenar sig med oss, och att de ständigt sinsemellan står i förbindelse med varandra är helt uppenbart för mig under sessionerna.

Processen där Christine kan koppla upp sig till andevärlden kräver mycket av naturlig förmåga och avancerad träning. Hon höjer sin inre vibration uppåt till det som kallas det sjunde lagret inom den mentala världen, som beskrivs i ett senare avsnitt. När hennes medvetande förflyttas till denna vibration, har hon väldigt liten uppfattning om sin kropp och sin omgivning. Det är som när du precis håller på att somna, förutom att hennes sinne förblir tydligt och fokuserat inom denna inre verklighet. Det är i detta utrymme som en av guiderna närmar sig, och förutsatt att det är ett väsen hon känner igen, ställer hon sig i sitt inre åt sidan och låter denna högre andliga varelse ta över hennes sinne och tala. Medan detta pågår är Christine medveten om orden, men kan inte erinra sig dem när hon återvänt från detta tillstånd. Hon ser ibland bilder, men är inte medveten om diskussionen jag håller med guiden. Jag tror att Stuart White, en spiritualist från början av 1900-talet, skrev att det är som att ligga på botten av en flod, och med dina sinnen dämpade höra orden flyta förbi ovanför, ett efter ett, men sakna förmågan att förstå dem. Eftersom det tar en hel del energi av Christine att hålla denna nivå av mental kontroll, försöker vi begränsa sessionerna till högst en timme och femton minuter. Det kräver mer energi att skapa en bro till de andar som kommer in från de högsta dimensionerna, medan Bob, som är närmare vår vibration, kan vara mycket lätt för henne att få kontakt med. Faktum är att han ofta under dagen bara säger något till henne, som hon hör klart och tydligt, lika tydligt som någon som talar precis bredvid henne. Eftersom hon inte vill att något påverkat av hennes egna tankar ska sippra igenom i det som kanaliseras, har hon undvikit att läsa andliga böcker, och eftersom jag transkriberar inspelningarna är Christine också omedveten om vad diskussionerna jag har med guiderna handlar om, även om vi då och då lyssnar på några av Bobs ljuvligt underhållande diskussioner.

Frågan om var man ska börja kan vara utmanande, eftersom alla har sin egen uppfattning, baserad på sin personliga historia, och det är inte vår avsikt att underminera någons trossystem. Det försäkrar vi dig, för den händelse att du skulle känna dig benägen att avvisa idéerna, då vissa kan verka främmande för dig och mentalt kännas olustiga. Speciellt de som rör reinkarnation och sättet att kommunicera med icke-materiella världar utanför Jorden. Även om både Christine och jag accepterar reinkarnation som en naturlig del av själens utveckling, är det inte nödvändigt att du håller med. Du kanske missar djupet i budskapen, men vägledningen för hur du kan leva ditt nuvarande liv är i slutändan den viktigaste aspekten av alla andliga läror. När det gäller den här metoden att kommunicera med andevärlden sägs det att man alltid ska döma trädet efter dess frukt. Våra andevänner har gett oss kunskap, vägledning, tröst och humor i månader, och aldrig en enda gång varit dömande eller negativa. De vill verkligen att människor ska känna hopp, glädje och optimism inför sina liv, att vi ska inse att ingen någonsin är ensam, och att alla har ett syfte med att vara här. Christine har inget minne av vad som sägs när hon är i trans, men känner deras energi och avsikt när de smälter samman med henne. När det gäller mig får jag varje vecka sitta och prata med de mest lysande, tålmodiga och omtänksamma lärare, vars visdom sträcker sig långt utöver allt som människan kan förstå. Det har funnits tillfällen då ömheten och den oro som de uttryckt har fått mina ögon att tåras i en känsla av ödmjukhet. Och vid mer än ett tillfälle har de förvånat mig genom att beskriva incidenter, som jag sedan länge glömt och aldrig nämnt för någon, inklusive Christine. Jag tror att detta görs för att bekräfta att de har följt oss hela livet, vakat över och uppmuntrat oss när vi har haft det svårt. Om jag bara hade vetat hur mycket hjälp och vägledning som alltid ges från andevärlden, då hade det varit så mycket lättare att kämpa och uthärda svårigheter, och livet i sig hade känts mindre ensamt.

Du kommer senare att läsa om skillnaden mellan den rena andevärlden, den mentala världen och det fysiska planet på Jorden. Andarna vi kommunicerar med kommer från de högre dimensionerna inom den rena andevärlden, men Christine möter dem halvvägs, i det vibrerande fältet runt Jorden som kallas "den mentala världen." Det är viktigt att förstå att det finns en mängd olika varelser som man kan stöta på inom den mentala världen, som är en övergångsverklighet mellan den fysiska Jorden och den verkliga andevärlden. När människor på Jorden dör, eller mer exakt, när deras kropp dör, lösgör sig själen och deras medvetenhet kommer helt in i detta mentala tillstånd. Det finns nivåer inom denna verklighet, och de mörkare, långsammare vibrationerna kan hittas närmast Jorden i ett område som har lite ljus eller kärlek. Dessa kan till och med vara avgrundslika, även om de inte är verkliga i andlig mening, eftersom de skapats av en mänsklig tanke. Precis som vätskor med olika tätheter delar sig, som olja och vatten, så finns en fortlöpande separation i de mentala och rent andliga världarna baserat på själens frekvens eller vibration. Både själar med en långsam vibration kan hittas inom den mentala världen, liksom skyddsänglar och andra änglalika varelser, som sänker sin vibration ner till denna frekvens för att få kontakt med individer som Christine. Eftersom många människor kan utveckla förmågan att kommunicera med själspersonligheter på det mentala planet, bör det endast göras med försiktighet, eftersom inte alla energier inom detta område vill vårt bästa. Men de andar som finns i den rena andevärlden är i harmoni med Skaparen, och det är dessa andar som Christine kommunicerar med och som är källan till materialet i denna bok.

Vårt andliga team har gett oss en sammanfattning av hela processen genom vilken själen skapas och utvecklas, strukturen och funktionen av olika dimensioner i andevärlden, och hur skapelsen fungerar under ett enat Mästerligt Medvetande. Jag har lagt märke till att de under alla månader som gått, aldrig har motsagt sig i någon idé eller något ämne. I själva verket korrigerar de mig om jag säger något som inte stämmer med deras tidigare budskap, eftersom de verkar ha ett perfekt minne för varje ord de har uttalat. Under en typisk session levererar de allt mellan 5000 och 9000 ord, talar tydligt och utan paus om olika ämnen som de väljer. När de smälter samman med Christines energifält kan de så att säga komma åt hennes mentala databas. De kan tala antingen svenska eller engelska, men föredrar engelska, och de begränsas av de ord hon känner till. Men varje ande har sin egen personlighet, talar annorlunda och konstruerar meningar på sitt eget sätt. De har varit väldigt specifika om vad som ska inkluderas i den här boken, denna första vågen av kunskap. Efterföljande kunskapsvågor kommer att bli alltmer tekniska och täcker sådana begrepp som hur ljus- och ljudfrekvensvågor kombineras med andra egenskaper såsom gravitation och vakuum för att bilda himlakroppar och solsystem. Så vi är lika angelägna som någon att höra och vidarebefordra all information de tillåter oss att veta och diskutera.

Ansvaret ligger på varje person att söka svaren för sig själva, och vi uppmanar dig starkt att fortsätta läsa och undersöka de ämnen som du tycker är intressanta. Många böcker har skrivits som innehåller de mest anmärkningsvärda upplevelser och möten, särskilt om människor vars själar har lämnat kroppen under en dust med döden. Förbli öppen och nyfiken, lita på din inre vägledning och det du påträffar längs din unika väg. Det finns en enorm mängd dokumentation från tusentals människor som har upplevt icke-fysiska verkligheter under det senaste århundradet. Vårt andliga team har presenterat en omfattande andlig design som kombinerar många av de bättre religiösa och vetenskapliga idéerna under samma paraply. Förutom att tillhandahålla allt det kanaliserade materialet är Christine, som nämnts, också en licensierad Regression- och Progressionsterapeut, och har samlat in berättelser från många människor om andra liv och den rena andevärlden. Det finns en ström av sanningar som rinner genom dessa olika källor. Vi är själar med ett gudomligt ursprung, som har en tillfällig upplevelse som människa, vars medvetenhet aldrig kan upphöra. Vi är alla på en kontinuerlig resa för att skaffa kunskap och erfarenhet.

Gåvan från Skaparen är din personliga identitet. Utan en personlig identitet skulle du inte ha oberoende tankar, utan skulle bara ta emot och svara på signaler som skickats till dig från det Mästerliga Medvetandet. Du skulle vara i fullständig harmoni, men bara reagera som en liten robot. Din gåva är din förmåga att generera tankar, alla slags tankar du önskar. Vi upptäcker alla genom direkt erfarenhet att tankar, eller avsikten och viljan bakom tankarna, är den enda kreativa kraften som finns. Det finns sätt att leva på som bäst utnyttjar de gåvor vi har fått. Den väg vi alla följer handlar om att lära sig kontrollera och styra vårt tänkande och genom att göra det, bli värdiga medskapare till det Mästerliga Medvetandet. Det är för detta ändamål som vi och vårt andliga team ödmjukt erbjuder dig denna kunskap, som ett hjälpmedel för att förstå livets skönhet, skapelsens mysterium och hur du kan hedra den rena anden i dig själv.

Vårt Andliga Team

Christine och jag publicerar denna bok av lärdomar, eftersom vi är helt övertygade om att dessa andliga varelser är de som de påstår sig vara. Hittills har de levererat över 300 000 ord, ord som är avsedda att lyfta upp och utbilda var och en av oss om vår verkliga andliga potential och vårt syfte. Igenom alla sina samtal förblir de fria från alla former av negativa budskap och dömande. De hävdar ingen överlägsenhet över andra andar, och låtsas inte förstå vad Skaparen tänker. Varje andlig varelse representerar olika dimensioner, där de är experter i en specifik roll. Bob förstår inte riktigt allt som händer i andra dimensioner, och Ophelia känner inte till alla detaljer i det Bob gör. Under våra sessioner är det den som har mest kunskap i ett ämne som ger budskapet.

Ophelia är en av organisatörerna. Hon har huvudkontrollen och är närvarande under alla sessioner. Hon är från den sjunde dimensionen, en nivå som kan betraktas som något av en änglavärld. Vi kommer att diskutera dimensionerna mer i detalj, men den sjunde är full av ljus och är en verklighet där frekvenser av andligt ljus och ljud används för att skapa grunden för allt levande, som solar, planeter, träd, fjärilar eller mänskliga kroppar. När Christine ser Ophelia har hon ett utseende som vissa skulle beskriva som en ängel, med en lång vit klänning eller mantel, nästan svävande, något översinnlig. Hon utstrålar en moderlig energi och kan vara både mild och ganska bestämd, men ändå kärleksfull. Den sjunde dimensionen betraktas som en feminin polaritet, eftersom den är mer av en emotionell värld. Den sjätte dimensionen, där både Christines och mitt andliga jag har vårt hem, är mer i linje med logik och form, vilket gör den till en något manlig polaritet. Ophelia har berättat att det finns andra andliga väsen från högre dimensioner, den nionde och tionde som också deltar i detta projekt, men hon agerar som deras representant. Hon är den som bestämmer vilken information som ska släppas till Jorden, och vilka andar som får komma nära Christine under sessionerna. Ophelia håller ibland föredrag om ämnen i vilka hon antingen har mest kunskap inom eller det djupaste intresset av.

Jag bör nämna att hon är en av mina främsta guider, och jag har ofta känt henne runt mig under perioder i mitt liv. I hela denna bok är mina frågor märkta som "D" och den guide som talar med sin första bokstav, exempelvis Ophelia, som "O". I följande dialog talar hon om projektet och hennes roll under våra sessioner.

D. Är du ansvarig för det här projektet?

O. Jag observerar det. På sätt och vis är jag ansvarig. Ändå, vi är flera. Tysta mästare, om du så vill, som också är ansvariga. Denna grupp sträcker sig bortom dem du känner till, eftersom den faktiskt når långt högre. De som bara observerar kan tyckas stumma, eftersom de inte nödvändigtvis kommunicerar direkt. Men allt är noggrant utformat för dagens, och framtida tidsperioder, som ni på er nivå, inte vet något om. Ni kommer att vägledas till att skriva och kommunicera, så att det skapar en vågrörelse till framtida generationer. Det lägger grunden till hur de kommer att uttrycka sig och hur de kommer att ta emot och vidarebefordra information. Lita på att ni kommer få veta hur orden ska skrivas och sägas. Vet att det är något som kommer att ge ett eko in i framtiden.

Zachariah är den som främst presenterar teknisk information och visar sig som en vetenskapsman, klädd i en lila mantel med ett ansikte som liknar dem som ses på statyer av Aristoteles. Christines röst blir ganska djup, vilket för att komma från hennes lilla kropp upplevs lite konstigt, och orden levereras exakt, eftersom hans idéer är mycket kortfattade och koncisa. Bob, den tredje medlemmen i vårt team, kallade honom en gång Kunskapsambassadören, eftersom han arbetar i Biblioteket och ansvarar för undervisning och dokumentation på många olika skapelsenivåer. Hans energikropp är mellan två och tre meter hög, liknande Ophelias. Zachariah hör till den nionde dimensionen, vilken fungerar som ett Råd och som övervakar ett flertal formrelaterade skapelser. Under våra sessioner kommer han vanligtvis in först, och efter att ha hälsat börjar han tala om det ämne han valt för dagen. Vårt andliga team har en agenda för undervisningen och bibehåller kontrollen över diskussionerna. När det finns en möjlighet att ställa frågor håller jag mig vanligtvis till ämnet, även om svaren alltid är spontant lysande och tankeväckande när jag någon gång går utanför området. Zachariah har gjort flyktiga kommentarer om gravitation, tid och rum, saker som ligger långt utanför det vid känner till idag. Dessa idéer kommer att ingå i senare böcker och framtida kunskapsvågor, eftersom de vill att den första boken ska handla om själen och andevärldens struktur. Jag bör också tillägga att många av de begrepp han diskuterar oerhört specifikt detaljerat, är ämnen som Christine varken har någon kunskap om eller intresserar sig för. Från mitt perspektiv, som leder sessionerna, bevisar dessa karaktärer sin trovärdighet varje gång de talar.

Bob är en specialist-designer från den andra dimensionen och har varit den mest underhållande av våra andliga vänner. Han anhöll om att få bli kallad Bob och påpekade att varje gång vi får en ny kropp så får vi också använda oss av ett nytt namn. Eftersom andeväsen i den andra dimensionen inte inkarneras, ansåg han det inte mer än rätt att han också skulle få välja ett annat, mer humoristiskt namn när han nu skulle bli känd på Jorden. Vi kallar honom för hans andliga namn i våra sessioner, men i våra böcker kommer vi att hedra hans önskan och kalla honom Bob. Ophelia och Zachariah kan också vara underhållande, men de tenderar att vara lite mer allvarliga. Efter att ha introducerats av Zachariah, i början av oktober 2016, har Bob kommit igenom och talat i nästan varje session. När han först började tala kämpade han lite innan han rett ut hur han skulle kommunicera. Precis som Christine var tvungen att lära sig hur man flyttar sitt medvetande åt sidan, har andarna också en liten inlärningskurva när de tränar på att smälta samman med hennes energifält för att få tillgång till informationen i hennes hjärna och sedan presentera sina idéer med hennes stämband. Bobs färdigheter har förbättrats dramatiskt, och han kan nu hålla långa tal riktigt snabbt. Och då menar jag snabbt. Han talar nästan dubbelt så fort som de andra guiderna som Christine kanaliserar, och det kan vara en utmaning att skriva ner den stora mängden ord han levererar. Bob kommer vanligtvis in efter att Ophelia eller Zachariah har levererat sina budskap, och Christine kan känna hur han vankar fram och tillbaka på hennes vänstra sida, när han väntar på sin tur att få tala. Han har en gladlynt och vinnande personlighet och brukar sjunga, nynna eller göra andra lite märkliga ljud när han blandar sin energi med hennes. Bob har en stark önskan att dela sina egna åsikter och idéer, och hans diskussioner avslöjar mycket om hans liv och vad sysslar med i andevärlden. Så vitt vi vet är Bob den första varelsen från den andra dimensionen som någonsin kanaliserats genom en människa. Den andra dimensionen, som vi kommer att beskriva senare, är den andliga verklighet som är det sista steget i den process som genererar allt liv på Jorden. På grund av Bobs bidrag har vi fått otroligt mycket information om många olika och fascinerande ämnen. Sättet han talar på är väldigt sött och charmigt, stigande och fallande på ett nästan barnsligt sätt, och hans skratt är spontant och smittsamt. Christine har kanaliserat Bob för många andra människor, och alla bara älskar hans karaktär och kvicka natur.

Långt ifrån att vara slumpmässiga främlingar, är Zachariah, Ophelia och Bob några av våra närmaste vänner. Vi arbetar alla tillsammans och känner varandra som andliga varelser, även om vårt mänskliga sinne inte kan komma ihåg detaljerna. En aspekt av andevärlden som alla kan uppskatta, är just möjligheten att lära sig och vidga sin kunskap. Alla själar skapas med en önskan att utvecklas och göra framsteg, allt enligt sitt specifika öde. Bob föddes in i den andra dimensionen och bemästrar mycket av de grundläggande kunskaperna på det planet. Han utforskar nu hur ljus och ljud kan kombineras för att skapa olika typer av gestaltad form, vilket involverar den sjätte och sjunde dimensionen. Både Christine och jag, våra själar vill säga, arbetar i den sjätte dimensionen, och Bob har kommit till vårt labb för att studera, där jag är hans mentor. Han studerar också i ett labb i den sjunde dimensionen, där Ophelia undervisar honom om hur ljus- och ljudenergier används i den verkligheten. I gengäld besöker mitt andliga jag honom i den andra dimensionen för att lära mig lite om de finare detaljerna i att skapa växter, träd och djur, eftersom han är en specialist-designer av dessa ting. Eftersom Bob arbetar på ett plan nära Jorden, har han en fysisk kropp som liknar en människas, även om den är mindre. Christine ser honom i sandaler och en brunaktig mantel, med en lite rund kroppsbyggnad, vilket får honom att vagga från sida till sida när han går. Hans ögon och näsa är proportionellt större än våra, hans hår något i oordning, och han har ett underbart leende och personlighet. Alla de andra andarna kallar honom "den lille" eller "din lille vän", eftersom han är ungefär hälften så lång som dem, men de verkar alla tycka enormt mycket om honom.

Förutom sin otroliga kunskap om växter och djur, är Bob också en healer, vilket är lätt att förstå eftersom hans grupp utformar den inre och yttre funktionen i människokroppen. Vi gör de andliga varelserna på hans plan en enorm otjänst med vår definition av "evolution", eftersom genetiska förändringar är avsiktliga och planerade, för att uppnå specifika mål. Den andra dimensionen arbetar outtröttligt med att förbättra och anpassa energimönstren för växter och djurliv på Jorden. Bob kallar dessa modifieringar för uppgraderingar, och de är inte resultatet av någon slumpmässig händelse, som vissa skulle mena. Han "läser" ganska ofta av den energimässiga strukturen av min kropp såväl som andras och ger mycket specifika råd om hur man kan ändra vissa tillstånd som han observerar. Jag har lärt mig att djupt respektera hans förmågor, eftersom hans insikter alltid har visat sig vara korrekta. Han har ett stort intresse för "motorn" (*som han kallar matsmältningssystemet*), samt för levern och fötterna. Eftersom han alltid är generös med sina råd kommer vi att ta med några av hans universella rekommendationer i boken.

Jeshua är en annan ande från de högre nivåerna inom den nionde dimensionen. Han kommer var och varannan månad med specifika budskap, främst om de långsiktiga målen för deras undervisning. Med sin ofta höga, dundrande röst har han meddelat både Christine och mig att vi måste rensa våra kroppar innan nästa grupp av andliga varelser kommer för att leverera den andra kunskapsvågen. Bland annat har vi fått veta att vi bör eliminera all alkohol och allt socker från vår kost, eftersom den starka energin, eller vibrationen, hos dessa varelser kommer att skada "fordonet" (*kroppen*), om det inte är korrekt anpassat. Jeshua kommer att vara mer involverad i senare vågor av kunskap, eftersom denna bok endast betraktas som en språngbräda till vad han vill diskutera.

Isak är Christines huvudguide och arbetar inom den åttonde dimensionen. Enligt Bob är han väldigt vänlig och han och Ophelia står varandra riktigt nära. Isak kommer i början av varje session som en väktare för Christine när hon börjar gå in i sitt transtillstånd. På grund av hans avancerade tekniska kunskaper om vissa ämnen kommer han också att presentera information i senare böcker.

Det som fascinerar mig mest är den nära koppling Christine och jag har med dessa andeväsen. Baserat på den information de har gett oss har vi känt och arbetat med varandra under mycket lång tid, även om "tid" i den andliga världen mäts i erfarenhetscykler. Vi planerade detta projekt, att föra ut viss kunskap till Jorden innan någon av våra kroppar ens var påtänkta, och dessa andar gick med på att hjälpa till eftersom de är våra närmaste vänner på andra sidan. Ophelia, Zachariah och Bob har alla följt, hjälpt och guidat mig sedan jag föddes. Zachariah, till exempel, var ansvarig för min utbildning, eller jag kanske skulle säga, min jordliga utbildning. Som ung flyttade jag mycket, följde växlande jobb till olika städer. Eftersom jag var utan vänner eller familj i närheten, så blev en av mina passioner att leta efter skatter i antikvariat, andliga böcker som i många fall sedan länge slutat utges. Under dessa perioder kände jag ofta att någon var med mig, en som iakttog och puffade på mig att välja en viss bok. Så det var ingen överraskning när Zachariah nämnde att det var han som hade guidat mig under de decennier som jag sökte efter sanningen och sett till att jag följde den förplanerade dagordningen. Och Bob, min allra dyrbaraste lille vän, han har också följt mig sen födseln. Under våra sessioner påminner han mig ibland om någon sedan länge glömd incident från min barndom, eller senare som vuxen, där han stått vid min sida och försökt uppmuntra mig när livet kändes svårt. Jag skäms nästan, nu när jag vet hur hängiven och lojal han har varit, medan jag var helt omedveten om hans närvaro. Ophelia har också beskyddande funnits vid min sida, likt en andra vakande moder och fört händelser i mitt liv mot specifika mål, inklusive jobb och platser där jag har bott. Men du ska veta att den uppmärksamhet och vägledning jag fick inte är unik, eftersom varje person på Jorden har åtminstone en guide som följer och hjälper dem under hela livet. Det är en av Skaparnas gåvor, att vi aldrig lämnas ensamma.

Vid ett tillfälle frågade jag Zachariah vem som var ansvarig för att samla oss alla till detta projekt.

D. Inom vår lilla själsgrupp här; du, Ophelia, Jeshua, Isak och Bob, när vi kom ner på Jorden, vem var egentligen arrangören som ville att detta skulle hända?

Z. Ophelia initierade projektet och bad om hjälp. Två valdes ut, av specifika skäl, till att arbeta på Jorden. Det var nästan som en audition att välja ut vilka andliga guider som skulle kommunicera; när, var och vid vilken tidpunkt. För att utvecklingen skulle starta igång måste den börja långsamt men ändå organiserat. Ophelia i kombination med Jeshua, Isak och en annan som ännu inte har presenterats, det var den gruppen av fyra som skapade uppdraget. Alla är från olika dimensioner; sju, åtta, nio och tio. Den tionde har inte presenterats.

D. Tack. Har du varit en av mina guider under andra livstider?

Z. Ja. När du valde liv som i huvudsak var inriktade på utbildning, ja. Du har haft flera liv där du har skrivit. Du föredrar orden, hon (*Christine*) föredrar det visuella. Ni valdes ut på dessa kriterier, att vara så breda som bara möjligt i det sätt som ni levererar budskapen. Ni har olika förmågor till att bäst nå ut. Inget är bättre än det andra, ni måste arbeta hand i hand. Det finns en anledning till att ni blev utvalda. Ingenting sker av en slump. Inga upplevelser ni har haft fram till nu är av en slump. Vet att detta inte är slutdestinationen på denna resa.

Dessa andar är individuella personligheter, kanske inte på det sätt som vi föreställer oss från vårt mänskliga perspektiv, utan snarare som de varelser vi är när vi inte är inkarnerade. De tävlar inte med Skaparen utan arbetar inom den andliga världen av gestaltad form och hjälper Skaparen. Det gör vi alla när vi är i andevärlden och kommer så småningom lära oss att även göra det här på Jorden. Det viktiga att komma ihåg är att vi alla har guider som vakar över oss, alltid. Även när du känner dig som mest ensam är du inte det. Du är aldrig ensam.

Själens Grundläggande Principer

Hur vet vi att det finns en själ som gömmer sig i vår kropp? Det kan vara den enklaste frågan att svara på, för det finns otaliga berättelser om människor vars medvetande har lämnat kroppen och förflyttat sig någon annanstans. Dessa personer kunde i många fall ge korrekta beskrivningar av andra människors aktiviteter och tankar, eller identifiera föremål som inte fanns i närheten av deras kropp. För individen som är utanför kroppen förblir känslan av jaget intakt, som en del av deras medvetande. När deras själ lämnar kroppen förskjuts deras fokus och de uppfattar inte längre omgivningen med sina fysiska sinnen. De kliver in i andens värld och kan "se" i alla riktningar på en gång och "höra" människors tankar. Objekt ser inte längre fasta ut, och enbart avsikten att resa någonstans resulterar i en omedelbar rörelse. Detta tillstånd upplevs som mer verkligt än att leva i en kropp, och många vill inte komma tillbaka. De flesta av de människor som upplevt ett tillstånd utanför kroppen vet utan tvekan att deras medvetande inte är beroende av, eller utgår från, hjärnan. För någon på självförverkligandets väg, bort från en materialistisk syn på världen, är det första steget att veta att själen är ett helt självständigt väsen.

Vad är den fysiska kroppen? Mänskliga kroppar byggdes specifikt för att tjäna som värd för själsenergin, vilken skickas till Jorden som en del av dess utbildning. De är konstruerade av samma material som allt annat på planeten och betraktas fortfarande som experimentella fordon, vilket betyder att det har skett ett antal modifieringar över tid. Skaparen initierade naturligtvis idén, men verkställandet överlämnades till experter i olika dimensioner, som alla kommer att behandlas i detalj i den här boken. Det skapas för närvarande en ny modell av människan, vilken är designad med en större hjärna. Den större hjärnan gör att den kommer kunna uppta mer själsenergi, så att människorna blir mindre aggressiva och har mera självkontroll. Eftersom designen fortfarande pågår är den inte planerad att levereras inom den närmaste framtiden. Många själar på Jorden just nu är involverade i att samla in de data som behövs för att göra dessa olika justeringar i energistrukturen för den nya kroppen.

Hur skapas elementen och de fasta föremålen? Den mänskliga kroppen består av biljoner celler som arbetar tillsammans inom ett etablerat mönster, men varje cell består också av biljoner mindre delar, såsom atomer och molekyler, som arbetar tillsammans i harmoni. Modern vetenskap har på många sätt följt en väg av självförnekelse och rent bedrägeri. Även om det finns en konstant ström av konkreta bevis som visar på en högre form av design inom alla levande organismer, har de vetenskapliga arkitekterna byggt sina städer i materialismens land. Om vi använder deras språk så finns det icke-levande ting, till exempel atomer, som är gjorda av kvarkar, och kvarkar är gjorda av något ännu mindre som fladdrar igenom allt som existerar (*i vår verklighet*), inom ett sannolikhetens moln. Ändlösa spekulationer och teorier kommer aldrig att kunna förklara hur detta inträffar utan en strukturell design från en extern, osynlig källa. Enligt våra vänner från andevärlden är de grundläggande byggstenarna för materia vågformer av medveten energi från en källa som vi inte kan upptäcka. Atomer och molekyler har därför också ett grundläggande medvetande. För att jämföra det med elektricitet kan man säga att energin som utgör vår verklighet har omformats genom en transformator från högspänning till lågspänning. All materia i vårt universum har en gemensam andlig frekvens, men andra frekvenser finns. Vårt team har förklarat hur en mängd andar är involverade i att ta vågor av ljus och ljud och bunta ihop det till mönster som utgör allt levande i vår värld. Vi lever inom ett energinät som vi inte kan se eller upptäcka. Våra ögon kan inte se, men många människor som har haft en nära-döden-upplevelse (NDU) eller en utanför-kroppen-upplevelse (UKU), beskriver hur de ser världen genom andliga sinnen. För dem verkar den fysiska världen vara ljusstrådar och partiklar i form av föremål, och alla föremål är sammanflätade med varandra, sammanbundna i ett gemensamt energifält. Ljuset i sig är en livskraft. Ur detta perspektiv finns det ingen separation eftersom allt är kopplat till allt annat. De enskilda cellerna i din lever, till exempel, är medvetna om att de utför en viss uppgift, och den kollektiva intelligensen hos levern förstår att den har en stödjande roll i kroppen. Allt är organiserat baserat på mönster av intention. Tänk på, när du bryter ett ben, hur skulle cellerna kunna veta hur de ska reparera sig själva om det inte var för att de agerar utifrån ett

energimässigt syfte? Kroppen gör sitt bästa för att reparera skador, även om du inte är medveten om hur hårt den arbetar.
Vilken typ av varelser har själar? Varje levande växt och djur som bär på DNA eller RNA är konstruerad av Jordens intelligenta element och grundämnen. Kol, vatten, järn och olika mineraler har alla en medvetenhet om sin omgivning, men har den långsammaste vibrationen av andlig energi. Dessa kan sammanföras för att bilda komplexa organismer genom att skapa ett mönster, som vi kallar DNA. För att göra denna organism "levande", som vi tänker det, måste det finnas en andlig energi med en högre vibration som läggs in i organismen när den utvecklas. Denna andliga energi kommer antingen från det universella molnet, eller i fallet med människor, från en själ. Utan denna energi kommer DNA-mönstret inte att kunna upprätthålla sin struktur och kommer att sönderdelas tillbaka till elementen. Det finns ett moln av ande som finns över hela universum. Detta moln är anslutet till Skaparen, och det är från detta moln som alla levande organismer får lite universell ande. Från en blomma i skogen till en val i havet, allt har lite grann av denna ande i sig. När blomman eller valen dör dras denna ande tillbaka in i molnet. Människan är undantaget, eftersom våra kroppar har ingjutits med andlig energi från vår själ. När våra kroppar dör, dras vår själ tillbaka till de högre vibrationerna i de andliga dimensionerna.
Om själen existerar oberoende av en kropp, vart tar den vägen efter döden? Baserat på personliga redogörelser från många människor vet vi att döden inträffar när själen helt lösgör sig från kroppen. När det gäller nära-döden-upplevelser, astrala projiceringar och andra upplevelser där medvetandet är ute ur kroppen, förblir en energikoppling mellan kroppen och själen, som vissa kallar "silvertråden". När tråden kopplas bort, kan själen inte längre återvända och kroppen dör. När döden inträffar flyttar själen först in i den mentala världen, som beskrivs mer i detalj senare, där vi möter tankemönster, sånt vi känner oss fästa vid, trosbegrepp och mentala skapelser relaterade till Jorden. Vissa själar är motvilliga till att släppa taget om sina kroppar, ägodelar, eller förhållanden till andra människor, och i dessa fall kommer själen att stanna kvar inom den mentala världen tills den är redo att släppa dessa band. Om själen kan acceptera sitt nya tillstånd och släppa alla grepp som Jorden har på sinnet, kommer själen att kunna gå vidare uppåt till den rena andevärlden, dess verkliga hem. När själen återvänder hem möter den sina andliga guider och

andra mentorer för att granska sina livserfarenheter och analysera hur väl den lyckades med de mål och avsikter som fastställdes innan livet. Och slutligen återförenas denna bit av själen som reste till Jorden med den andra delen av dess andliga energi, det Högre Jaget, som stannat kvar i den rena andevärlden.

Vad är en själ? Det vi kallar vår själ är ett litet paket av andlig energi, helt gjort av, och alltid en del av, Skaparen. Vi kommer att använda orden "ande" och "själ" något växelvis, men din själ är en bit av din ande, som tillfälligt delades upp för att ockupera en kropp, antingen på Jorden eller på någon annan planet. Det kan handla om alltifrån bara några procent till en ganska hög andel av din totala andliga energi. När din kropp dör kommer din själ att återvända hem och åter sammansmälta med resten av din ande. När andar utvecklas i sina insikter, och skaffar sig mer kunskap och erfarenhet, ökar deras energimängd i ljusstyrka genom att bli större och ljusare. Därför tar yngre själar normalt en högre andel av sin andliga energi med sig in i människokroppen, medan mer avancerade själar ofta tar med sig mycket mindre. Din ande kommer aldrig att förstöras, och själen upphör inte att existera efter döden. Du skapades av det Mästerliga Medvetandet med en unik konfiguration och med en mycket specifik roll inom den andliga världens gudomliga ordning. Ditt syfte är programmerat i ditt energimönster, så det finns ingen möjlighet att du kan gå vilse eller bli desorienterad om vem du är. De flesta själar som upptar kroppar på Jorden kommer hit som en del av sin utbildning. Så småningom, efter att din ande har slutfört sitt förprogrammerade öde, eller cykel av lärande, kommer den att återvända till Skaparen, i det Zachariah beskriver som den sista uppstigningen.

Finns helvetet? Detta existerar endast inom övergången genom den mentala världen runt Jorden och i människans sinne. Den har ingen verklighet inom de andliga dimensionerna, eftersom vibrationsfrekvenser som rädsla, skuld, ilska och sorg bara finns på Jorden eller som en upplevelse inom den mentala världen runt Jorden. Dessa vibrationer kan inte existera inom den rena andevärlden. Vissa människor som har nära-döden-upplevelser rapporterar skrämmande möten på mörka, kärlekslösa platser, men det är inte platser skapade av det Mästerliga Medvetandet. De existerar bara som skapelser av mänskliga tankar. Genom århundradena har många religioner diktat ihop ohyggliga bilder av platser dit icke-troende och syndare kommer att skickas av sina hämndlystna gudar. Medeltida- och renässansmålare hjälpte glatt den heliga romerska kyrkan genom att låna ut sina talanger för att göra stötande konstverk, avsedda att skapa rädsla hos människor. Med tiden kan dessa idéer manifestera sig som skapelser inom det vibrationsfält där mänskliga tankar verkar. Om någon har en rädsla för, eller en tro på en sådan plats, kan de tillfälligt dras till den när de lämnar kroppen. Själar skickas inte hit för att de är onda och de döms på inget sätt till att tillbringa evigheten på en sådan plats. Eftersom själen är oförstörbar är den enda skadan en tillfällig mental plåga. De idéer som främjas av många religioner, att människor måste tro eller göra vissa saker för att bli "frälsta", är helt falska läror. Andliga guider finns alltid i närheten och kan tillkallas för hjälp. Om du skulle fastna i en sådan miljö när du reser tillbaka till ditt hem i den rena andevärlden, bör du skicka ut en stark bön till Skaparen och till dina guider.

Varför skulle en själ komma till Jorden om dess verkliga hem är så perfekt? Enligt Zachariah tilldelas vissa själar specifikt uppdraget att genomgå en serie inkarnationer på vår planet. Inte som ett straff, utan för att utvecklas och utbildas i olika typer av kunskap och erfarenhet. Även om det finns många olika världar som har himlakroppar där själar kan inkarneras, har Jorden en något unik läroplan. På grund av dess täthet är det svårare att uppfatta högre vibrationer. Även om en själ inte tvingas komma till Jorden, när dess ande startar sin utvecklingscykel så uppmanas den av sina guider att fortsätta komma hit. Detta för att rensa upp olika negativa skapelser som den kan ha orsakat under sina tidigare vistelser här, under olika livstider. Varje ande är en del av en liten grupp som har ett liknande energimönster, och de bistår och hjälper varandra att utvecklas. När en själ har tillgodogjort sig de lärdomar som finns tillgängliga på detta plan, kan den fortsätta att komma hit av andra skäl, som till exempel för att undervisa, eller så att säga ta en repetitionskurs för att friska upp sina kunskaper. Jordens skola ger anden en djup förståelse för de extrema känslor och svårigheter en själ har när den är omsluten av tät materia. Att få direkt kunskap genom erfarenhet är ett sätt andar utvecklas inom andevärlden.

Vad händer med din personlighet när själen återvänder hem? Ditt andliga jag har en unik personlighet. När själen kommer till Jorden i en ny kropp, kan den välja att antingen komma in med en ofiltrerad personlighet, eller den kan hålla tillbaka sin andliga personlighet och anta en mänsklig personlighet, ungefär som en skådespelare på en maskerad. Den personligheten kommer att vara lika kortvarig som kroppen, och många av de karaktärsdrag som är kända för din familj och vänner kommer att försvinna när du lämnar den mentala världen runt Jorden. Kom ihåg att du har levt många liv, och några av dem var inte så älskvärda. De delar av dig som är oförenliga med den rena andevärlden kommer att tvättas bort från din själ, men de känslomässiga aspekterna som är kärleksfulla, medkännande och glädjefulla är en del av ditt andliga väsen. De flesta andar har ett utpräglat sinne för humor, eftersom det är en del av alla dimensioner. De erfarenheter och kunskaper som uppnåtts under inkarnationen blir till en del av andens historik och kan återkallas när som helst i minnet. Ditt andliga jag är dock mer storartat och majestätiskt än din jordiska personlighet, så känn ingen sorg över de delar du lämnar kvar.

Skiljer döden dem som älskar varandra åt? Nej, men som vi nämnt förlorar den själ som lämnar jordelivet all anknytning till Jorden och kroppen, och ibland kräver ett svårt liv en period av vila och avskildhet. Men ett kärleksband bryts aldrig. Du vakas alltid över och får hjälp av dina guider, och den avlidna kan mycket väl bli en guide som ger dig hjälp när du behöver. Eftersom det vi kallar tid inte existerar på andra sidan, vet de som har återvänt hem att deras nära och kära snart kommer att återförenas med dem.

Varför accepterar inte fler detta om det nu är så väl dokumenterat? Människor har låtit sig fängslas emotionellt och på något sätt även logiskt på grund av rädsla eller likgiltighet. Ingen kan dock styra vad du tänker om du inte ger upp rätten att tänka själv. Att utan vidare acceptera något som fakta, som till exempel tanken på evig fördömelse, så binder det dig till de människor som lovar att rädda dig från detta påhittade öde. Om du studerar statistiken över människor som har fått en glimt av den andliga verkligheten bortom döden, kommer du att finna många som lämnat de organiserade religionerna och dess retorik och i stället väljer att fokusera på själen inom dem själva. Det är platsen för det enda sanna templet, det enda stället där du kan finna gudomlighet. Andlig energi kommer in i en mänsklig kropp med själen och flyter sedan ut i världen. Ingen annan kan ge dig det du själv redan har.

Existerar andliga guider? Vi är aldrig ensamma under vår vistelse på Jorden. Varje inkarnerad själ tilldelas en huvudguide, som försöker erbjuda vägledning och ibland ingriper för att göra

Själens Grundläggande Principer 25

något eller förhindra att saker händer. Dessa guider känner dig väl och kan vara andar som har inkarnerat med dig i tidigare liv. Förutom huvudguiden, kan familjemedlemmars och vänners andar vaka över och försöka hjälpa dig när de kan. Det finns otaliga fall där andliga varelser tillfälligt materialiserats eller gett sig tillkänna för att trösta eller skydda någon i en tid av nöd, för och sedan lika plötsligt försvinna. Även om du inte är medveten om det, så arbetar andevärlden ständigt för dig för att tillhandahålla den bästa tänkbara miljön för att din själ ska utbildas och utvecklas. Det viktigaste sättet som dina guider ger dig vägledning på är genom att sprida bilder i ditt medvetande, vilket händer många gånger under dagen. Glöm aldrig att din själ är en förlängning av Skaparen. Be om vägledning och hjälp. Vet att du inte är ensam.

Introduktion till Dimensionerna

Om du ska ut och resa gör du klokt i att studera en karta i förväg och ta reda på vilka platser du vill se och vilka vägar du ska följa för att komma dit. Eftersom vi ska ut på en resa, till vad vissa kan uppleva som ett okänt territorium, kan det vara en bra idé att lägga ut några grundläggande idéer för dig att bli bekant med. Det här avsnittet kunde lika lätt ha fått titeln "Introduktion till Skapelsen" eftersom det är samma sak. Ingenting skulle kunna uppstå utan

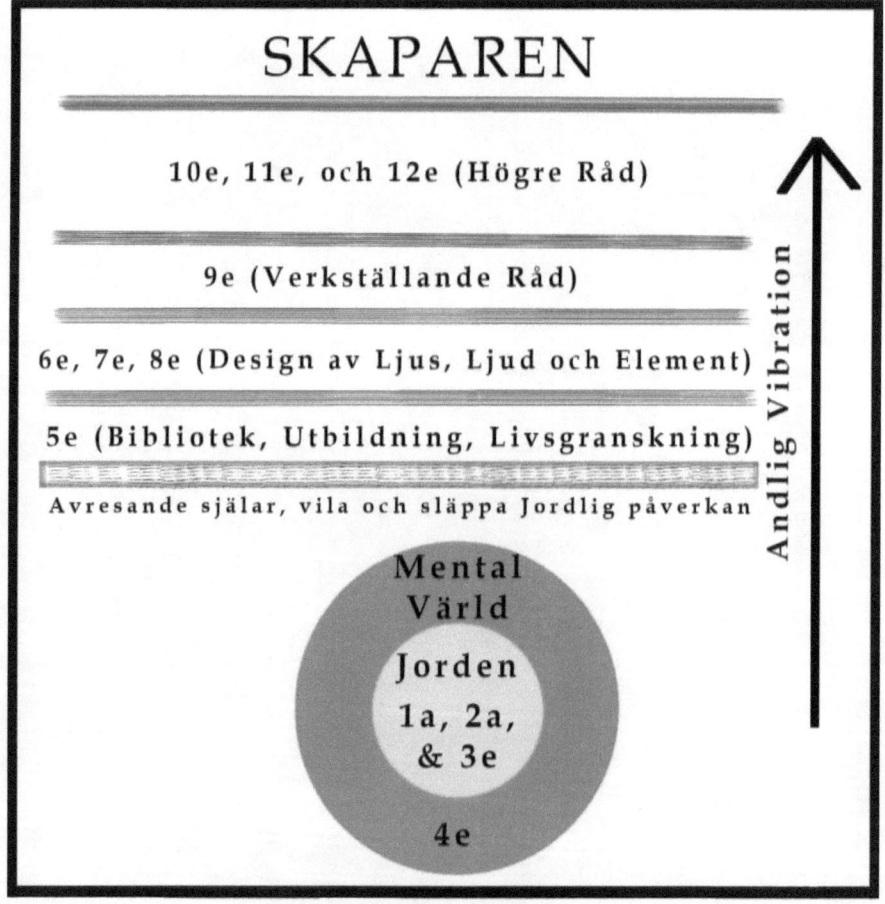

dimensionerna, och dimensionerna skulle vara onödiga om det inte vore för skapelsen.

Naturen är utan tvekan ett organiserat, intrikat utformat system som kontinuerligt modifieras, men frågan är av vem? Vårt andliga team presenterar en kärleksfull, komplex och medkännande verklighet som styr livet på Jorden, fakta som också bekräftas av nära-döden-upplevelser och andra källor. Genom social inlärning föreställer sig människor ofta Skaparen som en gammal man i en stol som kikar ner på oss från någonstans långt ut i rymden. Vi har lärt oss att sanningen är det motsatta. En aspekt av Skaparen, det Mästerliga Medvetandet, är att det inte är avlägset och ouppnåeligt, utan finns överallt som livskraften i djur, växter, träd, insekter, mikrober och andra ting som vi ignorerar och utnyttjar. Vi människor är också andliga varelser, som har projicerat vår själ till Jorden och bebor en kropp för att lära oss vissa läxor. Hjärnan producerar inte medvetande, utan det är snarare så att vår medvetenhet är en förlängning av vårt andliga jag medan vi är inkarnerade. Allt levande på denna planet har en själsenergi som kommer från någon annanstans, vilket innebär att allt på Jorden finns här genom en design och existerar inom ett större syfte. För oss som är inkarnerade ligger vårt hem i världen utanför. Vi går bara i skolan här, och när vi dör ställs vi inte inför en gudomlig domstol för att eventuellt fängslas i evig tid. Vi är här för att lära oss och vi får hjälp under hela livet av andliga varelser som vakar över och leder oss, men som inte dömer oss efter våra misslyckanden. Så du kan se att många föreställningar som är vanliga i samhället är helt i strid med den andlig sanningen. Vårt andliga team har gett oss ett nytt perspektiv som kopplar samman andlighet och vetenskap inom en teori om allt, utan att matematiska bevis krävs.

Som ung brukade jag ligga på rygg och stirra upp på natthimlen. Det finns inget bättre sätt att känna sig liten än att försöka mäta hur obetydlig Jordens storlek verkar mot denna bakgrund. De av oss som har gått i kyrkan har som barn fått berättats för oss hur de avlidna själarna kommer till himlen, förutsatt att de varit goda, och sedan spenderar evigheten sittande på ett moln, spelandes harpa eller sjunga. Även för mitt då unga sinne verkade detta aldrig särskilt produktivt eller nödvändigt. Som det visar sig är andar ganska upptagna på andra sidan. Många är faktiskt mycket engagerade i att skapa just det som vi ser på himlavalvet om natten. Dessa aspekter av skapandet är indelade i vad andarna kallar dimensioner, var och en med sina egna vibrationer, färger, toner och funktioner.

Vad är då en dimension? Eftersom de flesta av oss inte kan relatera till något som är osynligt, blir det lite utmanande att beskriva några av de högre dimensionerna. Men om vi börjar med det som är närmast oss, vår kropp, så har vi en chans att förklara den synliga manifestationen av de lägre. Allt vi kan se eller upptäcka manifesteras i den tredje dimensionen, men har olika vibrationskällor, vilket är dimensionerna. När vi tittar i en spegel ser vi ett levande tredimensionellt väsen, som är en kombination av den första dimensionens olika grundämnen (*kol, kväve, väte, etc.*) tillsammans med den andra dimensionens DNA-mönster, och vår själsenergi som även befinner sig på den fjärde dimensionen medan vi lever. När vi dör lämnar själen, och kroppen blir då bara ett objekt som bär vibrationerna ifrån den första och andra dimensionen. Med tiden kommer kroppen att brytas ner i de oorganiserade elementen och olika grundämnena, vilket bara lämnar kvar vibrationerna från den första dimensionen. Medan dimensionerna faktiskt är olika frekvenser inom en sammanhängande enhet av andlig energi, kan mänskliga ögon bara se det manifesterade slutresultatet inom den tredje dimensionens vibration, men den beskrivningen är ofullständig.

Ett annat sätt att närma sig idén skulle vara att överväga skillnaden mellan att vara vaken och att sova. När du är vaken, är din medvetenhet fångad i den fysiska världens vibration, den tredje dimensionen. Denna fängslade del av din medvetenhet kallas medvetandet, men när du somnar, upplöses ditt medvetande på sätt och vis och din själ kan uttrycka sig. Eftersom själsenergin alltid är en del av den fjärde dimensionen under din inkarnation, ligger din medvetenhet normalt inom den fjärde dimensionens vibration när du drömmer. Efter döden kommer själen att stiga från denna vibration till en annan högre dimension, ditt själsliga hem.

Ett sista sätt att visualisera dimensionerna, kanske den mest begripliga, är som en hierarki av ansvarsområden, liknande det som finns i ett produktionsföretag. Vårt team har berättat om tolv dimensioner, och hur de andliga vibrationerna går från att vara ganska täta på den första dimension, till en mycket hög icke-fysisk frekvens och form på den högsta. Den femte och däröver är de rena andliga världarna, och den första till fjärde är relaterade till den materiella världen och det universum vi ser. Du kan tänka dig att de högre dimensionerna är som förvaltnings–, design–, planerings–, arkiverings–, teknik– och konstruktionsavdelningar. Vad andevärlden konstruerar är allt du ser. Alla saker som är synliga på natthimlen, och runt omkring dig på Jorden, har skapats av en avsikt, och med ett syfte, av olika grupper av andliga varelser. Detta är kanske inte den bästa sammanfattningen, men denna översikt, sett uppifrån, visar hur processen fungerar och kommer att vara till hjälp när det gäller andra ämnen.

> **Skaparen / VD**. Ophelia sa en gång att bortom den kreativa aspekten finns det en medvetenhet av rent medvetande där inget ljus, ljud eller rörelse existerar. Det föregick skapelsen och kommer åter att absorbera allt, när den kreativa cykeln är över. Men för att hålla oss till vårt motiv kommer vi att identifiera den centrala kreativa kärnan som Skaparen, vilken innehåller flera aspekter, inklusive det Mästerliga Medvetandet och Moderenergin. Alla andliga varelser, som bebor de olika dimensionerna, föds ur Moderenergin, där de samlas i små knippen av medvetande från Skaparen. Dessa småstjärnor (*unga själar kallas av våra andliga vänner för "småstjärnor" och menas oftast de allra yngsta*) ges ett syfte inom någon av dimensionerna där de växer och utvecklas för att fullgöra sina uppdrag. Idéerna till denna design kommer från Skaparen och de sänds sedan ner till respektive ande i de olika dimensionerna för verkställande, så jag antar att du kan säga att Skaparens skapelser är de som skapar. Det Mästerliga Medvetandet tillhandahåller också själsenergin som är ingjuten i allt levande i vårt universum, där det sedan kan uppleva allt som manifesterats som ett resultat av andars prestationer inom de olika dimensionerna.
> **10:e till 12:e dimensionen** – Verkställande grupper. Mycket höga andliga Råd. Många av dessa andar har förts upp från lägre dimensioner, om de enligt sin design har varit avsedda att göra det. Molnet av medvetande, eller det Mästerliga Medvetandets ande som besjälar alla livsformer, är kopplad till dessa världar. Idéer till nya skapelser

utgår härifrån eller i det Mästerliga Medvetandet och sänds ner till den 9:e dimensionen för verkställande. De högre änglalika varelserna, ibland identifierade med namn som Gabriel, vistas i denna värld.

> **9:e dimensionen** - Direktörer. Andarna på denna nivå bestämmer hur de idéer som kommer till dem ovanifrån ska implementeras. Bob sa en gång att idéerna är som regndroppar som faller in i den 9:e och filtreras sedan fortsatt ner och utformas när varje dimension lägger till sin del. Zachariah och Jeshua kommer från denna grupp och har stigit in i dessa roller från den 5:e till 8:e dimensionen, beroende på var de en gång föddes som småstjärnor.

> **8:e dimensionen** – Grupp av Designers som använder ljus och ljudenergi för att skapa färgkartor och mönster för grundämnen, gravitation och magnetiska vågformer. Denna grupp tillsätter gravitation och magnetism åt stjärnor, planeter och rymd. Andar här samarbetar med den 6:e och den 7:e under bildandet av himlakroppar och solsystem. Isak är en av dem som arbetar med gravitation i denna dimension.

> **7:e dimensionen** - använder övervägande ljus- och ljudenergi för att göra solar och förutsättningar på planeter med levande varelser. Ophelia är medlem i ett Råd i denna dimension.

> **6:e dimensionen** - Arbetar tillsammans med 7:e och 8:e dimensionen, de förenar grundämnen med ljus och ljud för att skapa planeter, sätter avsikten för vad som ska finnas på planetens yta och installera nödvändig gravitation och vakuum för att balansera solsystemet i sin bana. Alla planeters kärna är en levande livsform och innehåller en färgkarta som resonerar med deras syfte och plats inom solsystemet samt de större sol-grupperna. Alla himmelska familjer är ett kombinerat verk av dimensionerna 6, 7 och 8.

> **5:e dimensionen** - centrum för lärande som alla dimensioner kan besöka. Biblioteket, ett centralt arkiv av kunskap från alla universum och livsformer finns här, inklusive individuella register över varje

ande. Vackra trädgårdar med växter och blommor som verkar glöda av inre ljus, utstrålandes färger okända på Jorden ses ofta här. I denna vibrationsverklighet har många av själarna på Jorden sitt hem. Den här världen ses ibland av människor som har nära-döden-upplevelser och är vad de kallar himlen.

> **4:e dimensionen** - Den mentala världen. En övergångsvibration som omger varje 3:e dimensionell planet där det finns liv. Det är inte en sann andlig verklighet, men innehåller individuella och kollektiva minnen från alla varelser som har inkarnerat på den planeten. När din kropp dör förflyttas ditt medvetande in i denna verklighet, där du måste möta allt det du skapat medan du var inkarnerad.

> **3:e dimensionen** - den manifesterade, synliga, konkreta (för människan) verkligheten; All fast form i vårt universum finns i ett av andevärlden kallat "fish tank" - ett slags "kosmiskt akvarium". Den tredje dimensionen är som en arena där andra dimensioner projicerar olika energiformationer. Alla 2:a dimensionens mönster (träd, växter, djur etc.) är kopplade till någon form av högre andlig energi för att kunna vara vid liv i den 3:e. Människor har en själ kopplad till sig, och andra levande ting har lite energi från "molnet", som är direkt kopplat till Skaparen. Allt växt- och djurliv har en medvetenhet som kommer från en högre vibration än en mänsklig själ.

> **2:a dimensionen** – vibrationen för alla livsformer, från vatten till däggdjuren. Det finns en grupp varelser som arbetar inom denna dimension som liknar oss människor, men som inte är materialiserade. De tar de mönster som utvecklats av den 6:e till den 8:e dimensionen och finjusterar livsformerna genom att ändra energikonfigurationen, det som vi "ser" som DNA. De arbetar tätt samman med de högre dimensionerna för att anpassa livsformer till att fungera på olika planeter och inom vissa atmosfäriska förhållanden.

Bob, i vårt andliga team, är en mästardesigner från denna dimension.

> **1:a dimensionen** – vibrationen som förknippas med grundämnen, gravitation och elektromagnetism. Den utgör kärnan i alla himlakroppar och är den bas från vilken all manifestation kan ske. Du kan tänka på det som en långsam vibration av ljus- och ljudenergi, en slags polaritet till Skaparen. När designmönstren som skapats i den 6:e, 7:e och 8:e dimensionen sänts in i denna långsammare vibration blir de till strukturer som planeter eller stjärnor. Grundämnena är gjorda av andligt ljus och ljud, och när de manifesterats används dessa element av den 2:a dimensionen för att skapa "farkoster" i den 3:e dimensionen avsedda till att uppta andligt medvetande.

Inom de ovanstående dimensionerna är ditt andliga jag för närvarande engagerat i tre av dem samtidigt. Din kropps- och sinnesuppfattning är fängslad i den tredje, din själ resonerar inom den fjärde, och ditt Högre Jag, din ande, är någonstans i den femte till den sjunde. När du dör kommer din själ att kopplas bort från den tredje dimensionen, som har fungerat som ett ankare, och efter en kort paus i den fjärde återgår den till den dimension där din ande verkar. De två delarna, din själ och ditt Högre Jag, kommer sedan att smälta samman igen. Även om du känner dig fullkomlig som människa, så är en stor del av den du är fortfarande aktiv i någon annan verklighet, medan din själ är på uppdrag på Jorden. När din själ är återförenad med din ande kommer du helt enkelt att fortsätta med dina normala andliga aktiviteter. Både Christine och jag kommer att återgå till, och förena oss med, den andliga delen av oss själva som just nu arbetar i ett laboratorium på den sjätte dimensionen. Du och varje person på Jorden har en ande som väntar någonstans på att den inkarnerade själen ska återvända. Det bör påpekas att religiösa övertygelser och idéer är irrelevanta; utom för dem som fastnar i den fjärde dimensionen, eftersom alla själar återvänder till "himlen" efter döden, även de som inte tror på någonting.

Om du går tillräckligt långt tillbaka, kan en bild ibland bli tydligare. Allt som finns har samma grundstruktur, och inom hela skapelsen finns det bara tre huvuddelar. Först är det Skaparen, källan till energi och medvetande. En aspekt av Skaparen är det Mästerliga Medvetandet, ett moln av medvetenhet som sprids över hela universum. En annan är barnen, eller andarna, som är gjorda av Skaparens medvetande, men som har en separat känsla av jaget och sin individualitet. Det är dessa barn eller andar som utgör den andliga världen. Från de allra minsta småstjärnor till de mest magnifika änglarna, vi är alla besläktade som syskon. Varje ande ges ett syfte och en funktion inom en av de kreativa dimensionerna. Den tredje delen av skapelsen är en ström av medveten energi som strålar ut från Skaparen och senare återvänder i en kontinuerlig cykel. Detta är byggnadsmaterialet i alla dimensioner. Denna medvetna energi delas upp i två strömmar, ljus och ljud. Skaparens barn använder detta ljus och ljud för att bygga saker. Föremålen på himlen och stenarna på marken nära dig är gjorda av samma material, de bara vibrerar på olika frekvenser.

Vi är andarna som bygger saker, som vår Skapare sedan tar en tur med, eller testkör så att säga. Allt som finns har gjorts av Skaparens barn. Stjärnor, planeter, hav, fiskar, djur, träd, gräs, atmosfär, gravitation; allt har byggts av otaliga andliga varelser som vistas inom olika dimensioner. Om dessa ting råkar vara levande, det vill säga de är konstruerade av DNA, så ockuperas de sedan av en liten bit av det Mästerliga Medvetandet, molnet av medvetande. Allt som lever har en del av Skaparens medvetenhet inom sig, undantaget är när ett av de andliga barnen sänder en del av sig själva in i en kropp. När det händer kommer den livgivande själen inte direkt från det Mästerliga Medvetandet utan det är en självständig upplevelse för just den anden. Många andar inkarnerar på olika platser för att lära sig om skapelsen på detta direkta vis. Du är en av dessa andar som delar rum med de otaliga arter på den här planeten, vilka är en del av det Mästerliga Medvetandet. Så, där har du det, skapelseprocessen i ett nötskal.

Medan vi är inkarnerade på Jorden har varje själ en annan del av sig själv som är kvar i den rena andevärlden, det som ibland kallas det Högre Jaget. Enkelt uttryckt har ditt andliga väsen ett hem i antingen den femte, sjätte eller sjunde dimensionen, men den har sänt en del av sig själv, din själ, ner till den fjärde dimensionen, där den även manövrerar ett tredje dimensionens fordon på Jorden. Din ande lämnar aldrig sitt hem och fungerar som ett ankare för din själ när den är på resa. En av anledningarna till att vi tvingas glömma vårt andliga hem är att våra små hjärnor inte har kapacitet att rymma alla våra minnen. Bob påpekar ofta hur liten min dator är, det vill säga hjärnan, och jämförde en gång den mängd kunskap som ryms i mitt sinne med en billig dator från början av 1980-talet, medan mitt andliga väsen var mer som en modern superdator. Denna begränsade tillgång till andlig kunskap är faktiskt en del av vår design. Vi inkarnerar och lär oss genom att göra misstag inom en värld av linjärt tänkande och polaritet. Om vi kom ner hit med den fulla förståelsen vi har som ande, skulle det inte vara någon utmaning att inkarnera. Den viktigaste nyckeln till att slippa ut ur det karmiska nätet, där vi sitter fast, är att lära sig att fokusera sitt medvetande på de impulser som kommer från din ande. I annat fall är det som om du kör genom en hinderbana med ögonbindel. Det enda sättet att klara testet är att lyssna på och lita på ditt eget inre vägledningssystem, din själ.

Den fjärde dimensionen är en övergångsverklighet som omger alla tredje dimensionens planeter där livsformer finns. Levande varelser innehåller en ande eller en själ, samspelet mellan de två skapar tankar och känslor, som blir en energiöverföring till den mentala världen. Alla människor, djur, träd, växter, fiskar och andra varelser överför vågor av tankar till den mentala världen, där de registreras. Inom människan registrerar själen också en andra kopia av allt som den upplever, tänker och känner, och den kopian följer med själen när vi dör. Kopian av dina aktiviteter som stannar kvar i den fjärde dimensionen kallar vårt andliga team "Den Karmiska Kappan". Det är ett löpande register över allt du har gjort på Jorden, minnen från alla livstider. Eftersom alla andar har en unik färgkarta, blir varje liten tankebubbla märkt som något du har skapat, så ingen kan någonsin undkomma sin karmiska kappa.

Den fjärde dimensionen är inte en del av den andliga världen, i den mening att den innehåller alla möjliga vibrationer som inte har någon motsvarande verklighet i den rena andevärlden. Till exempel är hat och rädsla känslomässiga vibrationer som är okända i andevärlden, men som definitivt finns inom den mentala världen som omger Jorden. Här finns många visioner av himlen och alla föreställningar av helvetet, som skapats av idéer och känslor människor haft medan de levde. Dessa fruktansvärda platser finns som tankekreationer från människans långa närvaro och historia på Jorden. Många av de himmelska världar som olika religioner föreställer sig, finns inom denna vibration och är lika andligt orealistiska som de helvetiska platserna. Det finns en andlig uppdelning inom den fjärde dimensionen, där de lägsta vibrationerna inte innehåller mycket ljus eller kärlek, och de högre är mycket ljusare och närmare de sanna andliga världarna. Människor som har haft nära-döden-upplevelser går ofta genom en tunnel, vilket är en passage för dem att färdas genom den mentala världen. När de går längs tunneln, upplever många hur ljuset och energin ökar när de rör sig bort från Jorden. Mycket få personer som har haft nära-döden-upplevelser lämnar någonsin den fjärde dimensionen, eftersom den övre gränsen ses som en barriär de inte kan korsa.

När någon dör på Jorden tar deras sinne över kontrollen och de dras till en plats som känns bekant. Så, till exempel, en katolik skulle kunna umgås med själarna från några tidigare avlidna katolska vänner och familjemedlemmar inom den fjärde dimensionen. Det kan även vara en viloplats, och från denna vibration är det ganska lätt att observera det som sker nere på Jorden. Om någon dör och deras partner sörjer, kan själen som har lämnat välja att dröja sig kvar ett tag och försöka ge tröst. Gränsen mellan den fjärde och femte dimensionen innehåller det som vissa har kallat "Summerland", ett ställe med otroligt vackra blommor och trädgårdar, liknande de som finns på den femte, med vänliga djur och vackra naturmiljöer. Denna vibration är en plats där själen kan vila och reflektera över det liv som just slutade, och tillsammans med sina andliga guider kan besöka avlidna familjemedlemmar eller andra vänner. Andra vilar helt enkelt för att återställa sin energi, om livet varit särskilt svårt eller traumatiskt, medan deras guider tålmodigt vakar över dem. Själar kan badas i en dusch av färgat ljus för att tvätta bort alla rester av Jordens energier som kan ha fastnat på själens energikropp. Sorg, skuld, ilska och längtan är alla sådana medföljande känslor som måste släppas innan själen kan fortsätta hem. När de är redo, lämnar själarna så småningom den fjärde vibrationen och återvänder till sin tilldelade plats i den rena andevärlden, normalt någonstans i den femte till sjunde dimensionen. Det är nu själen återförenas med sitt Högre Jag. När själen smälter samman med sin ande kommer minnet om vem de är att återupprättas. Anden drar nytta av utflykten, eftersom den nu har fler resor och upplevelser att dra nytta, och använda sig av.

Den femte dimensionen är den andliga frekvensen som ligger närmast vår verklighet. Det finns ganska många människor som har besökt och beskrivit hur denna verklighet ser ut. Några av de bästa beskrivningarna rapporteras av personer som har genomgått livet-mellan-liven-regressioner, men personer som har haft nära-döden-upplevelser kan ibland få en liten rundtur här innan de sänds tillbaka. Detta beskrivs som en plats med starkt ljus, strålande färger och med en känslomässig vibration av enorm kärlek och acceptans. Andar studerar i Biblioteket, eller tillsammans med sin själsgrupp, eftersom detta är ett område för lärande och undervisning. Biblioteket är ofta en samlingspunkt för aktiviteter under tiden mellan olika liv, eftersom alla uppteckningar av skapande, i alla dimensioner, förvaras i detta centrala kunskapsarkiv. Varje ande har sin egen livsbok, eller Akashakrönika som vissa kallar det, lagrad på denna plats. När din själ återvänder till den femte dimensionen verkar Biblioteket, trädgårdarna, och allt annat lika verkliga och solida som här på Jorden. För att en ande ska kunna stiga in i de olika världarna måste dess egen vibration matcha frekvensen inom den dimensionen. Det är denna matchande resonans som ger ditt medvetande access till olika områden. På samma sätt som vi människor ofta inte kan se in i andra verkligheter eftersom våra fysiska ögon är anpassade till den tredje dimensionen.

I alla andliga dimensioner sker kommunikationen genom telepati eller genom att sända tankebubblor fram och tillbaka. Medan du är i kroppen, är din själ på den fjärde dimensionen, försjunken i de tankebubblor som överförs av alla andra själar och andar. Psykologerna kallar detta det undermedvetna, men det är i själva verket din själ, den tysta observatören. På själsnivå, vet du alltid vad andra tänker eller känner om dig, och vi kommer att beskriva innebörden av det i avsnittet om den Mentala Världen.

Återblick på Livet

Det är inte slumpen som styr ditt öde i den här världen. Innan kroppen du valt tar sitt första andetag, hade många av dina svårigheter och glädjeämnen noggrant planerats in i ditt liv av dig och dina guider. Och den ödesdigra dagen när ditt hjärta slutar slå, kommer det tomma skalet att ge sig av till kyrkogården eller krematoriet, men själen kommer full av glädje att resa hem. När du passerar igenom den mentala världen kommer alla minnen från livet, som just slutade, plötsligt att återkomma med perfekt tydlighet, samtidigt som du kommer ihåg vilket uppdrag du valde när du planerade ditt liv. I denna värld, en vibrationsverklighet mellan den fysiska Jorden och Andevärlden, pausar själen som just lämnat, för att reflektera och göra lite självutvärderingar. Om själen känner att den lyckades bra, saktar den knappt ner innan den återvänder hem för att smälta samman med i sitt Högre Jag. Å andra sidan, om den känner att den andligt drev långt ur kurs, kan det behövas lång "tid" för att gå genom detaljerna i vissa upplevelser. Ingen lämnas någonsin ensam när detta sker. Precis som nu när du är inkarnerad kommer en skyddsängel eller guide att vaka över och hjälpa dig under denna process i övergångszonen efter döden.

När du har släppt alla känslomässiga och mentala anknytningar till Jorden kommer du att återvända till andevärlden igen för att träffa din huvudguide och förmodligen ett Råd av högre väsen. Här sker en inventering av det liv du just lämnat. Detta är ett värdefullt steg i inlärningsupplevelsen, eftersom den verkliga meningen med, och betydelsen av, livet blir synligt för den nyligen befriade själen. Den första frågan som Rådet ställer är något i stil med: "Vad gjorde du av ditt liv?" Kan du föreställa dig känslan av att någon ställer den frågan idag? Du fick gåvan att uttrycka din själ genom en kropp på Jorden, så vad har du gjort med den gåvan? Vi är vanligtvis medvetna om våra många fel och brister, men föreställ dig hur det skulle kännas att stå där med din guide inför ett högt Råd, där varje tanke och detalj i ditt liv, minut för minut, visas upp så alla kan se. Det skulle nog kännas lite pinsamt. Det som kommer att avslöjas är betydelsen av vad som fanns i ditt hjärta, alla tankar och känslor som du höll hemliga inom dig. Din själ registrerar allt du gör, tänker eller känner varje sekund i ditt liv, tillsammans med vilka effekter de hade på andra. Även dina drömmar lagras, om man skulle behöva hänvisa till dem. Mycket av det är skräp, såklart, allt har inte en djupare mening. Men mönster utvecklas genom upprepning, och du kommer att se hur dessa föreställningar påverkade din kropp, dina upplevelser, andra människor, djur, växter och till och med Jorden. Dina handlingar ses ofta som mindre kritiska än dina avsikter, och denna tidigare dolda aspekt är ofta den måttstock med vilken dina handlingar utvärderas. Guiden och Rådet söker efter tecken på att du lärt dig att tänka och agera med kärlek och empati, att du arbetat igenom problemen genom att lyssna på ditt Högre Jag och din guide. Medan ditt liv visas upp och granskas, dömer inga andra själar eller Rådets medlemmar dig. Din själ, som nu är i samklang med en andlig frekvens, utvärderar varje del av livet från denna plats av större visdom. Det kan förekomma åsikter från de andra andarna som samlats, men det görs på ett kärleksfullt och stödjande sätt för att hjälpa dig att förstå vissa saker ur deras mer avancerade perspektiv. I detta utrymme av ljus och kärlek, kommer du inte att finna någon av de faror som evangelister, övertygande och högröda i ansiktet, vrålar in i TV-kamerorna varje söndag. Din själ kommer inte att dömas och fördömas när du kommer. Det finns ingen man med gethuvud och bockfot som står där, redo att slänga ner din eländiga själ i någon svavelosande eldsjö, där du kommer att stekas i all evighet. Det här är fabler som upprepats om och om igen genom århundradena, utformade och endast ägnade till att skrämma människor till lydnad och underkastelse.

Jag har varit tvungen att göra en hel del research när jag skrev om vissa för mig okända ämnen, och hur religiösa organisationer beskriver himlen för sina hängivna följare var ett av dessa områden. Jag måste erkänna att jag är lite förvånad över vad dessa grupper framför. Vissa muslimer, som det verkar, kommer att få dricka vin, utan efterföljande baksmälla, erhålla vackra smycken, lyxiga kläder, floder av mjölk och honung, enorma rikedomar och sex med mängder av jungfruliga slavar som deras hustrur inte kan se. Så långt som jag har kunnat tyda det, förväntar sig ateister och judar att deras medvetande abrupt kommer att sluta i intet. Kristna har i sitt historiska referensmaterial inte med så många ord gett uttryck för sin föreställning om himlen, utom i den sista berättelsen i Bibeln, Uppenbarelseboken. Någon som hette Johannes trollade fram ett stort inhägnat samhälle för att stänga ute slöddret, där väggarna är gjorda av jaspis och som har tolv pärleportar. När själen lyckas slinka förbi vakterna och komma in i staden kommer de att finna gator belagda med massivt guld och fruktträd som växer på var sin sida av en flod. Visst verkar det som att muslimerna kommer att ha roligast, eller hur? Nåja, innan du går och letar upp en moské för att ta del av detta, skulle jag råda dig tänka på att jordiska nöjen inte är tillgängliga i det högre riket i fjärran. Kroppen stannar kvar på Jorden, och själen har ingen förmåga att dricka, äta eller göra barn. Även om det är möjligt att dessa platser existerar som tillfälliga mentala skapelser i den fjärde dimensionen, är det inte en del av den andliga verkligheten där ditt Högre Jag är beläget.

De lägre känslomässiga tillstånden hos en människa existerar inte inom de andliga dimensionerna. Vad du som ande kommer att se, när du ser tillbaka på jordelivet, är att den primära kampen för kroppens överlevnad ger upphov till rädsla och en känsla av separation, som i sin tur genererar icke-andliga känslor som hat, girighet, ilska, arrogans, svartsjuka, grymhet, avund och likgiltighet. Till och med kärlek, som den definieras, är ofta en urvattnad version som blandas av tillfälligheter och själviska motiv. Vi har alla varit i olika fysiska, emotionella och mentala samspel, antingen som givare eller tagare, som involverar lidande, sorg, övergrepp, ensamhet, rädsla, ilska och förlust. När vi utvecklas under många livstider lär vi oss att acceptera och hantera livets svårigheter, och att göra vårt bästa för att förbli sanna vårt andliga jag under dessa svåra omständigheter. De som har utexaminerats från Jordens skola har utvecklat en nivå av emotionell förståelse och en styrka i vilja och beslutsamhet som de flesta andra verkligheter inte kan ge. Den viktigaste läxan är emellertid att lära sig empati.

I en diskussion nyligen bjöd Zachariah in mig för att förtydliga några ämnen, och ett område relaterade till hur en ande ser sina tidigare liv, och huruvida några av de lägre känslorna följer dem hem. Hans referens till ett litet chip kommer att behandlas mer i detalj, men det är i huvudsak en energi-inspelning som gjorts i själen under en inkarnation, och som transporteras tillbaka hem för analys, för att därefter skrivas in i andens personliga journal.

D. När en själ återvänder hem och återförenas med sin ande, tar den inte då med alla minnen från sina handlingar och allt som den har gjort på Jorden?

Z. Man kan säga att det lagras i ett litet chip. Själen kan absolut ta en titt, men det är inte färgat, det är inte något som färgar själen. Men det finns tillgängligt att titta på och granska. Det görs forskning från andevärlden. Se det som din egen dagbok om du vill. Du kan ju se bakåt i din dagbok, eller hur? Det här är detsamma, men det skapar en objektiv ståndpunkt till dina handlingar och tankar, så i det avseendet är det inte kopplat till dig som ande.

D. De känslor som är jordrelaterade, som till exempel skuld?

Z. De följer dig inte.

D. När man ser tillbaka på saker som man har gjort, har man då inte samma känslor?

Z. När din själ är tidigt i sin utveckling har du kanske problem att förstå när du återvänder hem och ser på vissa händelser. Låt oss säga att din fråga handlade om rädsla. Från en andlig synvinkel, från din själs perspektiv, finns inte rädsla. När du utvecklas kommer du att minnas och förstå mer av den bubblan av rädsla - vad det handlade om. Yngre själar behöver hjälp med att förstå den specifika känslan, eftersom den inte är i samklang med deras själ. Men det är sant, den tillhör inte den andliga världen och den följer inte själen. Det är knutet till det här planet, där minnet finns eller har placerats. Vet att vissa saker, som rädsla och dömande, till exempel, på något sätt har placerats i Jordens atmosfär, dess aura, om du så vill, för att själar som kommer hit ska möta dem. Om de inte fanns i en verklighet skulle man inte kunna uppleva dem.

D. Och syftet med att uppleva det, är vad?

Z. Att öka din kunskap. Att få gränser, svårigheter, utmaningar, placerade framför dig. I den andliga verkligheten existerar de inte.

D. Är det för att stärka själens kunskap och viljestyrka?

Z. Det är kraften i att skapa tankar och handlingar baserade på utmaningar som uppstår. Inte alla verkligheter bär på denna upplevelse. På grund av vissa händelser tidigare i Jordens existens har det lagrats i Jordens minne. Vilket innebär att det existerar i dess energiatmosfär. Allt bär på karma relaterat till var det har inträffat.

Andlig utveckling på detta plan är ett mognande från själviskhet till osjälviskhet, från okunnighet till insikt. Vi lär oss läxor om den fysiska kroppen, våra känslomässiga och mentala processer och slutligen om det andliga i att vara människa. Ett exempel på några sådana lärdomar kom från en färgstark dröm som Christine nyligen hade, där hon mindes en nära-döden-upplevelse hon hade i sitt senaste liv som en kvinna vid namn Alicia. Christine kom för första gången i kontakt med denna livstid under en tidigare liv regression som hon gjorde under 2011. Vi inkluderar detta för att visa hur en själ upplever passagen genom den mentala världen.

Alicia bodde i Virginia och dog 1968 vid en ålder av 56. Före sin död kollapsade Alicia på en perrong vid en tågstation och hade en NDU. Christine berättade att efter att Alicia lämnade sin kropp började hon genomgå en livsgranskning där den första delen rörde de fysiska upplevelserna. Alicia blev visad handlingar, känslor och tankar som rör kroppen. Hon såg sig själv som barn när hon föll på sin cykel och skrapade upp knäet. Hennes mamma kom och tröstade henne och uppmuntrade den lilla flickan att sätta sig tillbaka upp på cykeln och fortsätta cykla efter att ha plåstrat om knäet. Den lilla flickan var ganska rädd, men samlade till slut ihop modet för att övervinna rädslan att bli skadad igen. Nästa scen hon visades var som ung kvinna då hon knuffades till av någon, vilken följdes av en scen där hon kramade ett barn. I var och en av scenerna kände hon effekterna av dessa handlingar, både på hennes egen fysiska kropp och i den andra personens kropp. Hon insåg den kraftfulla läkning och utbyte av energi som kan uppstå av att krama en annan person. Under den andra delen av sin NDU fick Alicia se de känslomässiga aspekterna av hela sitt liv och deras effekter på andra människor. Hon såg sina samspel med andra människor och hur hennes brist på egenkärlek fick henne att känslomässigt stöta andra ifrån sig. Men hon upplevde också de upplyftande stunderna när hon kände och uttryckte kärlek och medkänsla för andra. I den tredje delen av sin NDU, som var den mest intensiva, var hon tvungen att återuppleva varje tanke hon hade haft under sitt liv. Hon kunde objektivt se hur hennes tankar hade orsakat onödigt lidande för henne själv och andra. Under de tre stadierna i sin NDU fanns det tydliga insikter som Alicia förstod när det gäller varje aspekt av att vara människa. Och så är det för var och en av oss. Våra liv ger oss ständigt möjligheter att förbättra vårt sätt att tänka, känna och agera mot oss själva, andra och världen runt omkring oss. Genom upprepade inkarnationer lär sig själen gradvis att det bästa sättet att undvika att själv bli skadad är att inte skada andra, och utvecklar styrkan, modet och viljan att förbli sann mot sin själ, som är i harmoni med Skaparen.

Det medvetna sinnet kanske inte inser förhållandet mellan tankar och vad som sker med den inkarnerade kroppen, men den rena anden förstår fullt ut denna spiral av effekter. Människor som har en NDU, eller som gör en livet-mellan-liven regression, kan ofta se hur tankar och föreställningar blir källan till många situationer i deras liv. Ur detta perspektiv blir det tydligt att det liv vi har är det liv vi planerat och skapat. Många av svårigheterna designades av vår egen själ innan vi inkarnerade, som ett sätt att testa oss själva. Så istället för att se livet som slumpmässiga händelser som du råkar ut för – av något utifrån, flytta ditt medvetande inåt och se dessa händelser som en hinderbana du själv skapar. Ödets hand kanske erbjuder dig en gåva av kunskap, om du ser det på det här viset. Genom att acceptera våra erfarenheter tillåter det oss att släppa negativa reaktioner och försöka leva i nuet med mera frid och kärlek i våra hjärtan. För att ta ett enkelt exempel; om du har en stressig dag på jobbet, bär du då ilska och irritation med dig när du åker hem, till mataffären, till middag med familjen och slutligen när du går till sängs? Vi måste se varje ögonblick under dagen som en möjlighet att välja frid i oss själva, och att ge den sinnesron vidare till andra människor. Som Zachariah påpekade i ett av våra samtal - livet en skatt, en gåva till dig.

D. Vilka andra ämnen ska vi diskutera i boken?

Z. Livets rikedom. Att livet kan vara en skatt. Det kan gnistra och det kan vara fyllt av glädje. Få människor att vilja söka mer. Få människor att dyka ner i sin egen historia. Varför känner de på ett visst sätt, varför agerar de på ett annat? Varifrån kommer känslorna, och varifrån kommer läxorna de snubblar över? Få dem att förstå att när de kommer in i en fysisk kropp genomgår de en process av att vilja lära sig en specifik aspekt, en känsla eller upplevelse. Om de är dömande, eller till och ansvarslösa, då har de valt upplevelser som ska utlösa detta. Det är inte livet som straffar dem. Tillsammans med sin egen andliga kompass och sina visa hjälpare väljer de sin väg och sina upplevelser. Ingenting sker av slump.

Moral, ur en andlig synvinkel, är att inte vara självisk och dömande, utan istället att vara vänlig och tålmodig med andra människor, att lyfta och uppmuntra dem till att hedra sin själ. Om du har en dålig dag på jobbet, ska du inte använda det som en ursäkt för att köra aggressivt till mataffären, där du snäser åt kassörskan, för att sedan åka hem, ignorera barnen och skrika åt din man eller hustru över någon trivial fråga. De är alla stenar som kastas i livets sjö, så vilken typ av krusningar och vågor vill du bli ihågkommen för? Detta är något att ta på allvar, eftersom de som får se tillbaka på sitt liv under en NDU ser hur deras beteenden och avsikter skapade både goda och dåliga upplevelser i andra människors liv, och ditt bidrag till vad någon annan upplever blir ditt ansvar. Jag vill påpeka, även om det borde vara uppenbart, att den här diskussionen handlar om att interagera med andra människor i normala situationer. Du har också rätt att skydda din kropp, som var en gåva till dig, från att bli skadad eller dödad av någon slumpmässig våldshandling. Det finns inget andligt mandat att vara någon annans offer, varken för dig själv eller dem som litar på dig för beskydd.

Det vi kallar samvete är faktiskt din rena själ eller dina andliga guider som försöker uppmuntra dig att ta en väg som kommer att orsaka mindre lidande. Efter varje liv återvänder själen hem och ser med stor tydlighet hur dess tankar och trosmönster skapade mycket av det som den upplevde under livet. Efter en period av studier, vila och reflektion, lovar anden att inte upprepa samma misstag och sänder en del av sig själv till Jorden igen för att ta på sig en ny kropp och visa att den har bemästrat läxorna. När själen övervinner svårigheterna ökar kunskapen och den inre rösten blir starkare och lättare att följa. När det medvetna sinnet och själen är i harmoni, blir tankarna mer förstående och empatiska gentemot andra, tålmodigare och vänligare. När du är inkarnerad ställs du ständigt inför möjligheter att visa om dina tankar är i linje med din rena ande – i varje ögonblick har du det valet. Vi är alla ofullkomliga, men att vara medveten om sina fel och brister förbättrar avsevärt oddsen för framgång i att övervinna tidigare mönster.

Under tiden mellan de olika livstiderna studerar och granskar själen hur den hanterade de situationer som den mötte under denna och andra livstider. Här är några av dessa universella sanningar som berättas av människor i livet-mellan liven regressioner och NDU:

- Du är bara ansvarig för dig själv, dina egna tankar och handlingar. Du kan försöka hjälpa andra genom att dela kunskap och uppmuntran, men du är inte ansvarig för de val de gör.

- Födelse och död är svängdörren mellan Jorden och andevärlden, som går från ett tillstånd av medvetande till ett annat. Eftersom din själ är evig och inte kan förstöras, bör du inte leva i rädsla för döden.

- Du ges aldrig fler utmaningar än din själ kan klara av.

- De två viktigaste sakerna i livet är att uttrycka kärlek och få kunskap.

- Ta inte allt så allvarligt, eftersom de flesta saker inte är lika viktiga som du tror att de är.

- Lycka är ett resultat av de val du gjort. Försök att framhäva de positiva aspekterna av en situation. Din sanna natur, som själ, är glädje och kärlek.

- Vänta inte på att livet ska hända dig. Om du vill göra något mer med ditt liv, börja leva nu.

- Beslut fattas ofta från en position av rädsla. Välj istället att lita på Skaparen och dina andliga guider, och vet att du alltid blir vägledd.

- Även små och vänliga gärningar kan ha vidsträckta effekter.

- Om du inte älskar och accepterar dig själv kan du aldrig riktigt älska någon annan. Inga som helst bekräftelser från någon annan kan övervinna självförnekelse.

- Ilska du håller inom dig kan vara otroligt skadligt för dig själv och för andra. Ilska du uttrycker kan vara än mer skadligt för dig själv och andra, så praktisera och tillämpa förlåtelse, och lär dig att släppa negativa tankar.

- Försök att fokusera mer på nuet. Ditt sinne är som en hamster i ett hjul där du är besatt av det förflutna eller oroar dig för framtiden, och tar dig så långt som - ingenstans.

- Du är aldrig ensam och du är alltid älskad av dem i andevärlden, även om du inte är medveten om det.

- Livet består mest av de små sakerna, en efter en, eftersom varje liten aktivitet blir en del av en sammanhängande film om din tid här. Var medveten om att mycket kan göras med en känsla av tacksamhet och glädje; hälla upp en kopp nybryggt kaffe, andas in vinterns krispiga luft, titta på en fågel som flyger över ditt huvud, eller vandra i naturen. Allt detta är möjligheter att länka samman med ditt inre jag.

- Du kom till Jorden med ett uppdrag, en plan som är viktig för din själ, och så länge du lever är ditt uppdrag inte slutfört.

- Medkänsla innebär att du inte dömer andra för var de befinner sig på själens utvecklingsstege. Vägen från okunnighet till visdom är en lång och svår resa som vi måste gå ensamma, så ha empati för dem som har längre att vandra än du.

- Eftersom tankar är energi och den enda skapande kraften, har bön påverkan på andra och på världen.

- Var tacksam för vad du har. Tänk på de människor som bryr sig om dig. Tänk på din hälsa och även om du har krämpor eller sjukdomar, hur din kropp har stöttat dig under alla dessa år. Tänk på skönheten i naturen, haven, träden, växterna, jorden, djuren, solen och vinden. Livet är en gåva till dig.

Den vanligaste läxan, som berättas av de tusentals människor som har rapporterat tillbaka från andevärlden, är kravet för var och en av oss att vara mer kärleksfulla mot andra, oss själva och Jorden. Oavsett vilken typ av liv du har fört tidigare, är det inte för sent att ändra sig, du har fortfarande din fria vilja att välja en bättre väg. Mönster som man inte tar itu med under den här livstiden, kommer att ge liknande upplevelser under en annan livstid. I nästan varje situation finns det val på hur vi kan reagera.

Fysiskt, känslomässigt och mentalt ansvarar vi för de beslut vi tar på detta plan – här på Jorden.

Nu när vi har tittat på några av lärdomarna från själar som nyligen lämnat, eller de som stod på tröskeln till det tillståndet, kan det vara hög tid att studera vad dina tankar verkligen är, ur ett andligt perspektiv.

Den Mentala Världen

Den mentala världen är den fjärde dimensionen, en vibrationsverklighet mellan den fysiska Jordens frekvens och Andevärlden. Den tredje dimensionen är alltid i par med den fjärde, eftersom andlig energi inte kan bli fysisk, så den fjärde dimensionen behövs som en bro mellan de två verkligheterna. Den kan också kallas den mentala atmosfären, eftersom den upptar utrymme runt planeten. Det är inom detta område som alla själ-till-själ-kommunikationer äger rum, och där alla minnen från ditt liv lagras, för alltid. Det är arenan där ditt sinne och dina känslor är huvudaktörerna, och skådespelet de framför används för att utvärdera ditt liv. Att förstå den mentala världens funktion kan avslöja betydelsen bakom många av de andra andliga budskapen i den här boken, så det är värt att sakta ner och fundera över idéerna i detta avsnitt.

Medan din själ är i din kropp, ansluter den till sju centra eller inre skikt, och vart och ett av dem kan sända ut energi i form av vågor eller impulser. De viktigaste är det emotionella skiktet och det mentala skiktet, men den fysiska kroppen och själen själv kan också sända ut vågor av energi. Vårt team hänvisar till alla dessa överföringar som tankebubblor, oavsett vilket skikt som är ursprunget. När du har en tanke eller en känsla, aktiverar de ett av dessa skikt att agera som en liten radiosändare och skickar signaler ut i den mentala världen, detta osynliga moln runt Jorden. Tänk dig att du sitter framför en dator som är ansluten till din hjärna och ditt hjärta, där varje tanke och känsla du har skrivs ner i ett meddelande och automatiskt skickas till den du tänker på. Hela dagen skriver du och skickar, skriver och skickar. Samtidigt får du också meddelanden. Oavsett vad någon tänker eller känner om dig, levereras det automatiskt, rått och ofiltrerat. Dessa tankebubblor som skickas fram och tillbaka uppfattas normalt inte av det medvetna sinnet, men själen är mycket medveten om meddelandena. Tankebubblor ligger på samma frekvens som själen, och eftersom själen bor i skuggorna bakom de flesta människors medvetande, upptäcks informationen bara som en magkänsla eller intuition. De som specifikt har utvecklat sin känslighet för dessa signaler kallas medium och kan ibland se denna energi runt människor som auror och tolka de fysiska, emotionella eller mentala mönstren som sänds ut. Djur kan också läsa auror och är skickliga på att uppfatta avsikter som strömmar ut från kroppar. Våra guider och andra andliga varelser övervakar detta energiflöde och kan läsa våra tankar som om de vore ord.

Varje ande har sin egen profil baserat på sina insatser på Jorden, och det är den som våra andevänner kallar den 'karmiska kappan'. Den fjärde dimensionen är den vibrationsverklighet där ditt liv spelas in och läggs till historien om alla liv du har haft på den här planeten. Men vad exakt är livet annat än dina dagliga gärningar, känslor och tankar? Så i själva verket är din karmiska kappa en löpande registrering över hur dina idéer har förändrats över tid. Vad karma lär oss, är att det vakna livet är en serie av beslut, från början till slut, inget mer. Beslut om vad du ska tänka eller känna får din energikropp att skicka ut en motsvarande ton, det är som att ringa i en klocka med olika ljud för varje typ av känsla eller tanke. När dessa toner färdas ut i den mentala världen, fungerar de som en inbjudan till vissa upplevelser att komma din väg. Energin du överför blir likt ett fyrtorn för liknande energier, så genom att din klocka ringer i vissa toner, kommer ett gensvar i någon form. På det här viset lär vi oss undvika att sända ut fel frekvenser, och när vi blir mer medvetna om våra signaler blir sättet vi upplever livet mer harmoniskt.

Karma handlar om balans, ett system av orsak och verkan där vi lär oss att leva i en mänsklig kropp på ett sätt som är andligt godtagbart. Om din själ inte godkänner hur du tänker och agerar, kommer livet att ge dig otaliga möjligheter att förstå varför dessa mönster bör uppdateras och ersättas med mer andliga alternativ. Du kommer ständigt att konfronteras med situationer som är en spegling av dina värderingar. Till exempel har människor ofta problem i sina relationer som har ett återkommande tema, men inom det mönstret uppenbaras vanligtvis någon form av självupptäckt när du blir uppmärksam på det. För mig var det en brist på egenkärlek, vilket fick mig att känna mig värdelös och inte värd att älskas.

För den andliga världen ser tankebubblor ut som färgad rök som stiger upp från din kropp och flyter ut i den mentala atmosfären. Bob kallar humoristiskt detta moln av energi för "skorstenen", och precis som en skorsten kan bli smutsig av att eldas med vissa träslag, blir din kappa tung av energismuts när du handlar, känner eller tänker på ett sätt som inte är i samklang med ditt Högre Jag. I den här kommande diskussionen beskriver Bob processen där andar förutser vad människor eller andra djur tänker göra, och hur de kan ingripa genom att placera sina egna tankebubblor i människors mentala värld. Jag bör nämna att det är omöjligt att i skrift fånga det sätt som Bob talar. Han är väldigt entusiastisk och pratar på ett sätt som ger ord och idéer ordentligt med extra mening. Han är så långt ifrån monoton som någon kan vara, och använder ofta sin kvickhet och otroliga intelligens till att göra seriösa diskussioner till roliga berättelser. Bob använder ofta rent talspråk och i sin iver pratar han även ibland grammatiskt inkorrekt. Han säger till exempel inte de eller dem, någon eller något, utan rakt av "dom", "nån" och "nått". Hans personliga sätt att prata gör honom förtjusande unik, och är förmodligen varför han är den av våra andliga vänner som är mest älskvärd och populär. Vi behåller därför mycket av hans ordval och sätt att framföra sina budskap för att återge hans karaktär och charmiga natur.

D. Jag hade en fråga om hur du ser världen. Du kan höra saker som människor gör, så jag antar att du kan höra ljudvågor. Hör du dem prata, och förstår du språket?

B. Hmm, ja, nej, ibland låter det bara som bubblor, det är som att ha öronen under vattnet, ibland låter det bara, blub blub blub. Men jag kan läsa energierna, så det är vad jag gör. Jag förstår inte orden, MEN, orden skapar vissa energivågor från individen, oavsett om det är en person eller om det är ett djur. Apor, till exempel, dom pratar också, men dom skickar ut sina avsikter, som är liksom deras tankar och hur dom skulle sätta ord på det, som en energivåg, och den kan jag läsa. Så det spelar så klart ingen roll vilken typ av språk det är. Låt oss säga att jag ser en mänsklig varelse i naturen, och den kommunicerar med en annan, jag förstår inte nödvändigtvis orden, men jag förstår vågorna och jag kan läsa dom, och jag kan läsa vilken avsikt dom har. Om nån, låt oss säga, tänker göra upp en eld, så kan jag svara, och jag kan skicka ut liksom, "LÅT BLI!" Jag lägger det i en mental bubbla och placerar den sen i deras skorsten. Det är vad vi gör, vi svarar. För, låt oss säga - här (*med hänvisning till de torra bergen i*

Colorado) ska man inte göra upp eld, det kan orsaka bränder. Om jag skulle se nån TÄNKA på att göra det skulle jag förstå, för tänka och prata är nästan samma sak för mig. Jag kan läsa avsikterna PÅ SAMMA SÄTT. Jag behöver egentligen inte höra nånting. Jag läser frekvensen för en tanke eller ett verbalt uttryck. Om nån säger, "Oh, vi gör upp en eld och grillar." Om jag, eller nån av dom andra små hjälparna i naturen, läser den avsikten, och om det inte är en bra plats för en eld, då kommer vi att skicka ut ett meddelande, ett gensvar. Så dom uppmärksammar vad som håller på att hända, och vi skickar ut en reaktion på det i en tankebubbla in i deras skorsten. Vissa lyssnar, andra gör det inte.

D. Så, i människors dagliga liv, är det alltid andliga guider och andra varelser som skickar in bilder i deras sinne?

B. Ja, det är klart!

Vi är fostrade att tro att de viktiga målen i livet är att få ett högt betalande jobb, bete sig trevligt nog för att någon ska vilja gifta sig med oss, köpa ett hus och ett par bilar och sätta några fler barn till världen. Släng sedan in årliga semestrar, en rolig hobby, högtidsfiranden, och du har receptet för ett bra liv, verkar det som. Det är naturligtvis inget fel med någon av dessa saker. Alla vill ha ett bekvämt liv och någon som bryr sig om dem. Det du emellertid inte fick höra är att det verkliga målet i ditt liv är att behärska det som händer i ditt huvud och ditt hjärta varje ögonblick medan du jagar dessa externa mål. Dessa subtila strömmar definierar din framgång, eller din brist på framsteg. Att ha ett bra jobb är underbart, men hur samspelar du med dina medarbetare? Att vara gift är också underbart, men vilken typ av energi utstrålar du när det blir lite slitningar? Du kanske tror att livet handlar om att jaga dina drömmar, men det handlar faktiskt om att arbeta på din karma. När du går över hängs den (*din karmiska kappa*) prydligt in i ett skåp med din andes namn på, där den väntar på att du ska komma tillbaka till Jorden i ett annat liv. Som Ophelia säger, vi har fått ett inre filter och kan kontrollera och övervaka alla meddelanden vi skickar. Om det görs medvetet och kontinuerligt kommer livet att få en helt annan betydelse och ett större värde.

Nästa logiska fråga skulle vara, hur gör jag för att min karmiska kappa ska bli lättare, eller ännu bättre, vikas ihop så att jag inte längre behöver komma till Jorden? Zachariah förklarar hur denna process fungerar.

Z. Tankar. Det är här du måste vara mer försiktig. Tankarnas energi. Människor tror att en tanke bara är inom dem själva. De förstår inte att om de tänker en negativ tanke kommer det att påverka inte bara deras omgivning, utan också deras kappa, för det sker tyst i deras sinne. Kom ihåg att människor på det här planet inte nödvändigtvis utövar telepatisk kommunikation. Andra varelser som utvecklats mer i den specifika kommunikationen förstår tankarnas kraft. Här, om du tänker en negativ tanke, men inte säger det högt, så har det aldrig inträffat, eller hur? Ur mänsklig synvinkel är det ofta så det upplevs. Tankens kraft skapar inte bara en effekt på det fysiska planet, utan framför allt inom det mentala området. Du kan inte undgå det du har skapat när du lämnar den fysiska kroppen och transformeras in i den andliga kraften och din själsenergi. Om någon tänker elakt om andra, men inte säger det högt, stannar det inte bara i huvudet.

D. Är det i själva verket en negativ bön?

Z. Precis. Det skapar som en dimma på vågorna, och det skapar den mentala världen runt dig. Andliga väsen som har kunskap i att läsa andra, kan se detta fält, inte bara runt planeten, naturligtvis, utan runt varje individ. Det är den kappan, det skiktet, som man inte har någon möjlighet att fly undan om du så vill, men som du också kan ta dig an. Vet att högre utvecklade väsen läser alla mentala områden omkring er, inte bara himlakroppar utan också runt varje individ på Jorden. DE kan läsa den mentala världen, se vad som händer, förutsäga vart mänskligheten är på väg. Förstår du?

D. Ja, det gör jag.

Z. Det är som en öppen bok. Människor är rädda för det, för om du säger det på det viset kommer de att känna sig övervakade. Återigen, det motsvarar många människors föreställningar om dom och straff. Om du lyfter fram den andra aspekten av det, att om de tänker goda tankar om andra, så får de erkännande för det också. Det är på det viset som andevärlden kan se vem som är upplyst eller inte. Från andevärlden sett ser det ut som vita prickar, ljusa lysande prickar.

B. (*Christines röst ändrades när Bob tog över för att fortsätta Zachariahs tanke*). Uhmmm, du vet satelliterna runt planeten? Dom lämnar ju kvar saker ute i rymden, som hänger kvar, liksom sopor. Det är samma sak. Eftersom när alla dessa negativa själar, eller själar som inte riktigt lyssnade på sitt uppdrag, när dom ger sig av och lämnar alla dessa kappor i den mentala världen, så blir dom kvar där. Det är som att lämna sopor i rymden.

D. Hur kan det rensas upp?

B. Det är för att nya själar kommer in, dom som inte har en kappa. Vissa som lämnar kommer inte tillbaka på ett tag. När nya kommer in som inte har en kappa här, då kommer antalet upplysta varelser att öka.

Ett av begreppen jag kämpade med att förstå handlade om tankebubblor. Jag föreställde mig det som ett resultat av tankeprocessen, som är en del av logiken och tankegången. Men Ophelia klargjorde att de "tankebubblor" vi skickar ut kan komma från vilket som helst av vibrationsskikten i kroppen, som inkluderar det fysiska och det emotionella. En känsla av glädje, till exempel, skulle stråla energi från det emotionella hjärtcentret på samma sätt som att betrakta färgerna i en vacker solnedgång skulle överföra energi från det mentala skiktet förknippat med hjärnan. Två olika platser i den fysiska kroppen, men både känslan och tanken är en källa till skapelse inom den mentala världen. Vi, som själ, kan kontrollera olika vibrationer i kroppen och är därför ansvariga för vad vår kropp sänder ut.

D. När vi talar om den mentala världen eller den logiska världen, hjärnan, de tankar som människor tänker kommer väl främst från den logiska delen? Känslor är väl mer av en förnimmelse?

O. Ja, det är ett sätt för ditt mänskliga jag att förstå de två olika verkligheterna. Ändå, båda utlöser och startar som en tankebubbla. Även fast den kommer från hjärtcentret och skapas som en förnimmelse, som du sa, så skapar den samma dynamik som en ren tanke från hjärnan. Så en bön kan komma från båda centren, om du så vill. Människor har svårt att förstå att en känsla kan starta som en tanke. Återigen talar vi om separation och polaritet, men de är desamma.

D. Det är till stor hjälp. Jag fastnade också för det konceptet.

O. Det är samma bubbla som skickas ut, oavsett varifrån den kommer. Ibland kan till och med det fysiska skicka tankebubblor, även om de i de flesta fallen är små. Alla skikt inom en människas förmåga och förståelse har möjlighet att skicka ut sina tankebubblor, känslomässiga bubblor eller fysiska bubblor, om du så vill.

D. Det är till stor hjälp för mig.

O. De lagras alla i den mentala världen.

D. Så, skulle en ren känsla från själen också vara en tankebubbla som härrör från hjärtcentret?

O. Förtydliga.

D. Som en känsla av kärlek, det är väl inte nödvändigtvis en tanke.

O. Oh, jovisst är den det.

D. Det går ut som en tankebubbla, men det är en känsla?

O. Ja, det är samma sak. Det är en energiform, det är en våg, en frekvens. Bara olika frekvenser, min vän, lagrade i samma verklighet, den fjärde, den mentala världen. Bara olika frekvenser. En rör sig snabbare, en rör sig långsammare. En bär på mer av en färgton i sig, den emotionella. Det är en snabbare frekvens. Hjärnan rör sig långsammare om du försöker jämföra dem. Jag skapar en bild åt dig.

D. Mänskliga känslor, är de snabbare eller långsammare än de mentala?

O. Den rena känslan (*här menar hon de andliga känslorna som kärlek och empati*) har samma vibration oavsett var, dock, innesluten i det fysiska fordonet tenderar den att bromsa in. Så dess omgivningar påverkar frekvensen, när den lämnar källan, varifrån den har utgått, dock har renheten inom den samma frekvens, oavsett om känslan skickas ut från den rena andevärlden eller från ett fysiskt fordon (*en människa*). Men så fort den börjar ge sig av, blir den förvirrad på den här nivån. Den rör sig genom en slags vibrerande omgivning, er atmosfär, om du så vill, och då hamnar den ibland på villovägar. Vibrationen runt om i den andliga verkligheten bär inte på de toner som stör den rena utsända känslan eller avsikten. Det är just därför det blir till en ren känsla eller en ren tanke. På grund av omgivningen i denna verklighet, där du befinner dig just nu, måste allt som sänds ut färdas genom denna... det är nästan som en dimma. Det är ett fält som är annorlunda, det är också därför det ser annorlunda ut från den här nivån än från den andliga verkligheten.

D. Din beskrivning är till stor hjälp, till stor hjälp.

Den mentala världen runt Jorden, där minnen lagras, var ämnet för många av våra tidiga diskussioner. Zachariah beskriver hur den karmiska kappan kan renas, och hur viktigt det är att bli medveten om sina tankar och kontrollera vad vi sänder ut till den mentala världen.

D. Finns det andra ämnen du planerar att dela med oss i framtiden?

Z. Ja. Frågan om hur ni skapar den mentala världen, hur ni är ansvariga och skyldiga om ni sänder ut negativa energivågor. Det handlar om att veta att ni kan kontrollera de tankar ni sänder ut. Om en negativ tanke uppstår har ni sinnets kraft att stoppa den, samt att bara sända ut de tankar som är välgörande för omgivningen. Den mentala världen är lätt att förstå för en väldigt stor del av er på Jorden. Tankar, även om de bärs över vågor, är något som människor förstår.

Den Karmiska Kappan

En av de primära läxorna som det andliga teamet vill ta upp är hur dina tankar och handlingar inte bara påverkar dig när du är i en kropp, utan hur det blir en större utmaning efter det att kroppen

Den Mentala Världen

dör. De har sagt att alla minnen spelas in på två platser samtidigt. En plats är i din egen andliga kropp, som en liten videobandspelare med obegränsad lagringskapacitet. Den andra platsen är inom den mentala världen, det vibrationsskikt där din själ skickar och tar emot information, och det finns kvar på Jorden efter att du har lämnat. När din själ går in i övergångsvibrationen mellan Jorden och den rena andevärlden, möter den allt det du skapat medan du levde. Om där finns mycket negativ energi, kan det till och med innebära att själen fastnar där ett tag. Sedan, som om det inte var illa nog, har din karmiska kappa kvar alla dessa minnen, och när du återvänder till Jorden, måste du ta på den igen. Så, nästa kropp kommer att anta en hel del av samma karaktärsdrag som det tidigare livet hade när det slutade, tillsammans med bördorna av olösta konflikter med specifika själar, samt känslor och föreställningar som inte stod i samklang med de andliga vibrationerna. Ingen slipper undan sig själv. Det enda sättet att rena karma är att du har en önskan och en vilja att förändra dig själv inifrån.

Z. Vi börjar enkelt. Du skapar själv passagen från när du lämnar denna planet. Passagen innan du når de högre världarna är den mentala världen. Det är den delen som alla själar måste korsa, innan de når sin andliga energi, där de blir befriade. Inom detta område släpper du först det fysiska, senare släpper du det mentala, som är relaterat till den här planeten, för att du sedan ska kunna förvandlas till ditt andliga jag. När du förvandlas till din ande skall de mentala och fysiska aspekterna, relaterade till Jorden ha lämnat...eller borde ha...oh, låt oss se. Det här är något du måste komma ihåg; när varje själ lämnar planeten och lämnar det fysiska, kommer den att färdas genom den mentala världen. DETTA är också det område de passerar, när de återvänder till planeten. Karma följer inte själen in i andevärlden. Karma lagras bara i den mentala världen. När du kommer ner till Jorden igen, kommer du att konfronteras med varje tanke, varje fysisk aspekt av det som du har gjort på detta plan. Det är som att komma in och ta på dig din kappa igen!

D. Vilken fantastisk liknelse!

Z. Så när du lämnar den mentala världen, där du skapar himlen på Jorden...eller helvetet, om du så vill. Men vad är egentligen helvetet? Helvetet är den karmiska skulden du lämnar. Som själ är du fullt medveten om vad du har gjort, när du gick över till den mentala världen, innan du går vidare in i din själsenergi. Vet att karma inte följer själen upp till det himmelska hemmet, där den har sin hemvist.

D. Det är en mycket bra beskrivning, tack.

Z. När du återvänder finns det inget sätt för dig att komma tillbaka in utan att komma i kontakt med den här kappan. **Den karmiska kappan.** Den tillhör och är knuten till själen och det finns inget sätt att återvända, oavsett vilket område du väljer att färdas till, utan att komma i kontakt med dina tidigare besök på den specifika platsen. Varje kappa är individuell.

D. Så om en själ inkarnerar på en annan planet eller plats ...

Z. (*Avbryter*) Ja! Ja, då är det inte samma kappa.

D. Intressant, det är väldigt unikt.

Z. Egentligen inte. Du kan inte bära med karma från plats till plats. Det är knutet till där det har inträffat. Vissa kappor är tyngre där läxorna är svårare, då är kapporna också tjockare. Det är som en rock du måste bära, några av dem är ganska tunga.

D. Hur är kapporna på Jorden?

Z. Tunga. Det är som en yllerock. Du ska förstå att på grund av den densitet som orsakats av vad själen har gjort här tidigare, så är den för vissa svår att bära. Det är därför de måste återvända gång efter gång för att förstå och vilja byta ut den här kappan. Om du inte vill byta den, finns det inget sätt att återvända utan att upprepa samma mönster. Det är det som uppvaknande betyder. Det är att komma i kontakt med kraften bakom dina val och bli utled på den tunga kappan!

D. Det är en så bra beskrivning. Jag uppskattar verkligen konceptet.

Z. Använd det om du vill, få människor att förstå att när de färdas fram och tillbaka finns det inget sätt att undkomma sina kappor. Men också, göra dem medvetna om att när de lämnar dessa två områden *(Den fysiska Jorden och den fjärde dimensionen runt den)* återvänder de hel som ande till det allra renaste ljuset. Det finns inget dömande av själen. Livsgranskningen, eller domen som vi inte gillar att kalla det, hänvisar bara till kappan. Aldrig till själen. Nya själar har problem när de återvänder och klär på sig igen. Gamla själar kan lättare fungera i en tung kappa. De blir inte kappan, yngre själar blir sina kappor. Det är därför det tar lite tid att utvecklas. Själslig utveckling är att förstå att du inte är kappan, även om du bär den.

D. Hmm...det är utmärkt beskrivet.

Z. Och det är där du kan se skillnaden i hur långt en själ har kommit i sin egen utveckling. Se på dem, och se om de är kappan. Se själen, se kappan och se om de är ett, och förstå att just den specifika själen har lite mer arbete framför sig. Om du ser en själ som kanske bär en tung kappa, vilket betyder...trauman. Inte nödvändigtvis saker som de själva har gjort, utan vad andra har gjort mot dem. Den kappan bär inte bara på vad själen har gjort, utan vad den har upplevt. Dessa själar kan du se som ren ande med en tung kappa...se skillnaden i vad själen har gjort och vad som har gjorts emot dem. De som bär en jacka eller en kappa, där andra har orsakat dem smärta, är i behov av läkning. Det finns ett sätt att på detta plan identifiera dem som har lidit av oförrätter förorsakade av andra...deras kappa är något annorlunda i färg, min vän. Använd ditt tredje öga för att se vilken kappa det är.

Zachariah, Bob och jag hade flera diskussioner om varje persons ansvar gentemot sin karma, och om någon gudomlig varelse skulle kunna ta bort all negativ karma som en person hade samlat på sig under sitt liv, som många kristna tror. De var helt orubbliga i att människors "synder" inte kunde överföras. Ingen högre varelse kommer vinkande och friköper dig från alla dina oandliga skapelser på detta existensplan. Men människor känner ofta onödig skuld och rädsla för betydelselösa saker. Hörnstenarna i de flesta organiserade religioner är baserade på deras förmåga att "rädda" din själ från ett öde som de själva har fabricerat. De terroriserar människor med hot om evig fördömelse, vilket har blivit stöttepelare i deras trossystem, men det finns ingen andlig grund för dessa påståenden. Dina handlingar kommer att dömas, men aldrig din själ, som är ren. Visst har handlingar konsekvenser, men själen kommer inte att fördömas för dessa handlingar. Ditt Högre Jag kommer att vara den enda domaren i ditt liv, men med det kommer ansvaret för dina skapelser, alla av dem. Du, och endast du, är den som kan ångra felen i dina tankar och gärningar. Bob gav en underhållande jämförelse av att återvända till andevärlden med någon som gick in på en restaurang och checkade in sin gamla karmiska kappa vid dörren. När de lämnar restaurangen, eller inkarnerar igen, vill de inte hämta ut sin smutsiga, tunga kappa. Vad våra andevänner säger, är att ingen kan undvika att ta på sig de mönster de har utvecklat, eller karma som orsakats av tidigare livstider.

> B. Tja, om nån annan bara kunde komma in och ta din kappa, det vore ju bara toppen! Men som en upplyst art, som ni borde vara, skulle ni förstå att ni alla bär på er egen kappa...då...(*skrattar högt*)...kolla då hur folk skulle reagera!

> B. (*Högt*) Oh, vad fånigt! Att bara stå där bakom nån annans upplevelse och att inte ta itu med sin egen! Ikoner, som Jesus, kom inte för att ta andra människors kappor. Det är en missuppfattning att HAN bara skulle komma och samla in allas kappor. Fantastiskt, antar jag, för då skulle ni inte behöva bära era egna. Vissa är riktigt tunga, och visst vore det enklare att bara tro att du går in på en restaurang och lämnar kappan...hehehe...till nån vid dörren. (*Bob blev riktigt road av sin liknelse och småskrattade för sig själv när han gav denna beskrivning*). Här har du den...ta den bara! Och när du sen går ut kan du välja att inte plocka upp den? Nää, det är inte så man gör, det är inte så det fungerar. Men jag är säker på att många skulle tycka att det vore en finfin idé.

> B. Människor måste vara medvetna om att det inte finns nått sätt att låta bli att ta itu med, eller hämta ut sin kappa i restaurangen när dom går! (*Skrattar högt*) För du har ju nummerlappen!!!! Du har den där lilla lappen med numret!!

Hahahaha! Och om du inte gör det, har nån ditt telefonnummer uppskrivet på lappen på hängaren, så om du inte hämtar den så ringer dom!! Hahahaha! Det finns inget sätt att komma runt det, även om vissa kanske kan försöka! Ja, ja, ja. (*Skrattar lite och suckar sen djupt.*)

Processen som själen genomgår vid kroppens död var ett återkommande samtalsämne. Budskapet, som vårt andliga team vill komma fram till, är att hur lätt eller påfrestande övergången blir, beror på de val som man gjort under livet. Bob, Zachariah och Ophelia, alla diskuterade de svårigheter som vissa själar stött på när de lämnat detta plan, särskilt om de hade varit alltför engagerade i de lägre känslorna eller haft negativa mentala associationer. När själen inte längre är i kroppen, kastas den plötsligt in i en värld som den själv har skapat. Alla minnen av vad den gjorde under livet avslöjas nu ur ett annat perspektiv. All smärta och lidande den orsakade andra, tillsammans med alla glada minnen och all den kärlek man fick och gav finns där för en ny utvärdering. Över många livstider blir själen bättre på att navigera genom den mänskliga hinderbanan, så övergången efter döden blir allt lättare. I sin beskrivning av den karmiska kappan, talade Zachariah och Bob båda om hur en själ så småningom kan vika ihop sin kappa och lägga den i garderoben, vilket är symboliskt för att ha lyckats lära sig vissa läxor på detta plan. Dessa andar behöver inte längre komma till Jorden. De kan välja att komma tillbaka för att undervisa eller hjälpa till i ett visst uppdrag, men de har inte längre någon karma som ett resultat av besöket.

D. Jag har en fråga om den mentala världen. När själar dör, när de förlorar sin kropp och måste färdas genom den mentala världen. Om de sitter fast i idéer, till exempel en kristen och hans föreställning om himlen, eller en muslim, eller vad som helst. Fastnar de i den mentala världen tills de släpper taget om det, kan de först då fortsätta?

B. Det spelar ingen roll var idén är, det är själva idén...(*Bob blev sen förvirrad över frågan*), oh, vad menade du?

D. Håller människans tro dem fast i den mentala världen?

B. Ja, ja. För det är tanken.

D. Så när de släpper den kan de gå vidare till den rena andevärlden?

B. Oh, oh, du gjorde frågan lite för lång. Vänta.

D. Jag kan omformulera.

B. Ja tack.

D. När en person dör, måste de då släppa sina trosföreställningar innan de kan återvända hem?

B. Det sker automatiskt. När du väl har lämnat den mentala världen, där du lämnade kvar alla dina trosföreställningar och handlingar och tankar, förflyttar du dig in i ditt andliga väsen och det finns inget som följer med dig. Ingenting följer med dig, allt är i ren ande när du lämnar det skiktet. Vissa stannar dock på det planet ett tag om dom behöver släppa mer. Det är då som vissa övergångar tar lite längre tid.

D. Ah, ja. Det var min fråga.

B. Du vet, det ligger lite sanning i det som berättas om själar som hänger kvar ett tag. Dom är inte nödvändigtvis onda. Dom är bara alltför knutna till vissa handlingar och föreställningar och dom återgår inte direkt till sitt rena andliga väsen. Så dom kan stanna kvar en liten stund, och visar sig liksom ett spöke i en garderob! (*Bob skrattar åt detta*). Men det behövs inga spökjägare! Det löser sig när själen är redo.

D. Är den mentala världen runt Jorden, som ett...?

B. Som ett skal. Som ett ägg.

D. Hur tjock är den mentala världen?

B. Det är lite baserat på hur du...om du har gjort en hel del fel på det här planet, då är det faktiskt lite tjockare där du lämnar. För dom med hopvikta kappor är det nästan obefintligt. Det är som att komma upp genom vattenytan. Du känner inte riktigt det, eller hur?

D. Nej.

B. Nej, det gör du inte. Men för vissa är det som att gå igenom gelé, klibbigt, och det går långsammare. Vissa fastnar. Det är som när du ser en insekt som fastnat i klister. Fastlimmad. Men det är det här som vi vill att du ska ta upp i din bok, att människor, för att dom ska kunna gå över till den rena anden, måste dom arbeta med sina olika sidor, föreställningar och handlingar i den här världen. Annars kan dom fastna i den mentala! Som en insekt i klister! Det kan hjälpa dom att vilja göra lite arbete innan dom dör, om dom visste att dom annars kommer att fastna som en spindel i klister! Oh, alla skulle vilja rusa förbi, som när du kommer upp genom vattenytan. Det är naturligtvis möjligt.

D. Om en person har levt ett liv som inte varit särskilt positivt och de väljer att förändra sig, rensar det upp mycket av det förflutna?

B. Mmm. Både det förflutna och den mentala världen. Båda två.

D. Rensar en förändring i deras hjärta, i deras tankesätt, automatiskt en hel del av...

B. Det förändrar passagen, övergången. Det är så dom vet att dom lyckades med sitt uppdrag. En själ vet hur den passerade igenom förra gången. Belöningen för att göra goda gärningar känns först när dom lämnar det fysiska och går in i den mentala världen. Dom måste gå igenom alla tankar som dom hade, även om dom inte sa det högt. Det kan vara en traumatisk upplevelse för vissa. Särskilt om du måste stanna kvar ett tag och älta det. Det är inte bra. Alla vill gå vidare så snart som möjligt. Men om du färdas genom den här världen på det renast tänkbara sätt i hur du levde, då är det helt enkelt som att simma i havet. Bara passerar genom, allt kommer att tvättas bort. Då vet själen att den gjorde bra ifrån sig.

D. Det var väldigt fint. Tack för det. Vad mer skulle du vilja tala om i dag?

B. Oh, hmm. Oh, främst bara att få vara en del av allt, av hur Jättarna (*Bob hänvisar till Ophelia och Zachariah som jättar, eftersom deras andekroppar är så stora*) lägger fram sina budskap och för att ge lite insikt från ett annat perspektiv. Och bara få lite erkännande för några av synpunkterna. Efter att så många gånger bara ha gjort anteckningar, vill jag dela med mig och lära mig också.

D. Jag är glad att du tog anteckningar. Det har varit till stor hjälp.

B. Det är viktigt, vet du. Annars kanske du glömmer det väsentliga i ditt uppdrag. Varje själ som kommer in i den här verkligheten har sina anteckningar inom sig, som en liten gnistrande partikel. Jag som arbetar lite annorlunda lagrar min kunskap på ett annat sätt.

Christine och jag gör ibland våra trans-kanaliseringar ute i bergen väster om Denver. Sedan jag kort blev permitterad i början av 2016 hade vi friheten att tillbringa en hel del tid i naturen, vilket verkade uppskattas av våra andliga vänner när de tittade förbi. Under en session som vi höll i en vacker dal längs floden Platte River förklarade Zachariah hur tankar faktiskt är skapelser, hur de är en liten packe energi som sprids ut och interagerar med andra energifält i den mentala världen.

Z. Tankar är skapelser, och de sprider sig från källan där de skapades och börjar röra sig, likt en såpbubbla. Se, och var medveten om hur tanken färdas. Det är lätt att se på det som en såpbubbla, som när du blåste en bubbla med de där sakerna du hade som barn, och du riktar in den mot ett specifikt mål. Men, den manifesteras i den mottagande änden, och det är något folk borde veta. Var medveten om att en tanke kan skapa så mycket gott, men också mycket skada, beroende på vilken avsikt du hade med tanken. Så när du skickar iväg din såpbubbla har du kraften att se till att bubblan du släpper är en av de ljusa.

D. Har det att göra med känslorna, känslorna som är kopplade till den?

Z. Den är starkt kopplad till avsikten, om den bär på en avsikt eller inte. Om du sänder ut den utan avsikt att skapa skada, har bubblan mindre kraft att manifesteras. Det handlar helt och hållet om den avsikt du har med dina tankar, eftersom du har kraften att syna och kontrollera dina tankar. Tankens kraft ligger i din avsikt med den, att förstå att en viss tanke bara kan återvinnas inom källan där den uppstod. Men när du sänder ut den, kan den fritt skapa i universum, och du förlorar makten över den. Det är den farliga delen, för när du väl sänt ut den, likt såpbubblan, förlorar du kraften att hämta den tillbaka. När den landar vid sitt specifika mål är du som avsändare på något vis kopplad till den. Det är "retur till avsändaren" delen av karma. Så när du med din avsikt har sänt ut den, förlorar du makten över den. Men eftersom den manifesteras, på gott och ont, så är den också kopplad till dig. Det är hela meningen med "det du sänder ut, är det du attraherar". Så det är viktigt att vara medveten om och förstå att du inte bara skapar scenarier med dina tankar, utan de kan ha en effekt oavsett avstånd. En tanke färdas som en elektrisk våg.

D. Minskas den av tid och rum?

Z. Nej, nej. Den förändras, den är elektrisk. Man kan säga, att det är som var och en bär en elektisk kod, och den kan ombildas när den rör sig genom olika skikt. Men den har det svårare att lämna den här specifika världen och träda in i andra verkligheter. Den är liksom jordbunden, eller instängd, i en region. Den kan ändra sin struktur men tankebubblan är fortfarande styrd av sina elektriska koder.

D. Jag antar att tankar inte nödvändigtvis är begränsade till den mentala världen, den fjärde dimensionen?

Z. Många av dem fastnar i den världen. Sett från oss är Jorden på sätt och vis sin egen såpbubbla. Så mycket av det som pågår där inne, kommer att motsäga den generella idén att tankar färdas som en elektron genom tid och rum, då den på sätt och vis är begränsad här. Det är som att vara inkapslad i en bubbla. Tankebubblor manifesteras ofta i den mentala värld som omger detta plan. De skapar illusioner i den fysiska världen.

D. Men en bön skulle kunna ta sig igenom?

Z. Ja, ja det gör den. Särskilt en kollektiv bön. Kraften i en gruppbön kan pressa sig igenom lagren som omger detta fält. Så, kraften i ett större antal, vilka gemensamt riktar sina böner eller tankar, övervinner många av de andra. Det är som de vita blodkropparna, det är ett sätt att döda den förkylning du fått av ett virus. Så ju fler människor som förenar sig med andra, med samma avsikt, som i en gruppbön, då kommer det att påverka viruset som andra sänder till den mentala världen. Inkommande själar, som inte har kappor här, måste färdas genom detta lager av olika illusioner. Så ju mer människor är medvetna om att skapa med sinnets kraft, desto lättare blir det för inkommande själar att fortsätta arbeta med positiv energi på en fysisk nivå.

D. Med tiden, tenderar tankar att skingras eller brinna upp när de interagerar med den mentala världen?

Z. Nej, nej, de kvarstår. Det är som att lagra ett minne i din dator. Såvida du inte aktivt tar bort det, något du som fysisk varelse inte har makten att göra. Men likväl har yttre väsen, som dina andliga guider och ljusvarelser, kraften att ta bort vissa minnen, när de har rört sig över de karmiska gränserna. Så låt oss säga; saker ni upplevt på det här planet, till exempel upplopp, revolutioner och så vidare i forntiden. En del av dessa har tagits bort från jordminnet i den mentala världen, eftersom det inte längre tjänar ett syfte, samt att lika starka upplevelser liksom har balanserat ut karman. Det finns inget behov av att det lagras i databanken, om du så vill, hårdvaran i minnet på detta plan. Så ja, över tid förändras den mentala världen. Det är som att uppdatera era datorer efter att lagringsutrymmet är fullt. Men ni gör inte detta, det kommer från en högre källa, där de kan låta en episod balansera ut en annan. Det är därför den inte är helt fylld från tidernas begynnelse, då denna värld skapades. Vet att det inte fanns där från början. Det lades till senare, när individerna som bor på detta plan erhöll viljans och tankens kraft, när deras hjärnkapacitet och känslomässiga centra utvecklades och växte. Det var då som detta skikt aktiverades på sätt och vis och växte. Men se det som en dator. Dina personliga upplevelser lagras fortfarande, och du kan komma åt dem baserat på tidslinjen. Du kan gå fram och tillbaka och fortfarande uppfatta vad du har åstadkommit och vad du har gjort. Men huvuddelen av de händelser som berättas har förändrats i denna specifika databank. Inte nödvändigtvis borttagna och glömda, utan lagrade i vad som skulle betraktas som den allmänna databanken...

B. (*Bob kom in mitt i meningen*) ...valvet för olika saker. Valvet för jordplanet innehåller alla dessa berättelser, det ser nästan ut som skriftrullar. Det finns i källarförrådet, Jordens valv. Så du kan fortfarande läsa på om det, om du har passerkortet till det. Det är inte nödvändigtvis aktivt, men det är fortfarande tillgängligt om du behöver läsa på om det. Det kan också vara till för mästarna som skapar kroppar, så dom inte återskapar samma som tidigare, som kommer att orsaka liknande effekter på det här planets utvecklingen. Så det är ett minne för varje specifik plats och du kan titta på dom om du kikar in i dom specifika lådorna. Dom är typ märkta med olika tidsåldrar. Dom försökte en gång med några djur, att skapa en större hjärna, men det är inte samma som nu. Egentligen var det en grupp ödlor, som var mycket intelligenta, men dom hade för mycket av en aggressiv personlighet. Så blandningen av en mycket intelligent hjärna, kombinerat med en mycket aggressiv och rovgirig personlighet; det gick inte bra. Det gick inte bra alls, så man tog tag i det och dom togs bort. Dom här ödle-individerna finns fortfarande här, men dom har inte längre samma hjärnstruktur. Så du kan se lite av det hos vissa individer som fortfarande finns på det här planet. Det är typ nedärvt från den tiden. Det sker fortfarande en utveckling av att blanda...du kan naturligtvis se problemet med det här. För att ge människan mer hjärnkapacitet, som att få åtkomst till din dator och ha mer datorminne, med det borde förståelsen öka för hur man använder den klokt. Och när det fysiska och det mentala inte är synkroniserat och i harmoni med hårdvarans framsteg, då blir det problem. Det är DET som är nyckeln inom evolutionen. Det är det som ljusvarelser designar, egentligen.

Istället för att ändra Bobs ord kommer jag bara att lägga till en kommentar om vad han menar, så det inte uppstår några oklarheter. Under ett antal sessioner berättar våra andliga vänner hur storleken och konfigurationen av hjärnan avgör hur mycket tillgång en själ har till sitt Högre Jag. De flesta djur har tillgång till känslor, i större eller i mindre grad, men endast mindre tillgång till de logiskt tänkande skikten. När hjärnstorleken, eller hårdvaran som Bob kallar det, ökades, så blev sinnet mer logiskt och analytiskt. Vad vårt andeteam upptäckte, genom försök och misstag, var att den större hjärnan i kombination med människans fysiska, aggressiva egenskaper, utgjorde ett problem. I stället för att använda hjärnan på ett positivt sätt, har människor följt sina mer apliknande instinkter, intrigerat och planerat hur de ska kunna bli kungen av djungeln. Det finns en ny modell av hominid som är under utformning och som kommer att vara mer fredlig. Den större hjärnan kommer att ha större tillgång till sin ande, och många av de primitiva, krigiska egenskaperna hos den nuvarande fysiska kroppen kommer att elimineras. I följande konversation beskriver Bob hur andevärlden tidigare försökte modifiera en ödla, när de studerade hur man kan strukturera mänskliga prototyper. Eftersom de inte sa det, vet jag inte om ödlorna hade själar eller om deras andliga energi kom från molnet kopplat till det Mästerliga Medvetandet.

D. Kan du omformulera nyckeln till evolutionen?

B. Det är lösningen. Nyckeln till evolutionen är mixen av att öka hårdvaran, tillträdet till den större källan, i kombination med det fysiska, som på nått sätt också är relaterade till deras hjärna. Så, liksom fallet med ödlan, det blev inte bra. Det var ett experiment, men på grund av att deras natur var väldigt aggressiv och tillsammans med konstruktionen av en högre utvecklad hjärna, var det en dålig kombination. Det var en konflikt inom dessa varelser nere här på den tiden. Och nu är det ett problem för inkommande själar att smälta samman med det nuvarande fordonet. Du kan se det som, eftersom vi tidigare hänvisade till det, att det är mer av en intelligent varelse som är på väg in. Men dom fysiska kropparna här nere är inte redo för den större hårdvaran, datorn inuti. Så det är DET som måste ändras, och det är det som nyckeln till evolutionen handlar om. Det är storleken av en större dator, en större hårdvara och även dom som har tillstånd för den specifika nedladdningen, det vill säga den fysiska kroppen.

D. Kommer människokroppen att förändras? På vilket sätt?

B. Ja, ja, den kommer att bli mindre stridslysten. På grund av experimentet som ägde rum före människan, där hjärnans kapacitet utvidgades, men den var inte i balans med det fysiska. Så den här gången, i det här specifika fordonet som en människa är, kommer den att förändras. Dom personligheter som människor kommer att ha, kommer att mjukas upp. Dom kommer att vara mindre stridslystna, och dom kommer också att vara mer benägna att dela med sig av kunskap för att alla ska kunna utvecklas och skapa den mentala världen annorlunda. Men dom fysiska fordonen här nere måste ändras, och man KAN INTE göra det över en natt. Du kan föreställa dig hur det skulle se ut, det skulle vara alltför uppenbart! Så, det är vad man håller på med, och det beror på dom större datorerna, vilket innebär tillträde till helheten (*här hänvisar Bob till det Högre Jaget*) och till sina egna bibliotek, och till Källan, det är därför fordonet måste ändras. Man kommer att ha mindre hår, det kommer att bli annorlunda. SÅ människokroppen kommer att bli mindre hårig, inte så att alla kommer att märka det, men det kommer att bli annorlunda. Huden kommer också att vara lite annorlunda.

D. Hjälper utomjordingar till med denna process?

B. På sitt sätt ja, eftersom dom är föregångarna till det, eftersom deras fysiska fordon, på vissa sätt, är bättre anpassade till en större hjärna. Och det är vad som kommer att äga rum över många...du vet, det här är inte nått som händer över en natt. Det är en process, men det är en väldigt intressant design. Så du ska veta att det kommer att bli skillnad. Och ibland kan du, redan nu, se några av dom yngre själarna som är en slags föregångare i den här specifika förändringen av det mänskliga fordonet. Och dom upplevs lite stressade, dom pratar väldigt snabbt och sen tystnar dom. Det är för att deras hjärnor går mycket snabbare än den vanliga hominiden. Det fysiska är ännu inte riktigt redo för den här föreningen. Men många av dessa unga själar som har kommit hit, har anmält sig frivilligt för att testa nya varianter att resa hit med mer av sin själsenergi i ryggsäcken, en större dator så att säga.

D. På vilken del av Jorden inkarnerar dessa själar mest?

B. Oh, låt se. Kanada är ett jättestort land där några avancerade själar har kommit in, en grupp individer som inte nödvändigtvis interagerar med andra. Dom är i kallare klimat. Det är faktiskt bättre för dom här nya varelserna att vara i ett kallare klimat. Du ska veta att klimatet har en effekt på hur hjärnan och tankarna fungerar. För mycket värme och för mycket sol främjar faktiskt mer av... mmm, ah, mmm... inte nödvändigtvis aggressivitet, utan bara en brist på självkontroll. Den andra gruppen, som deltar i det här specifika experimentet, är en grupp på ön Grönland, nära Kanada. Och det är på grund av det kallare klimatet, så den större datorn har bättre förmåga att inte orsaka så stor skada, eftersom deras fysiska varelser är mer stilla. Kring centret av ekvatorn och lite neråt är fordonen mindre mottagliga för sin inre hårdvara, deras inre datorer, om du så vill. Det handlar om storleken, så klart, där dom fysiska fordonen, liksom ödlorna.... där det finns en tendens att det fysiska inte är fullt mottagligt för en växande dator inuti. Om du väljer att komma ner till det speciella området får du inte samma möjlighet att komma åt ditt Högre Jag, den större datorn inom dig. Det är som att ha din gamla, första dator, kontra typ en Windows 10, det kan du relatera till. SÅ, om kroppen inte är förberedd för en Windows 10, kommer den inte att få det, för att prata i dina termer, så det blir begripligt för dig. Men det är nått med det kallare klimatet, så dom här grupperna i Kanada är dom nästa som ska få... hehe... som en Windows 12 eller nått. Men det kommer inte att presenteras än på ett tag, för dom är på väg att födas. Men föräldrarna har blivit extremt noga skannade, så att dom är väl förberedda för dom här mer avancerade individerna. Men det är inte som att alla, som kommer till Kanada, kommer att få en ny dator med Windows 12, så är det inte! Det är fortfarande lite på planeringsstadiet.

D. Kommer många av de gamla datorerna att försvinna?

B. Ja, det är hela förändringen, den utvecklingscykel som pågår just nu, och det är här vissa datorer kommer att tas bort. Det är enkelt att få det att hända.

Den Mentala Världen 69

I en av våra tidigare sessioner förklarade Zachariah ganska bra, tycker jag, vikten av att inse hur våra tankar och idéer skapas inom den mentala världen. Detta var något av det första han begärde, angående vilket material som skulle presenteras för allmänheten, och det är fortfarande ett ämne som vårt andliga team är mån om att vi ska förstå.

D. Finns det några andra idéer som du vill dela med dig av?

Z. Jag vill att du ska göra människor medvetna om fältet vi pratade om i början (*den mentala världen, den fjärde dimensionen*), där det medvetna sinnet skapar verkligheten. När du informerar om det, är det lätt att förstå begreppet himmel och helvete. Det är samma fält. Om du pratar om helvetet, då har du skapat den verkligheten i samma fält där himlen finns. Fokusera på att lära människor att skapa klokt inom detta fält, eftersom det är deras fria val. Det är samma fält, det är inte upp och ner. De som pratar om helvetet har skapat det i detta fält, och det är deras verklighet.

D. Så det är i grund och botten en individs varseblivning, ett resultat av deras tankar och handlingar?

Z. Ja, ja!

D. Så man bör lyfta sina tankar mot högre ideal?

Z. Ja. Det är samma fält. Du skapar detta fält baserat på dina medvetna idéer. Om ditt medvetna sinne dras till negativitet och mörker, ja, då kommer det här fältet att vara sådant.

D. Så tankarna är skaparen.

Z. Ja, inom det här fältet. Det här fältet passerar ni kort, ni behöver inte nödvändigtvis stanna, men det omger jordplanet, och några stannar kvar här längre. Det är här de högre världarna kan sjunka ner (*varelser från högre dimensioner måste sänka sin vibration för att vi ska kunna kommunicera med dem*), det är mötesplatsen. Och det är också här som Kristus-energin kan uppfattas från det mänskliga sinnets perspektiv. Du skapar det här fältet. Om du föreställer dig att det är en Edens lustgård, kommer det att vara så. Om du föreställer dig att finna religiösa ikonfigurer i det, kommer det att vara så.

D. Är människors tankar, i huvudsak, en lång bön? Och deras böner besvaras i huvudsak genom hur deras tankar är utformade när de kommer in i detta energifält?

Z. Du ska veta att bön också sker på olika sätt. Vissa böner är inte ljusa och på högre nivå eller av högre vibrationer. Men de skapar fortfarande slutresultatet i detta fält.

D. Ja, jag antar att det var det jag tänkte. Om du tänker antingen goda eller negativa tankar, är båda faktiskt fortfarande böner?

Z. Ja, och de kommer att manifesteras i detta fält. Så oavsett vad du ber om, eller vad du avser att skapa i ditt medvetna sinne, kommer det att manifesteras i detta fält. Hon här (*Christine*) har manifesterat en marmorbänk på en klippa, med utsikt över havet, eftersom hon ser den världen som en vilostation innan hon fortsätter. Det är allt hon ser i detta fält.

D. Är det här en plats som hon återvänder till, då och då?

Z. Bara när hon är inkarnerad, i meditation. Hon har ingen önskan att besöka den under längre perioder, när hon inte är inkarnerad. Det är en anhalt, om du så vill, att hämta andan innan hon fortsätter.

D. Det är väldigt bra information du har gett oss idag, och vi uppskattar allt detta enormt mycket.

Det är ofta antingen olyckliga incidenter eller ökande ålder som får människor att bli mer introspektiva. När man tänker tillbaka på sitt liv; på drömmar man en gång höll så kära, målen och ambitionerna, så väcker det ofta känslor av sorg. Även om alla saker du hoppades på har skett, kan det ändå vara en känsla av förlust när man tittar i backspegeln. På en viss nivå behöver detta inte förklaras, för oavsett vad som hände, vare sig det var bra eller dåligt, så är det nu bara ett minne. Eftersom det är svårt att hitta, och upprätthålla, en balans i livet är de flesta dagar en blandning av många olika känslor och tillstånd. När som helst kan du vara medveten om att du är lycklig, upprörd, hungrig, analytisk, orolig, optimistisk, uttråkad, smärtfylld, nyfiken, glad och så vidare. Frågan man ställer sig är; hur använder vi kunskapen om tingens andliga ordning för att verkligen förbättra värdet på våra liv?

Det vakna livet kan delas upp i sektioner som familj, arbete, vänner, intressen, hobbys och inaktiv tid. Du kanske inte tänker på det på det viset, men ur ett andligt perspektiv är det liten skillnad mellan dessa grupperingar, den viktiga delen ligger i ditt sinne och dina känslor under dagens alla ögonblick. Du har kontrollen över hur du reagerar på situationer och människor, och därför har du också möjligheten att hantera vilken typ av tankebubblor du skickar ut till den mentala världen. Att vara arg på en oförskämd bilförare eller att vara arg på ditt barn kommer att påverka var och en av dem på ett unikt sätt, men effekten som energiutbrotten har på din karmiska kappa kan vara ganska likartad. I båda fallen är du bunden till den effekt som ilskan har på mottagaren. I de flesta situationer används sinnet och känslorna mycket mer subtilt än i rytande sammanstötningar med andra människor. Det är dessa tysta underströmmar och allmänna tillstånd i sinnet och hjärtat som vi måste undersöka noggrant, för det är här som beteendemönstren är etablerade. Att veta att vi måste återuppleva vårt liv när vi dör, borde vara en påminnelse om hur viktigt det är att förbli trogen sitt andliga jag. När varje ögonblick glider förbi är allt som återstår minnena av hur du handlade och vilken typ av tankar du överförde. Det och ingenting mer.

Kratrar eller Gupp

Strax innan den här boken gick i tryck frågade jag Zachariah om det var något han ville tillägga eller förtydliga. Det fanns det, och han gick in i en mycket detaljerad beskrivning av hur våra känslor och tankar kommer tillbaka till oss, som en form av undervisning. När någon i teamet använder Christines sinne för att kommunicera, kommer hon inte ihåg orden, men hon ser ofta bilderna de försöker omvandla till ett språk. Under den följande diskussion projicerade Zachariah en bild som jag tycker är till stor hjälp när det gäller idén om hur vi skapar vår egen verklighet. Han använder en liknelse med tankebubblor, som du sänder ut i din framtid och som faller ner som regndroppar. Det vi tyckte var lustigt var att han faktiskt visade Christine en bild av någon som skjuter pilar, istället för regndroppar, men måste ha beslutat sig för att mjuka upp bilden lite medan budskapet levererades. Det

Zachariah visade henne var en bild av någon som går på en rak linje, från födelse till död. När du har känslor eller tankar är det som att du skjuter pilar upp i luften, mycket långsamtgående pilar som kommer att landa på en stig direkt framför dig någonstans, någon gång. Kraften i nedslaget kommer att orsaka antingen en krater eller ett litet gupp, beroende på vad du har lärt dig under mellantiden. Vissa pilar, eller regndroppar, faller ner mycket snabbt, medan andra skjuts långt in i framtiden, även in i andra livstider.

D. Tja, som alltid så undrar jag hur du känner för boken. Det har gått några veckor sedan vi pratade sist.

Z. Jag är nöjd. Det har gått framåt som vi önskade. Låt mig se (*lång paus*). Du kanske skulle klargöra lite mer om tankens kraft. Tankekraften, min vän, är något mystiskt, eftersom den rör sig som en vind. Det är svårt att förstå vilken effekt den har på den manifesterade verkligheten.

D. Ja, det stämmer.

Z. Detta är något av en illusion, om du så vill, eftersom du redan HAR skapat något med dina tankar. Men människan ser det inte som en manifestation, eftersom det färdas i en bubbla. Manifestationen kan äga rum flera år senare, och ursprunget kan vara glömt. Vet att när du sänder ut din tankebubbla, så förlorar du makten över den. Det betyder inte nödvändigtvis att den kommer att manifesteras dagen efter, men beroende på olika cykler kommer den att manifesteras i enlighet med sin avsikt. De kommer alla att manifesteras, var säker på att ALLA KOMMER ATT MANIFESTERAS. Människan vet bara inte när. Du sänder ut dem – nästan likt regndroppar. När de kommer att träffa marken är okänt, men när de gör det skapas nya händelser. Låt mig beskriva det som en bild för dig. Se regndroppen landa på marken. Hur den manifesteras är beroende av cykler och händelser som äger rum före manifestationen. Det är därför som ingen kan veta när manifestationen kommer att äga rum. Det finns flera parametrar som är i spel. Bara för att en tanke sändes ut en måndag, betyder det inte att den kommer att manifesteras på tisdagen.

D. Så, manifesteras alla tankar?

Z. Det gör de. MEN de kan manifesteras på olika sätt, beroende på hur du agerar däremellan, från när tanken skapades och själva manifestationen. Låt oss säga att du skapade en tanke i ilska under din tonårstid, ovetandes om vad du gjorde, och utan att reflektera över dina handlingar, men bubblan sänds likväl iväg. Om du senare lär dig vissa läxor, låt oss säga när du är i 20-årsåldern, när den sedan manifesteras, låt oss säga, i 40-årsåldern, så har den på något vis förlorat sin kraft. Det är därför som kraften i dina tankar, i kombination med dina handlingar däremellan, är det som skapar manifestationen. Om du inte har lärt något av den ilska som du sände ut – då, när regndroppen landar, gör den det med ett BOM. Men, till exempel, om de val du har gjort, efter det att tanken ägde rum, speglar en andlig upplysning, kommer manifestationen fortfarande att äga rum, men den kommer inte att skapa en krater.

D. I så fall, vilken form skulle ilska, när den återvänder, komma tillbaka som, eller vad skulle den manifestera sig som?

Z. Som en spegel för dig. Om du inte har lärt dig läxan, då när regndroppen landar och manifesterar sig, skapar den ett BOM, en krater om du så vill, och sänder ut samma raseri som du en gång skickade, men nu kommer det att riktas mot dig. Men det är det här, som är viktigt, eftersom människor senare kommer att minnas vad de kan ha gått och tänkt på. Hmm, hur kan jag skapa en bild för dig? Se regndroppen, du skickar ut en tanke i ilska, du är femton år. När du fyller 20 sker en andlig upplysning. Låt oss säga du förlorar dina föräldrar, så att du blir vuxen tidigt. Att förstå förändringen inom din egen utveckling gör att du inser vikten av att inte bli arg på grund av händelser som äger rum omkring dig. Tanken som du skickade ut när du var 15 finns fortfarande på något sätt kvar i rymden, men på grund av händelser som du hanterade på ett visst sätt, så kommer regndroppen helt enkelt bara att bli ett litet gupp på din väg. Du har ständigt valet att skapa i kombination med dina tankar. Dina handlingar är inte maktlösa mellan det att tanken ger sig av, till dess att den manifesteras. Förstår du vad jag försöker säga dig?

D. Ja det gör jag. Jag tänker på min egen ungdom, jag var väldigt arg, jag hade mycket ilska.

Z. Ja, men du lärde dig. Du blev ödmjuk. Du måste gå tillbaka och titta på vad som gjorde dig ödmjuk. När du väl förstår, eller kommer ihåg vad som förändrade dig, även om du sände ut olika bubblor i ilska, när de manifesterades så hade de förlorat något av sin kraft. Men om du inte hade lärt dig, när du stötte på möjligheten att bli ödmjuk, om du inte hade lärt dig den läxan på det sätt som du gjorde, så hade de missiler som du sände ut som tonåring skapat kratrar för dig. Folk vill nog hellre ha flera små gupp, istället för en stor krater på sin väg, låt oss bara säga det. Det här är viktigt. Om vi tar ett exempel där en tonåring förlorar sina föräldrar som 20-åring, om det inte hade inneburit ett växande och ansvarstagande för dennes liv, om det inte hade skett utan istället orsakat ilska gentemot livet, då skulle manifestationen senare ha kunnat bli allvarlig. Det här är viktigt att förstå, att även om dina handlingar eller tankar ägde rum på grund av en mängd olika omständigheter och händelser som inträffade runt dig, har du fortfarande kraften att ändra din väg så att den inte är full av kratrar, utan istället har små gupp. Du förväntas inte förstå din tanke, tankens kraft, från när du kommer in i kroppen. Ingen förväntar sig det av er.

D. Okej, som ett exempel, om du är arg på någon och du skickar ut ilskna tankar, kommer du sannolikt att stöta på situationer där någon gör dig arg? Är det så som det skulle manifesteras?

Z. Ja, det kan absolut spegla sig på det viset. Det viktiga är att människor kommer ihåg, att ni alla kommer ihåg, tidigare tankar och handlingar som ni kanske inte var så stolta över. När du kommer hit är du något avstängd från din andliga varelse, det är därför, till exempel, som du inte klandras så mycket för vad du gör som barn. När du utvecklas blir du ständigt påmind om din själskraft, tankens kraft och din karmiska skuld till detta plan. Om du väljer att inte ta itu med de tidigare handlingarna och tankarna, kommer du att ha en livsgranskning, som ni kallar det, som kommer att återspegla din brist på lärande.

Även fast du som barn, fram till tre till fem års ålder, är mer kopplad till din själspartikel och ditt minne. När du förflyttar dig in i en miljö tillsammans med andra, till exempel skolan och får vänner, så läggs ett filter in. Det är första läxan. Det är så att, när du tar steget in i sociala grupperingar, det är då som din första utmaning uppstår. Från den punkten kommer du att utvärderas och du kommer att behöva börja reflektera över de handlingar och tankar som inträffar. Förstår du?

D. Ja, det gör jag. Det är väldigt bra beskrivet.

Z. Se det bara som att du skjuter ut tankebubblor som missiler in i framtiden. Även efter att de har skickats har du kraften att på något sätt förändra hur de manifesteras. Så om du inte kontrollerar dem innan de släpps, har du fortfarande kraften att ändra hur de kommer att upplevas i framtiden, om du har lärt dig läxorna som är relaterade till den ursprungliga tanken eller känslan.

D. Från ditt perspektiv, vilka är några av de värsta tankarna som folk kan skicka ut, vad orsakar mest framtida skada?

Z. Rädsla. Negativa tankar har normalt alltid sitt ursprung i rädsla. Det kan vara rädslan för att inte uppskattas, rädsla för att vara utanför, rädsla för att tappa fotfästet. Negativa mönster som skickas ut i atmosfären är alltid en del av de tankebubblor som har sitt ursprung i rädsla. När vi säger rädsla betyder det inte nödvändigtvis rädsla för spindlar, vi menar rädslor relaterade till den känslomässiga tryggheten. Det emotionella har det största greppet om er när det gäller rädsla. Den mentala rädslan är inte särskilt vanlig, däremot emotionell rädsla som har ett stort grepp om tankar och handlingar på det här planet.

D. Okej. Det ska jag ta upp i boken.

Z. Jag önskar att det ska bli känt, att även om du kanske kommer ihåg en tidigare tanke, som du sände till någon eller något, om den inte har manifesterats ännu i din verklighet, har du fortfarande tid att skapa resultatet av hur den manifestationen ska bli, om det ska bli en krater eller helt enkelt ett litet gupp. Det är vad jag vill säga om tankens kraft. Du sänder den in i framtiden, om du så vill, men du har fortfarande makten över hur den ska manifesteras. Du är inte maktlös under tiden.

D. Om någon verkligen varit arg på en annan person i flera år, vilken inställning eller förändring i deras övertygelse skulle hjälpa, även om ilskan kändes som motiverad?

Z. Det som kunde hjälpa är om det skulle hända den personen något, som får honom eller henne att möta liknande upplevelser, som fick dem att bli arga, så att de skulle förstå varför människor handlade eller resonerade på ett visst sätt. För att man ska bli medveten, måste man antingen själv uppleva eller vara i närheten av en liknande händelse. Om till exempel något liknande inträffar, har du vid den tidpunkten, återigen, ditt sinnes kraft att komma ihåg hur du agerade i det förflutna. Nu har du makten att reagera annorlunda. Om du gör det kommer den första bubblan som sändes ut att förlora sin kraft. Du har aldrig bara ett val. Det kommer att upprepas. Det kommer att upprepas under din livstid, och det kommer att upprepas när du återvänder (*nästa livstid*), om du valde att inte bara skapa små gupp på din väg. Om du fortsätter att skapa kratrar och känner att världen är emot dig, fast du själv har skapat dessa kratrar, kommer det helt klart att upprepas. Den karmiska kappan finns här när du återvänder. Inte ett så stort mysterium. Men vet att de flesta handlingar du ser runt dig, som du reagerar på, som okunnighet, brist på ansvar, brist på empati, de kommer från rädsla. Människor som saknar vänner, till exempel, kan agera inom hela skalan av rädsla och känna att de inte är värdiga att ha några vänner.

D. Ah, ja, jag känns bekant.

Z. Ja, det stämmer. Du kommer att möta människor i samma läge, som inte känner sig värdiga att ha några vänner. Hur de väljer att ta tag i den känslan är ett val. De kan skicka ilska till andra, så att dessa inte vill umgås med dem, eller så kan de göra förändringar inom sitt eget system, och det kommer att återspeglas i mötena med andra. Du är ett levande bevis.

D. Det är riktigt bra. Tack för den informationen.

Z. Oh, ingen orsak. Detta kommer att diskuteras igen (*jag tror att han menar hur val kan förändra vår framtid*), och kommer att vara en del i framtida skrifter, eftersom det är av stor betydelse och det kommer att speglas i olika ämnen i framtiden. Det kommer alltid att vara en del av era böcker, även kraften att välja mellan olika handlingar, tankar och känslor. Känslor är en del av tankar, även om de inte kommer från skorstenen, som den lille (*Bob*) skulle ha sagt. En tanke, människor tror att en tanke bara kommer från huvudet.

D. Är de två primära de emotionella och mentala?

Z. Förtydliga.

D. Tankebubblor, ursprunget?

Z. Ja. Låt oss bara säga, för att göra det enkelt för dig, både de känslomässiga och de mentala spektrumen kan skicka tankebubblor såväl som det fysiska, vilket är en del av dina handlingar. Men de visar sig på ett något annorlunda sätt. Frekvensen de bär på varierar mellan de två och de färdas annorlunda. Det känslomässiga kan färdas längre och kan röra sig...Okej, jag kan säga så här; tankebubblan från skorstenen tenderar att manifesteras snabbare. Den andra, som besitter en större kraft, eftersom den kommer från ett ställe närmre din själspartikel, den kan färdas på obestämd tid, och den kan skapa, och kommer att ge dig, mer vidgade vyer, på gott och ont. Bry dig inte om att beskriva skillnaden mellan de två, det skulle bara bli förvirrande. Tänk bara på hur de sänds iväg. Om du blir tillfrågad så kan du säga att även om den kommer från det känslomässiga centrumet, så bär den fortfarande på samma vibration som en tanke, men den har en annan livslängd än en vanlig tanke från skorstenen. Större kraft kommer från det emotionella.

D. Med den logiken, antar jag att något som kommer från ditt hjärta, som kärlek, skulle vara starkare än andra känslor?

Z. Så är det. Varifrån tror du bönen kommer, det känslomässig eller det mentala?

D. Det borde komma från hjärtat.

Z. Det gör det verkligen. Varsågod. Större kraft. Det är också anledningen till att om du fokuserar på att skicka dina tankebubblor från det spektrumet, så färdas den normalt utan orenheter. Vi kommer att klargöra detta ytterligare i senare skrifter. Bli inte för förvirrad av det här.

D. Men det är väldigt bra.

Z. Beskriv bara processen. Att även om du kanske har skickat ut känslor, tankar, om någon eller något, bara för att det inte manifesterades dagen efter eller veckan därpå, så följer de dig fortfarande. Men under tiden, beroende på dina handlingar, samt nya tankar och känslor, kommer den första att förändras i det sätt som den manifesteras.

D. Om du var arg på vad någon gjorde, skulle den ursprungliga ilskan kunna raderas ut genom att förlåta dem?

Z. Ja, det är sant. Det är ett av många sätt att förändra manifestationen av dina tankar. Kom ihåg det här, dela med dig av det.

D. Det kommer jag. Tack så mycket.

Z. Vill du ställa ytterligare en fråga?

D. Det enda som jag skulle vilja få ett litet förtydligande av, vore varför själar tvingas glömma så mycket av sitt arv när de inkarnerar.

Z. Du vet svaret. Om du skulle komma ihåg, så skulle inget lärande ske, varför då komma? Om du minns allt från första stunden du kom hit, vad skulle du då lära dig? Den största läxan kommer från den tiden då du börjar interagera socialt med andra. För vissa blir det mötet en chock. För andra blir det en känsla av fröjd i själen. Den första lektionen kommer runt...det hindret är vid omkring sex till sju års åldern. Och sedan finns det nivåer av lärdomar som kommer in, filter som du på något vis måste bemästra. Och det är därför du är här. Du passerar genom hinder, filter av upplevelser. Om du skulle komma hit ner och vara fullt uppkopplad med din själ, skulle dessa filter helt enkelt inte existera, eftersom de är en illusion. De finns inte i den andliga verkligheten. Illusioner som är skapade här, kräver att du är en del av det spelet, en del av illusionen, och det kan bara ske om du har glömt. När du har stött på vissa hinder eller läxor, sker uppvaknandet. Men du har fortfarande filter kvar på din väg, eller kratrar som du kan ha skapat fram till den tidpunkten. För att du ska överraskas av de svårigheter och nivåer som du stöter på här, måste du också BLI överraskad. Det är därför du glömmer. Så småningom, vid någon tidpunkt, kommer du att minnas. Hindren finns fortfarande kvar, kratrarna kan ha blivit små gupp, men om du skulle komma ihåg allt när du kommer hit, så skulle det inte att finnas några gupp eller kratrar, eller tankar som manifesteras annorlunda. Kraften att kunna välja, den fria viljans kraft skulle bli maktlös, meningslös, om du skulle minnas allt. Det är en kedjereaktion. Du är här för att träna den fria viljan och kraften att kunna välja. För att göra det måste du kopplas bort.

D. Det är en fantastisk förklaring.

Z. (*Småleende*) Jag är glad att du godkänner det.

D. Det är svårt att inte göra det!

När någon behandlar dig illa är det bästa du kan göra att förlåta dem och gå vidare. Att gå vidare innebär att du slutar att tänka på det och laddar den mentala världen med ny, fräsch energi. Om du dör och håller fast vid ilska, förbittring, självömkan eller sorg över andras handlingar eller ord, tenderar det att binda dig till dem och till känslorna, som ett olöst problem. Genom att förlåta dem och släppa de känslomässiga banden frigör du dig i framtiden. De kan fortfarande ha negativa karma, men du är inte skyldig att engagera dig i en framtida situation i ett led att hjälpa dig att släppa taget om det.

Jag gav Ophelia en möjlighet att reda ut allt hon eventuellt kände inte hade täckts ordentligt, och hon tog upp frågan om hur en nyligen avliden kan fastna i den fjärde dimensionen. Hon ville försäkra de som fortfarande lever om att deras nära och kära inte är permanent inlåsta i någon form av energibaserad verklighet. Religiösa läror innehåller nästan alltid en hätsk fingervisning om att själar fördöms till ett evigt fängelse, om de inte följer reglerna i deras organisation, vilket är totalt nonsens ur ett andligt perspektiv. Ophelia vill inte att vår diskussion om övergångsverkligheten runt Jorden ska tolkas som ett liknande öde. Själar döms inte, och de skickas inte in i någon isolering eller blir torterade i all evighet, oavsett hur eländigt de än levde. De kommer att behöva möta alla sina misstag, men det är deras karmiska börda.

D. Finns det något i boken som du vill förbättra?

O. Vi önskar att ni tar upp anknytningen till nära och kära, bara kort, naturligtvis, för det är inte ert område och det är inte där er styrka ligger. Det har emellertid nämnts, från en högre källa, att det är av vikt för människor att veta att deras nära och kära inte fastnar i den fjärde verkligheten. Ingen vill tro att någon de bryr sig om är inlåst eller har fastnat.

D. Fastnar väldigt många själar i den fjärde?

O. Inte under någon längre tid. Men det finns en tendens till det, om man inte har behärskat sitt uppdrag, så att säga. De uppmuntras av sina andliga vägledare att fortsätta, men de tvingas aldrig. Om själen inte är redo att gå vidare, kommer guiden helt enkelt att ta ett steg tillbaka. Aldrig lämna, bara ta ett steg tillbaka. Detta är viktigt för människor att förstå. Även om de känner, på grund av sina handlingar i det här livet...om de, när de läser den här boken, blir rädda för att de kan fastna i den fjärde dimensionen, måste du se till att de förstår att deras andliga guider alltid finns i närheten. Ingen lämnas någonsin ensam, men växande kommer av förståelsen inom en själv. När människor läser den här boken är de alla mycket medvetna om vad de har gjort, och du vill att de ska uppmuntras till att vilja förändra sig själva, samt veta att andevärlden aldrig dömer. De möts, förenas och vägleds från denna verklighet. Det vi önskar är att deras handlingar ska förändras på det här planet. På ett sätt kommer det att eliminera tidigare gärningar, om du så vill. Det är också viktigt att du ger budskapet, att bara för att man kanske har vacklat tidigare, så kastar det ingen skugga över hela ens liv. Du kan fortfarande, även med bara en dag kvar här på Jorden, ändra dig och inte fastna. Det här är viktigt. Om du träffar någon senare i livet som kan ha agerat på ett sätt som de vet inte är till fördel för den de är som själ, så finns det fortfarande tid. Tid existerar inte, enbart handlingar. Den största skulden är den du lägger på dig själv.

D. Det är väldigt bra, Ophelia. Jag kommer att se till att inkludera detta.

På grund av hans unika perspektiv på så många saker, tycker vi att det skulle vara lämpligt att låta Bob presentera den slutliga observationen om den mentala världen. Från den andra dimensionen kan han väldigt tydligt se vad som händer här på Jorden. Han kan läsa människors tankar och observera vad de gör, vilket ofta gör att han känner sig lite brydd över människor i största allmänhet. Han skulle vilja att vi slutar ta oss själva på så stort allvar, eftersom de flesta saker inte är tillnärmelsevis så dramatiska eller viktiga som vi tror att de är.

B. Jag uppmuntrar faktiskt människor till att skratta mer, eftersom det hjälper dom att förstå det lilla drama som dom skapar åt sig själva. Pyttelitet är det. Jag dömer dom inte så klart, men ändå är det så...människor lägger verkligen alltför mycket uppmärksamhet på oviktiga saker och gör en stor affär av det, istället för att bara släppa saker och ha roligt.

D. Jag håller med.

B. Så mycket drama över saker som ändå aldrig kommer att lämna den här platsen. Saker som aldrig kommer att ha en mening eller ett syfte eller ens vara uppe för diskussion på andra sidan. Ändå hänger människor sig kvar i det. Dröjer och dröjer sig kvar, nästan som att rapa upp samma mat.... upp och ner, upp och ner.

D. Vilket råd skulle du ge människor för att släppa allt det?

B. Oh, jag skulle vilja säga att dessa människor liksom simmar runt i sin egen bunke. Vad dom behöver är förmågan att se sig själva objektivt ovanifrån. Dom är nästan som dom där små hamstrarna som springer runt i ett hjul. Och om dom upptäckte att, vad dom nu än håller på med, så lämnar det egentligen aldrig det där lilla hjulet. Det bara upprepas. Jag skulle säga att mycket har att göra med bristen på andra engagemang i livet. Om dom skulle hitta meningsfulla saker att sysselsätta sina sinnen med, skulle det hjälpa. Människor behöver bli fascinerade av saker. Om dom inte är det, snurrar dom bara på som hamstrar i hjulet.

D. Väl sagt, min vän.

Du, Anden

Våra själar skapades var och en som en liten gnista och placerades i en barnkammare, där den långa inlärningsprocessen tog sin början. Varje dimension har sin egen barnkammare och träningsprogram, utformade för att producera själar som kan fortsätta arbetet inom dess verksamhet. När en själ skapas, ges den ett inre mönster, en färgkod som binder den till en viss dimension och fastställer också vilken roll den kommer att ha under sin utveckling. Zachariah jämförde denna programmering med DNA, genom att varje själ har en plats och ett syfte inom skapelsens stomme. Nästan alla som kommer till Jorden har ett hem i den femte till den sjunde dimensionen, och inom det hemmet finns alltid en del av din ande kvar. Ett av de sätt som andar samlar erfarenheter är genom att sända en del av sin energi, det vi kallar själen, in i olika levande väsen på Jorden och på andra håll i materiens universum. Efter varje liv återvänder själen hem, och den kunskap och erfarenhet den samlade på sig under resan slås samman med det Högre Jaget, och bygger därmed på lite av andens storlek och ljusstyrka. Varje uppdrag till Jorden börjar med en plan för vad din själ vill uppnå, och vilka aspekter av antingen de fysiska, emotionella eller mentala du vill arbeta med. Det kan ta många livstider att förstå alla läxor som den här planeten har att bjuda på. När du har kommit så långt, kan din ande inta en position där du leder en grupp yngre andar, eller till mer tekniskt arbete relaterat till det syfte som Skaparen ursprungligen gav dig. Precis som du alltid får hjälp av mer avancerade andar, är en del av ditt ansvar att lära och hjälpa andra. Ingen ande fungerar ensam, eftersom vi alla är länkar i en stor kedja som börjar och slutar med det Mästerliga Medvetandet.

 Du är den själsliga delen av din ande och arbetar något självständigt i ditt tilldelade fordon, medan ditt Högre Jag fortsätter att göra vad det normalt gör i ditt sanna hem. Eftersom din ande delar upp en del av sig själv för att utforma din själ, minskas energin som är tillgänglig för ditt Högre Jag med samma procent som sänds in i kroppen. De andar som har en själ ute på uppdrag kan vara lite långsammare och inte lika aktiva, men när själsenergin återvänder kommer din ande att återgå till det normala. Baserat på forskning från många terapeuter som utför livet-mellan-liven-regressioner, studerar och praktiserar de flesta andar, som inkarnerar på Jorden, olika former av energimanipulation inom skolorna på den femte dimensionen. När de små andarna föds som en liten gnista, tilldelas de en viss dimension. Deras utveckling kommer att ligga inom den dimensionen, eller en som är relaterad till den. I våra samtal har våra vänner nämnt ett antal specialiteter, från att ta hand om nya småstjärnor i barnkammare och förskolor, till att skapa månar, solar, planeter, olika livsformer, DNA, gravitationsfält, atmosfärer och andra mest otänkbara saker. De flesta människor på Jorden idag utvecklas inom den femte dimensionen, men den sjätte och den sjunde är också väl representerade. Oavsett vilken roll din ande har tilldelats kräver varje aktivitet studier och lärande, eftersom var och en utvecklas och förvärvar ansvar i sin egen takt. De som kommer till vår planet kan också tillfälligt besöka andra verkligheter eller dimensioner, men till dess de förstått läxorna på Jorden kommer själen att fortsätta att ta sig an nya liv.

Alla som har befunnit sig kring barn förstår att de är alla unika personligheter. Själen i barnet är ett stycke av en större ande, skapad med ett distinkt energimönster och har levt som många personligheter på Jorden. När en själ kommer tillbaka till Jorden är den inte ett oskrivet blad, utan kommer insvept i sin karmiska kappa, med böjelser kopplade till tidigare liv. Andevärlden är också full av personligheter, åtminstone på de lägre nivåerna. Medan en känsla för humor och glädje finns i alla dimensioner, verkar det som att när en ande avancerar upp till de högre Råden, försvinner många av de jordliga karaktärsdragen och deras energi blir mycket mer lugn och stilla. Jag antar att när du når dessa nivåer är det inte mycket som överraskar längre, så att släppa dessa egenskaper blir ett naturligt sätt att vara. De utstrålar dock en enorm medkänsla och kärlek, vilket alltid är uppenbart under våra sessioner.

I nästa diskussion med Zachariah förklarar han hur anden bildas och hur den utvecklas från en småstjärna, det vill säga barnasjäl, till att bli vad Skaparen avsåg.

> D. Låt oss vidare utforska den väg som själen tar när den lämnar Jorden och rör sig genom den mentala världen till de högre nivåerna. När den väl når de högre nivåerna, är

själen då fri att göra vad den vill, eller är den förpliktigad att följa ett mönster som existerade under, och före, dess inkarnation?

Z. Det finns ett nät där själen har sin hemvist, och inom den verkligheten existerar fri vilja, men du kan inte röra dig fritt inom detta nät. Så din fråga är på sätt och vis dubbel. Fri vilja finns, men varje ande följer sin egen linje i nätet. Och du kan inte flytta mellan linjerna. Om du ser det här nätet som ett spindelnät, Källan är i mitten. Denna källa finns bortom vad sinnet helt kan förstå. Det är oändligheten hos alla, och om du ser den som en ljusboll i mitten, så strålar spindelnätet ut från den Källan, likt strängar. I din egen sträng har du fri vilja, men du kan bara gå fram och tillbaka inom din egen sträng.

D. Strängen representerar sedan ett mönster, ett specifikt mönster som varje själ eller skapelse är...?

Z. Det är programmerat, nästan som DNA i varje själ, och denna struktur inom själsenergin är hur själen återvänder till sin rätta sträng. Den kan aldrig gå vilse när den färdas eftersom den hör hemma i samma sträng.

D. Jag kan föreställa mig det. Något jag alltid har varit nyfiken på...inom skapelsens värld, ses gott och ont som polariteter som måste utforskas?

Z. Endast i vissa världar uppfattas något som ont. Några världar har inte den strukturen av gott eller ont, de bara är. På ett sätt är det relaterat till densiteten. Tätheten, på Jorden till exempel och andra platser, främjar detta polaritetstänkande av gott och ont, svart och vitt.

D. Ja, jag förstår. Är det anledningen till att vissa själar väljer att inkarnera i en värld av polaritet?

Z. Ja, det är för att se bortom gränserna och komma ihåg att på en andlig nivå, i deras sträng nära Källan, existerar ingen polaritet, inget gott eller ont, det bara är.

D. Det måste finnas en anledning till att sådana världar existerar, och att själar rör sig i cykler genom dessa världar för att lära sig om detta?

86 Helig Design

Z. Det är en del av att utvecklas, att gå igenom olika nivåer av lärande. Polaritet är en aspekt av lärandet och det finns andra. Här är polaritet ett av fundamenten, eller läxorna. Ett annat är linjärt tänkande. Det är väldigt primitivt, men fungerar ändå som en fantastisk lärdom. Projekt här på Jorden betraktas som en möjlighet att utvecklas i snabbare takt, om du väljer att arbeta med dem. Om du väljer att inte göra det, bara kommer du och går. Vilket också är okej, det är också en del av utvecklingen.

D. När du säger att du väljer att arbeta med dem, vad menar du med 'dem'?

Z. Polaritet, till exempel. När du är medveten om att det på högre nivå inte existerar polariteter som gott och ont, då när du kommer i situationer, eller möter människor, där du hamnar i polaritetstänkande eller -känsla, måste du adressera det som en lärdom som kommer din väg, inte BLI det.

D. Det var väldigt bra sagt. När själen är tillbaka på sin plats inom nätet och så småningom får en känsla av att den åter ska inkarnera, beskriv processen där själen lämnar sin plats i strängen och återgår till fysisk form, eller mental form, om det är i en annan värld.

Z. (*Suck*) Det där var många ord, jag ska försöka bryta ner det. Det du ville veta var hur själen blir underrättad om att det är dags att inkarnera igen, är det korrekt?

D. Ja, och hur mycket fri vilja och val det handlar om, och vart själen går?

Z. Vissa strängar går bara till Jorden, de går bara hit. Jag ska försöka beskriva en bild efter bästa förmåga här. Om du ser Källan och strängarna, vissa strängar är endast knutna till jordplanet, medan andra strängar är lite mer flytande, de rör sig och kan ibland gå till olika platser. Ändå måste tillstånd ges, så det är inte så att jordsträngarna är utan fri vilja och de andra kan bara plocka fritt och välja. Men om jag fokuserar på jordsträngarna, så är det nästan som en kallelse i dessa strängar, och de själar som svarar på den kallelsen kan välja att inkarnera. Du ska veta att i den här strängen finns det några som aldrig har lämnat (andevärlden), som fortfarande behöver lite uppmuntran. När jag ser på strängarna, befinner sig dessa själar närmare Källan och utgår nästan från den. Jag önskar att jag kunde få dig att se den här bilden. Det hade varit lättare.

D. Är det oundvikligt att alla själar i strängarna så småningom kommer att gå genom inkarnationscyklerna, eller väljer vissa att aldrig inkarnera, även om de befinner sig i den strängen?

Z. Detta är något du inte behöver tala särskilt mycket om. Men om du ser den här Källan som själarnas födelseort, och hur det poppar ut småstjärnor, vilka är själsenergin från den stora Källan, in i dessa olika strängar. Syftet de alla har är alltid utveckling. Om du fokuserar på jordsträngarna, kommer de småstjärnor som inte lyssnar på kallelsen att betraktas som icke-fungerande och sändas tillbaka till Källan där de kommer att repareras för att åter skickas ut i deras specifika sträng. Jag tycker inte om inte att jämföra det med en fabrik, men med tanke på det medvetna mänskliga sinnet är det ett enkelt sätt att göra det förståeligt. Om du ser en fabrik där man tillverkar brödrostar och brödrostarna lämnar huvudfabriken, ut på bandet, redo att distribueras till butikerna, de testas så man kan vara säker på att de fungerar korrekt innan de säljs. De som inte klarar testet, kommer att returneras och lagas för att senare skickas ut på bandet igen. Jag beklagar denna tolkning, jag tycker inte om att jämföra själar med brödrostar, men det är en liknande bild och jag ville att du skulle se den. Ingen dömer ut dessa brödrostar, eftersom det kan lagas. Vet bara att det är en återvinning som ibland äger rum.

D. När vi talar om återvinning, de själar som går framåt och arbetar med sin utveckling, någon gång måste de ha fullbordat sin uppgift. Återgår dessa själar, som har förvärvat kunskap och erfarenhet, sedan till Källan, eller behåller de alltid sin individuella identitet, så att säga, utanför Källan?

Z. Jag tittar på den här bilden, och härifrån som jag ser det är Källan i mitten av strängarna lika med födelseplatsen. När själen utvecklas återvänder den aldrig till födelseplatsen. Jag kan inte se slutet på strängarna. Jag vet...Jag är inte säker på om vi får utforska detta just nu, eller någonsin, utifrån den här synvinkeln. Men vad jag kan se och säga är att födelseplatsen inte är den samma som platsen där allt slutar. Det jag ser här är mer av en barnkammare där själsenergier delas upp och skapas (*ges ett unikt syfte*) och sedan delas upp i olika strängar. Jag ser inte att de någonsin kommer tillbaka till samma källa, vilket skulle indikera en återvinning. Det här kan vara förbryllande för dig.

D. Nej, det låter som en oändlig expansion.

Z. Det är mer i linje hur jag skulle förklara det.

I en annan session frågade jag Zachariah om olika typer av skapelser. Jag var intresserad av att veta om det fanns några varelser som inte hade en separat känsla av jaget. Men när jag tänker rätt på det antar jag att frågan inte var särskilt vettig. Han gjorde sitt bästa för att svara, genom att berätta om andra väsen där hjärnstrukturen är annorlunda, så själen lätt kan kommunicera telepatiskt med sina likar. Hjulet han nämner är hur dimensionerna en gång beskrevs, där var och en kopplades till timmarna på en urtavla dygnet runt. Centrumnavet var Skaparen och den tredje dimensionen (*hela vårt universum, vårt kosmiska akvarium*) låg ca klockan 5, men det fanns många andra kosmiska akvarier runt hjulet. Han fortsätter med att säga att det finns många typer av fysiska kroppar, och de flesta existerar i sin egen verklighet, utan att vara medvetna om andra typer av varelser. Liksom vi människor inte har någon kunskap om något annat än oss själva.

Z. Vad är din fråga?

D. Inom rangordningen för andliga väsen, från Skaparen ner till människans själ, så finns det många typer av väsen, antar jag, vissa som har självständiga egon eller en medveten jag-känsla, och andra som inte har det. Är detta sant?

Z. Det finns varelser som har en delad hjärna, vilket betyder att de kan förflytta sig mellan dem. Ena halvan är mera...främst, för att manövrera fordonet. Medan den andra handlar mer om kommunikation, telepati och så vidare. Det finns en vägg mellan dessa två hjärnhalvor och individen kan förflytta sig mellan dem. Människan har bara en, hjärnan är inte uppdelad. Andra individer har annorlunda möjligheter att existera.

D. Inom det skapade universum som är kopplat till det Mästerliga Medvetandet, kommer de flesta av skapelserna direkt från det Mästerliga Medvetandet, eller finns det andra varelser som är ansvariga?

Z. Låt mig säga det i termer som kan förstås på denna nivå. Om du ser det Mästerliga Medvetandet, som du kallar det, som den centrala kärnan i ett hjul. Från varje del av hjulet finns det speciella grupper som alltid står i kontakt med hjulets nav, men som fungerar individuellt. Ingen, utanför hjulet, känner till något om de andra. Eller, endast ett fåtal skulle jag anta, eftersom de fungerar individuellt, men är alla kopplade till det Mästerliga Medvetandet, kärnan, skapelsen, som får hjulet att rotera.

D. Det är väldigt bra. Jag undrade om det fanns enskilda väsen som fungerar i perfekt harmoni med Skaparen.

Z. Så är det faktiskt. Vissa arbetar med elementen. Gravitation är ett av dem. (*Han gav sedan lite information som blev för teknisk för denna kunskapsvåg*).

Bob i Biblioteket
Alla andar har en bok, en slags krönika över allt som de har gjort sedan de skapades. Efter varje livstid på denna planet, eller på andra platser dit de kan färdas för att lära sig, för de dagbok över betydande lärdomar och upplevelser. Det lagras faktiskt i en energiform, men det är lättare att föreställa dessa anteckningar som sidor. Dessa sidor läggs till i andens egen bok, som ingen annan än deras guider kan titta på utan tillstånd. Minnen från dina tidigare liv pressas samman till allmän kunskap och förståelse, så många av de mindre detaljerna avlägsnas. Din ande har ingen koppling till kropparna som den har haft i den tredje dimensionen, och inte heller till det mesta av vad den gjorde under sina turer. Människor dyrkar för det mesta idéer om saker, som berömmelse, pengar, skönhet och andra materialistiska föremål, utan att inse att dessa inte har någon mening förutom som ett

verktyg att lära olika andliga läxor. Inga som helst världsliga ägodelar eller berömmelser kommer att ge lycka till en människa som inte är i harmoni med sin ande. Men för dem som är i samklang med den, ses dessa ting som flyktiga och inte som en källa till din identitet som en andlig varelse.

Journalerna som varje ande sammanställer förvaras i Biblioteket, det centrala kunskapsförrådet inom den femte dimensionen. Biblioteket är enormt och delar av det är dolda under Huvudbiblioteket i vad Bob beskrev som olika valv. Andar får bara se information som är relaterad till deras utvecklingsnivå, och vissa anteckningar är placerade i områden som mycket få har tillträde till. Bob berättade för oss om hur han arbetar i detta Bibliotek och beskriver sitt ansvar att föra register i två av valven; valvet för Jorden och den sjätte dimensionen. Designlaboratoriet på den sjätte dimensionen, där Christine och jag arbetar, upprätthåller dokumentation om solsystem, dess kärnor och andra typer av manifesterade och icke-manifesterade skapelser. Dessa register finns i Biblioteket, och det verkar som att Ophelia och jag gav honom det jobbet eftersom det hjälper honom i hans egen utbildning inom dessa ämnen. Han går faktiskt in i en hel del detaljer när han beskriver sina uppgifter och observationer om Biblioteket.

D. Har du, som ett själsligt väsen eller varelse, en Akashakrönika, en historia över din existens? Har alla skapelser en personlig akt?

B. Alla. Allihopa. Det är huvudplanen bakom att skapas. Det är att allt som föds har ett syfte, en resa, liksom ett specifikt mål. När själar föds, går dom alla i skolan för att se vad dom vill bli. Vissa blir resenärer i inkarnationer, några är mer som observatörer, andra för anteckningar och åter andra blir bara guider. Umm, eh...vissa sköter registren. Det är som att vara i ett jättestort Bibliotek och ta hand om alla lådorna för att komma ihåg var allting sker. Vissa är faktiskt lite bekanta med det här (*småler som om han har en hemlighet*). Oh, i Biblioteket, i källaren finns det många lådor med kunskap som jag har lagrat. Alla är inte mina, såklart. Men att få vara här är en enorm ära. Ibland kan man titta in i lådorna. Vissa är låsta. Om dom är låsta, ska du inte undersöka dom. Det här Biblioteket är en central plats, där information lagras om alla delar av skapandet, om inkarnationer, planeter och hur varelser förflyttar sig genom olika dimensioner. Det handlar också om skapandet av solsystem och galaxer. Det är indelat i olika avsnitt där några handlar mer om...oh ... få se om jag kan prata om det här *(han pausar ett ögonblick och lyssnar på Ophelia).* Ja det kan jag! Ophelia säger, "Ja. Ja, det kan jag".

B. Okej. Det här Biblioteket som jag har jobbat i, i källaren, det är storslaget. Det lagrar all kunskap om alla olika varelser. Mästarna har lådor som jag inte får titta i. Jag jobbar med lådorna från det här planet. Det är här som mina anteckningar kan bidra till babybiblioteket. Ha ha ha. Små hjälpare i Biblioteket. Få se.... dina lådor är fulla av...jag har fått lov att titta i dina lådor. Du har gjort så mycket intressant för det intergalaktiska, och galaktiska planeter. Intressant! Jag förstår nog inte riktigt. När jag öppnar dina lådor finns det energier i dom. I vissa lådor finns planeter *(Han klargjorde senare att det innebär energimodeller av planeter)*, och vissa har papper. Min låda har papper. Dina lådor...oh oh oh...så många fascinerande saker för nån som mig. Du var den som gav mig det här jobbet. *(Ler stolt)* Jag är väldigt tacksam.

D. Vilket jobb var det?

B. Att arbeta i Biblioteket. Du gav mig det här!

D. Jag är säker på att du förtjänade det.

B. *(Skrattar)* Ophelia godkände det. Men det finns valv här nere som jag inte går in i. Men jag får vara i ditt valv, och valvet för den här dimension, Jorden. Oh, det finns sååååå många valv! Jag ser alla gå runt här med lådor. Det är som att ha sin egen säkerhetskod till olika platser i källaren. TACK. Det här är vad jag sysselsätter mig med.

D. Är du där, och samtidigt i den andra dimensionen?

B. Ja, ja, ja. Man lämnar aldrig helt.

D. Hur mycket av din energi lämnade du kvar i den andra?

B. Oh, ungefär hälften. Hälften, för den andra hälften finns i Biblioteket. I Biblioteket, du förstår, det är där som jag jämför anteckningarna i lådorna, dom som du lät mig titta i alltså.

Bob hade ursprungligen all sin energi i den andra dimensionen, sitt andliga hem. När han fick jobbet i Biblioteket delade han i själva verket upp en del av sin andliga energi och projicerade den till valvet, där den blir kvar den mesta tiden. När andar går framåt i sin utveckling ökar deras energi, så han kunde senare dela upp det han kallar sin "resande energi" och besöka föreläsningar och labb, där han studerar, på den sjätte och sjunde dimensionen. För närvarande arbetar han med cirka 30 procent i valvet, cirka 10 procent i den andra dimensionen, och reser med resten. Denna resande del är vad som kommer och besöker oss under våra kanaliseringssessioner. Alla andar kan göra detta. När du läser den här boken arbetar en annan del av din ande fortfarande på en annan dimension. Vi kommer att diskutera det här ämnet mer detaljerat senare i boken.

D. Kommer du att kunna ge oss information om dessa lådor? Givetvis med godkännande.

B. Om Ophelia godkänner det, så kan jag göra det. Ophelia sa att jag kunde beskriva Biblioteket idag, så ja. Jag kommer att kunna titta i lådorna utan lås, och dom som är tillgängliga för dig. Det finns många lådor här. Det finns naturligtvis nån slags ordning bland lådorna. Det är som att du kan ta fram en låda och du kan med fingret försöka att öppna den, men om den inte öppnas, är det inget som du ska se. Jag är stolt över mitt valv och jag låter ingen komma och titta in i lådorna här. Liksom dom inte heller låter mig sniffa omkring i andra valv! Det handlar helt enkelt om att bokföra och hålla vakt. Det är här vi kommer att få tillgång till mer, härifrån valvet.

När Christine kanaliserar någon, är hon på något sätt kopplad till vad de fokuserar sin uppmärksamhet på. Så när Bob kopplade in sig på valvet, kände Christine det, som om hon stod bredvid honom. Efter sessionen sa hon att Bob hade dragit ut lådor från hyllorna för att visa henne, och kanske hade glömt var han tog dem, vilket förklarar hans nästa kommentar.

D. Det är väldigt bra information. Har du något annat du vill dela med dig av?

B. Jag måste gå tillbaka. Jag måste ta hand om lådorna. Det är lite av ... hmmm...ibland när jag tar ut en låda och tittar, glömmer jag att sätta tillbaka den direkt igen och det skapar ibland lite oreda i valvet. Så jag försöker att alltid vara väldigt försiktig med informationen. Jag måste se till att allt är där det ska vara. Annars, när man försöker hitta nått, är det omöjligt, om man har satt lådan nån annanstans för att man ... hehehe ... inte var riktigt uppmärksam på var den stod. Så det finns en ordning här, som jag måste ta i tu med.

D. Är du ensam i valvet?

B. Ja i det här valvet...Ophelia kommer ibland. Men det här valvet, få se...jag sköter informationen i det här specifika valvet. Informationen, i det här valvet, som jag befinner mig i nu, handlar om er värld. Om dom väsen som ni är. Men varje verklighet har sitt eget valv, och valvet för Jorden är inte här. Det är ett annat valv, som jag också har tillträde till, jag har ett passerkort. Jag har passerkort för två valv *(Han använder idén om ett passerkort för att förklara hur tillgången till viss kunskap är begränsad)*. Det finns ett till som jag kan se, men det är egentligen inte speciellt roligt, det är bara växter i det. Det är inte så givande, det är mer som ett magasin, där man har växter från olika platser. Så du kan röra vid dom och titta på dom, men dom säger inte så mycket. Det är en plats dit alla kan gå och titta. Men du ska inte röra till det där inne. Om du tar ut en växt, eller en liten sak ur en låda, måste du sätta den tillbaka. Så det är mer som ett museum. Det är inte riktigt för att lära sig nått av...eller tja lära sig, du kan se vad som har funnits på olika platser. Det finns faktiskt växter som är mer som energi, dom är inte helt solida. Dom ska du inte röra, för dom är inte riktigt...dom är i en slags glasskål. Det är mer som ett litet museum. Så, dit kan jag gå. Men jag lär mig inte så mycket, jag bara tittar på saker. Det finns stenar där också, kristaller, faktiskt. Dom tycker jag om. I det valvet finns det glasskålar med kristaller och andra saker i. Dom tycker jag verkligen om, för dom visar var det har funnits platser gjorda helt av kristaller, själva planeten eller stjärnan var av olika kristaller. Lite från var och en har sparats. Det finns flera glasskålar med etiketter, det är som ett museum. Du kan gå och titta om du vill. (*Det var både roande och rart att han bjöd in oss att komma på besök, som om det bara var en kort promenad till en närliggande butik*).

D. Tack för att du delade med dig av all denna information. Vi låter dig gå tillbaka och ta hand om dina lådor, om du vill. Det har varit ett rent nöje.

Bob har flera gånger nämnt att den mest avancerade informationen i valvet lagras på de högre hyllorna. Eftersom han fortfarande studerar de mera grundläggande idéerna, har han bara tillgång till vissa kunskapsnivåer. Eftersom han är ganska liten behöver han en stege för att nå de nedre raderna, men den har bara två steg, och han är mycket angelägen om att undersöka innehållet i lådorna på den tredje hyllan. Uppdraget han nämner är ett litet test som Ophelia gav honom för att se, om han kunde bygga en färg- och ljudkarta över vissa objekt. Han talar också om hur han möter mitt Högre Jag i valvet för att diskutera saker som han har tänkt ta upp under våra trans-sessioner. Även om vi inte kommer ihåg det, så finns vi fortfarande kvar och arbetar inom våra hemdimensioner, även när en del av vår ande är inkarnerad på andra plan. Så mitt Högre Jag fortsätter att besöka Bob i valvet och kan samtidigt vara i vårt labb. Det är lite svårt för våra mänskliga sinnen att greppa, men det är precis så det fungerar. Det är som andlig multitasking.

B. Vill du att jag ska ställa en fråga?

D. Javisst!

B. När får jag mitt tredje steg?

D. Uhh...jag tror att du kommer att få det ganska snart.

B. Ja, kanske till jul? Du vet, jag arbetar med ett slags projekt, det var därför jag frågade. För jag har lämnat in mitt lilla uppdrag, och det utvärderas just nu. Så det är antagligen kopplat till det tredje steget?

D. Så vad finns det i lådorna på den tredje hyllan?

B. Jag vet inte!!

D. Har jag aldrig visat dig?

B. Du tog ner dom. Men du vet att jag inte kan nå, det övervakas alltid och jag förstår det inte. Så nää, nää. Men du vet, vi träffas faktiskt ofta när du sover, i valvet. För det handlar om att du tillåter dig själv att få veta vissa saker. Du visar mig vissa saker när du sover, din själ, ditt Högre Jag, och du säger, "Det här kan du prata om, det här kan du visa mig." Och sedan säger jag, "Okej". Och ibland förstår jag inte riktigt vad det är, så jag frågar, "Hur förklarar jag det här?" (*Skrattar*) Jag har också en egen liten agenda till att fråga, för jag vet inte allt, och jag vill lära mig. Men då säger du, "Du behöver inte förklara," eftersom du kan läsa mina tankar. Så du skrattar och säger, "Oroa dig inte för det, min vän, bara visa mig och berätta, så kommer jag att förstå. Så småningom kommer jag att sätta ihop allt, som ett pussel, men du måste ge mig lådorna, du måste visa mig och du måste berätta vissa saker". Så det gör jag. Så är det. Det handlar om att hjälpa ditt Medvetna Jag att komma ihåg. Så det är faktiskt du själv, som pratar med dig själv, genom mig. Vilket är rätt konstigt när man tänker efter! Många gånger upprepar jag det du säger.

Fönster av Möjligheter
Var och en av oss har liknande mål som människor, och det är att minnas vårt uppdrag. Vi planerar alla våra liv med vissa markörer och utvecklingsmöjligheter, som Ophelia diskuterade i en av våra sessioner från december 2016. Även om det var ganska personligt så är konceptet rätt värdefullt för alla. Hon berättar om hur själen kommer in med specifika möjligheter som den programmerat inom sin livsväg. Dessa är utmaningar eller situationer som inträffar, tester för att se om vi har lärt oss vissa läxor. Om du klarar testet kommer ett fönster öppnas som ger dig tillgång till nya energier som främjar själens tillväxt. Om du missar att se det som en möjlighet, kommer det att finnas andra fönster senare som kan ha liknande läxor. Hon gör en viktig poäng i hur relationer mellan människor förändras när du utvecklas andligt. Människor lär sig inte i samma takt, och de som en gång var nära vänner kan bli oförenliga när de utvecklas.

D. Hej, Ophelia.

O. Hej, min vän. Hur mår du denna underbara dag? Vi är mycket nöjda med processen. Du har bara öppnat ett av flera fönster. Flera kommer fortfarande att komma i din egen personliga utveckling. Var inte rädd för att öppna dem, var nyfiken, nyfikenhet kommer att leda dig till att öppna ännu fler.

D. Vilken typ av fönster talar vi om?

O. Individuellt har du mer att lära om din själskapacitet, var du kommer ifrån, och hur du kan vara i samklang med dem du tycker har en lägre vibration, eller hur kan man säga, en mindre komplementär vibration. För att du inte ska distansera dig är det viktigt att du förstår din egen vibration. Då kommer det tyvärr också att skapa en klyfta till andra människor. Låt mig förklara. När du växer i din egen vibration kommer klyftan till andra att växa ännu mer. Då kommer det, på sitt vis, att ge dig en större kunskap om din plats i förhållande till andra, men det kommer också att göra att du känner en större distans till dem. Du ska veta, att det är som det ska vara. Du är inte här för att vara i komplementära känslomässiga vibrationer, eftersom du på något vis saknar det. Jag säger inte att du inte har empati eller känslor, du vibrerar helt enkelt på en annan nivå. Du valde inte den typen av upplevelser under den här livstiden. Du föredrar helt enkelt inte det, ingen av er egentligen, (*Christine och jag*) att arbeta med den egenskapen. Du har gjort dina läxor, hittills, och behöver inte engagera dig på den nivån igen om du inte själv väljer det. Hon kommer att utforska denna känslomässiga vibration ytterligare.

D. Bra. Tack så mycket.

O. Dessa fönster som jag refererar till, vissa kommer att skapa en känslomässig urladdning, på något vis. Det kommer att vara sorg följt av upplysning. Vissa är, som nämnts, personliga fönster, medan andra är mer till för att öka kopplingen till din andliga kapacitet. Då kommer lager från din fysiska varelse att upplösas, på samma sätt som hon (*Christine*) kommer att gå igenom samma process. Det här är betydelsen av transformation. Det menas naturligtvis inte att ni rent kroppsligt kommer att upplösas, men det fysiska kommer att framstå mindre tydligt när er självenergi ökar. Mystiken i detta är att var och en har möjligheten att på sätt och vis upplösa sin fysiska vibration när de blir mer sitt andliga väsen. Alla bär fönster som kommer att öppnas om de är intresserade av att växa. Alla inkarnerade själar har fönster inbyggda i sitt system. Vissa väljer att inte uppmärksamma dem och kommer att förbli i den fysiska vibrationen. De som kommer ihåg och ansluter sig till sitt andliga jag kommer också att få tillgång till sina fönster. Vissa har bara en handfull, medan andra, yngre själar, har fler fönster inbyggda i sitt väsen när de kommer hit. Skillnaden ligger uppenbarligen i det faktum att yngre själar måste få fler chanser, eller alternativ, till att snubbla på sina fönster, medan äldre själar måste navigera sig fram för att hitta dem. Så i ditt fall, min vän, du har fem fönster. Ett öppnades när du gick in i nästa vibration, när du gick in i mötet med din själsfrände.

Reinkarnation
I nästa sekvens diskuterar Zachariah och Bob reinkarnationens cykler och några av de aktiviteter som själar deltar i mellan liven. De gjorde en mycket intressant anmärkning om hur själar faktiskt kan rensa sin karma på Jorden, eller företrädesvis avsluta reinkarnationsprocessen genom att övervinna okunnigheten och bli andligt upplysta redan under en livstid.

D. Jag har en fråga om själars inkarnation. För att en själ ska kunna genomföra reinkarnationscykeln, kan du berätta vilka som är de främsta stegen i utveckling den måste uppnå?

Z. Förklara din fråga.

D. Vad behöver en själ lära sig för att övervinna reinkarnationscykeln på Jorden?

Z. Först av allt, kom ihåg att inkarnation här är ett val. Så valet kan vara att du, även om du är ganska färdig med den här verkligheten, väljer att komma tillbaka för att minnas vad du har lärt dig tidigare. Med det sagt kan du välja att komma hit så många gånger du vill, om det är vad du önskar. Den viktigaste lärdomen på detta plan är att förstå polariteter omkring dig, när du är i en kropp. Det gäller att balansera det mentala, emotionella och fysiska jaget. Att se det på det viset, att inte dela upp manliga och kvinnliga principer, att förkasta polariteter. När du förstår detta i alla verkligheter, inte bara i ditt mentala väsen utan i ditt solar plexus, då kan du fortskrida och lämna det här planet. Om du väljer det.

D. Så håller den karmiska kappan i själva verket kvar en själ i denna cykel? I allmänhet, måste människor lösa alla problem inom sin karmiska kappa innan de lämnar, eller kan man lämna något ogjort?

Z. Det rekommenderas att du gör det, för du vill inte lämna dåliga spår. Så ja, så är det. Men återigen, jag återvänder till det faktum att du har ett val. Ingen tvingas bort från andevärlden, men det finns heller ingen annan som kommer in för att rensa bort din kappa. Så för att detta plan ska kunna bli rent, kommer man att föreslå för den själen, som vill stanna i andevärlden och som inte vill ta itu med sin kappa, att återvända, att städa upp atmosfären.

D. Okej, vad bra. Tack.

Z. På själsnivå så vet alla själar. Ändå, när de kommer hit upprepar de samma saker, så...du kan inte rena din kappa från andevärlden, du kan bara rengöra den genom att vara i en kropp. Hela målet, syftet, är att lämna in en hopvikt kappa, då kan du fortfarande komma in och öva om du vill, men du kan välja att göra det utan din kappa. Det är inte själen som talar om när den är hopvikt, bara guiderna och Rådets andliga väsen kan göra en slutlig inventering över alla. Det har inget att göra med hur mycket tid som någon tillbringar här. Om en själ har en tung kappa och kommer in och förstår skräpet som den placerat här, och inte bara förstår det mentalt i huvudet utan i sitt solar plexus, då behöver den inte nödvändigtvis komma tillbaka och upprepa det igen. Så den KAN vikas hop under en livstid, om själen förvärvar dessa insikter.

D. Så bra. Jag har en annan fråga om alla dessa själar. Du vet, det finns miljarder själar på Jorden. Vart går de flesta av dessa själar, många av dem är unga själar, antar jag, när de inte är på Jorden? Vad gör de?

Z. Ah, låt mig se. Vår vän kom fram (*Bob kom nära och Zachariah lade märke till honom*). Få se. Jag kan ta den här frågan. När en yngre själ kommer tillbaka, handlar majoriteten av sysslorna om reflektion, granskning, journalföring, exempelvis skriva dagbok. När du skriver ska du vara objektiv och titta på kroppen, inte nödvändigtvis själen, men hur kroppen du valde fungerade. Mycket tid går åt till att journalföra din upplevelse. Det finns guider, hjälpare som kommer att göra sina inlägg, och du måste faktiskt visa dem din dagbok. För det är viktigt att du förblir objektiv, att du inte gör det till en liten rolig roman. Så det är i hög grad ett sätt att förbli neutral.

D. När dessa själar utvecklas, när dessa unga själar går framåt, flyttar de så småningom till kreativa positioner inom de högre dimensionerna?

Z. Det som sker är; själen, i kombination med sina vänner, turas om, där en kommer att agera som en vägledare från andevärlden, medan den andra färdas (*inkarnerar*) ner till Jorden. Det är nästa nivå efter att du reflekterat själv eller tillsammans i grupp. Men ändå, det är viktigt att göra det i sin egen takt, eftersom du kan bli färgad av andra människors, eller andra själars, upplevelser. Så nästa nivå är att turas om, och det är först när du har kommit en bit på vägen. Det är inte nödvändigtvis bara efter tio livstider.

B. (*Bob kom in igen, och Zachariah tog ett steg tillbaka*) Huhhh!

D. Hej, Bob.

B. Hej, hej. Jag skulle vilja lägga till nått om det.

D. De vill jag gärna höra.

B. För du vet jag har nått! När en själ kommer tillbaka kan den vara trött, men den uppmanas ändå att skriva ner sina erfarenheter. Och det är också här som dom som ser mera änglalika ut kan turas om för att hjälpa, eftersom det kan vara ögonblick av sorg. Även om du tittar objektivt på nått, om du då ser att du har gjort nånting mindre bra, kan du fortfarande ha en känsla av sorg. När du ser en själ som sitter och skriver i sin dagbok, finns där alltid en närvaro av en ljusvarelse. För, du vet, den sänder ljus och värme, som faktiskt ger en känsla av trygghet och kärlek. Så den här ljusvarelsen står bakom själen och uppmuntrar den att fortsätta skriva. Jag ville tillägga att du inte bara lämnas i en typ håla nånstans med en dagbok! Du får faktiskt både beskydd och hjälp när du skriver ner dina erfarenheter.

D. Blir dessa anteckningar så småningom till vad som skulle betraktas som din personliga bok? Så, min livsbok, som du studerade, innehåller den mina dagboksanteckningar?

B. Ja! Ja, men överallt ifrån, inte bara från det här planet. För du, min vän, du har varit på alla möjliga ställen. Jag ber att få se, för jag vill veta! För du vet, vi hjälper varandra att förstå det totala arbetet vi gör på ALLA plan.

D. Jag skulle vilja ställa en annan fråga om något vi diskuterade förra veckan, om själens framsteg på Jorden. Du sa att de så småningom kommer att utvecklas till att bli lärare, men finns det vissa grupper av själar som aldrig arbetar inom andra dimensioner?

Z. (*Zachariah kom tillbaka in igen*) Det är ett val. Själar som vill hålla sig kvar i sin egen grupp får lov till det. Men när en själ utvecklas, känner den drivkraften, lukten av andra verkligheter, och blir intresserad av att göra ett besök. Men din hemdimension kommer alltid att vara densamma. Du, min vän, kommer aldrig att bli till en sjunde dimensionens individ, eftersom det inte är hur din själ och ande skapades. Skapelsen sker bortom vår förståelse. Och själens gnista sänds, om du så vill, dit där den har den bästa potentialen att utvecklas. Alla själar börjar inte på samma sätt, eftersom de i sitt eget system bär på ett mönster av var den hör hemma och hur den ska utvecklas. Det är det Mästerliga Medvetandet bakom allt som skapar de olika själsenergierna. Det är inte detsamma från början till slut. Själen resonerar med den platsen där den tänkt att vara, eftersom den inom sig, från den dag den föddes, bär på en karta över sitt eget lärande, sin utveckling, sina resor och så vidare. Det är ett mönster i dig som fastställer var du placeras, såväl som din resa. När själen fortskrider, ges den möjlighet, eller tillfälle som din lille vän (*Bob*) skulle säga, att röra sig och besöka andra verkligheter. Det är ett val och alla anammar det inte. Det finns inget tvång.

D. Så själar som inkarnerar i den tredje dimensionen, är de i huvudsak femte dimensionens själar?

Z. Den femte dimensionen liknar den där andliga manifestationer kan äga rum. Det är en nivå av ... hur kan jag beskriva det för dig. Det är här som vissa möten äger rum. Det är här ditt Bibliotek finns. Den är tillgänglig från alla olika nivåer om du har nyckeln. Men det är också en plats för vila, detta är en plats för rekreation och glädjefyllda upplevelser med naturen. Det är motsatsen, eller spegelbilden, av Jorden, så på många sätt känner sig en själ hemma här. Det finns en trädgård, där andra dimensionens väsen kan plantera. Det finns nästan som ett växthus, om jag får måla en bild åt dig. Det resonerar med de känslomässiga aspekterna av själen, vård och empati. På något sätt resonerar den femte med den sjunde dimensionen. Liksom den sjätte och nionde resonerar tillsammans. Den femte dimensionen är en nivå där en själ kan stanna ett tag, när de lämnar den tredje dimensionen, oavsett hemmabas. Det är en plats för vila, att glädja sig åt resan, till att läsa och fräscha upp sina studier innan du går vidare för att återförenas och smälta samman med din andeenergi.

D. Jag vet att den fjärde är en övergång, finns det något som händer innan själen går vidare in i den femte?

Z. Den fjärde är övergången, där du behöver reflektera i ensamhet, lite grann, över vad du har gjort. Men detta är ingen lång paus, såvida du inte hindras av din karmiska kappa. Då kan du behöva stanna ett tag och fundera. Den femte är mer en andlig skiljelinje. Du kan inte nå den femte utan att först passera den fjärde, du kan inte hoppa, så att säga. Men om jag tar dig som ett exempel, du har möjligheten att gå direkt från den tredje till sjätte och nionde när du lämnar, och det beror på att din kappa har vikts ihop. Så du kan, om du väljer det, återvända direkt till din hemmabas, din källa till vila, kunskap och rekreation. Du har aldrig något behov av att gå igenom den fjärde, eftersom du ser det som något smutsigt. Du behöver inte komma i kontakt med andra skikt. Det är här som tankar kan kvarstå, och handlingar finnas kvar.

D. Så när en person är inkarnerad och de ansluter till sitt andliga jag genom den där lilla stjärnan i sitt solar plexus, vilken nivå kommunicerar den då med?

Z. Många gånger ansluter den direkt till den femte. Själar som inte varit här så länge brukar, jag är beklagar uttrycket, ha en tendens att fastna. Till exempel, om de mediterar, kan de bara nå den fjärde. När du fortsätter dina resor, när du har varit här ett flertal gånger, kan du navigera igenom den fjärde. Men de flesta har inte förmågan att från detta plan nå högre än den femte.

D. Kan jag ansluta till min hemmabas?

Z. Javisst, du kan genom djupa, förändrade tillstånd, nå den sjätte, och du kan även få en glimt av den nionde.

D. Så, min fråga om majoriteten av själar på Jorden, till exempel, har de alla ....

Z. (*Zachariah avbröt för att svara*) De känner inte till någonting ovanför den fjärde. Om de kände till om den femte, tror du inte att världen då skulle se annorlunda ut? De hör talas om det, detta är vad kyrkan utmålar som himlen, om du så vill. Men det finns nivåer ovanför, som du är medveten om. Så för att göra det enkelt för dig, den femte dimensionen är vad folk uppfattar som himlen, den genomsnittliga människan funderar egentligen inte över de högre nivåerna, nivåerna av form, ljus och rutnätet. Rutnätet hör till den nionde dimensionen. Den åttonde är involverad i nätet på Jorden, eftersom det resonerar med elementen och grundämnena, och förstår förhållandena på olika himlakroppar. Vi har inte talat så mycket om individerna på den åttonde dimensionen, men vi kommer att göra det. Vi har talat om den femte, sjätte och sjunde. Den fjärde är helt enkelt ett skikt där trosföreställningar kan fastna, tankar kan manifesteras. Det är därför du färdas hit för att arbeta med ditt eget bidrag i den fjärde verkligheten. Att lära dig hur du kan rensa det mentala, Jordens mentala värld, om du så vill. Den femte är relaterad till Jordens högre känslomässiga vibrationer, men det är också där Bibliotek och trädgårdar finns.

D. Om jag får följa upp den här frågan. Om själar har ett mönster som hör till en viss dimension, i vilken dimension hör de flesta själar hemma? Och hur kan de förena sig med, eller resa till, andra dimensioner? Förstår du min fråga?

Z. Ja det gör jag. Och det är något komplicerat att svara på. Det finns en verklighet inom den femte, som skulle kunna betraktas som ett andligt hem. Det är trädgården, där flera själar stannar, om du så vill. De du känner, dina familjemedlemmar resonerar med fem och sju. Om du frågar dem så kan de ha minnen av trädgårdar, deras andliga hem. Så den femte fungerar på ett sätt som en kombinerad andlig verklighet, liksom även innehavare av Kunskapsbiblioteket. Det är också här som dina vänner från den andra dimensionen kan besöka och skapa trädgårdar. Undervisning sker på den här nivån. Från detta plan resonerar vissa själar med den sjunde verkligheten. På ett sätt har alla nivåer två delar; en manifesterad verklighet såväl som en andlig sida. Så när någon ansluter till den sjätte dimensionen, kan de färdas till den manifesterade delen. Det är därför den uppfattas som form. De ser den som klassrum och fysiska individer. Men den har en andlig verklighet också, hand i hand. Så alla nivåer kan uppfattas som manifesterade, upp till och med den sjunde. Din vän (Bob) pratade om klassrum, labb och så vidare. Han besöker bara de manifesterade delarna på den nivån. Han har ingen möjlighet att besöka den sjätte dimensionens eller den sjunde dimensionens andliga område. Så, fem, sex och sju är dubbla på sätt och vis, och du kan från det här planet besöka de manifesterade. När du lämnar din fysiska kropp bakom dig färdas du till den andliga sidan av din nivå. Förstår du bilden?

D. Det gör jag.

Z. Åttonde och nionde är knappt manifesterade, bara för dem som är invigda i de insikterna.

D. Jag tänkte när det gäller de människor som kommer att läsa vår bok.

Z. Ja, de kommer att resonera främst med den femte, för det kommer att kännas bekant för dem, med Biblioteket och trädgårdarna. Många religioner hänvisar till dessa platser. Så det kommer att vara lätt att ta till sig det, eftersom det är något redan välkänt. Du kan förmodligen därefter lägga till verkligheten i den sjunde, eftersom den resonerar mer med den femte. Den sjätte är mer vetenskaplig. Den här boken bör handla främst om den tredje nivån, den fjärde och femte. Den andra dimensionen kommer med glädje och underhållning, den får människor att förstå nivåerna, och även omsorgen för marken ni går på, samt att vara uppmärksamma i naturen. De mindre varelserna som finns på detta plan, som naturandar, gömmer sig i all slags materia. Du kan se dem i skummet på vattnet som flyter förbi. Lekfulla andar, du ser dem hela tiden i floderna, det är därför vi vägleder er att knyta an till vattenelementen och floderna.

D. Tack för all denna fantastiska information.

Du, Själen i Människan

Det du tänker på som ditt nuvarande liv kan bättre beskrivas som din andes senaste uppdrag till Jorden. Din kropp, familjen som du föddes i, många av dina vänner och de viktigaste upplevelserna du har haft, eller kommer att ha, planerades innan du föddes. Läxorna du ville lära är målen för ditt uppdrag och alla andra beslut har anpassats till det syftet. På grund av förhållandet mellan själar och dina målsättningar spelar du roller i andra människors liv, precis som de har kommit överens om att spela vissa roller i ditt liv. Därför är något av det viktigaste du har att beakta, att ta itu med din karmiska kappa från din senaste inkarnation. Den representerar alla dina värderingar och tankemönster, tillsammans med dina skulder till specifika själar, som du är bunden till från något tidigare möte. Varje uppdrag till Jorden inkluderar avsikten att korrigera några av dessa kvarvarande misstag.

Planeringen inför nästa inkarnation koordineras med en nära grupp andra andar och alla respektive guider. Vi diskuterar och kommer överens om roller. Mödrar, bröder, vänner, även chefer på jobbet kan spelas av själar, med vilka du har delat tidigare liv. Ofta är syftet med att arbeta tillsammans, att försöka korrigera vissa personliga förhållanden eller karaktärsfrågor från en tidigare existens. Ett exempel kan vara där en själ accepterar att hjälpa en annan med ilska, om den i sin tur får hjälp med att hantera tålamod. När vi är inkarnerade kommer vi inte ihåg vad vi tog på oss att göra, men våra Högre Jag och våra andliga guider vet alltid, och de leder oss ständigt till situationer som kan främja tillväxt. Zachariah beskriver livsplanen som ett bildmönster i ett barns målarbok. Vi får konturerna och det är upp till oss att färglägga. Om vi klottrar utanför linjerna och förstör bilden, så är det vad vi ska lära oss. Om vi målar våra liv i tråkiga färger, så är det också vårt val, eftersom vi har tillgång till en hel palett av färger.

Efter att själen lägger fram de grundläggande planerna för vad den vill uppnå under livet, väljer den sedan en kropp som bäst kan tjäna dessa mål. Det är här högre väsen, som dina guider och andra specialister kommer in i bilden, för att hjälpa dig att skapa den bästa miljön för att lyckas. Varje barn som är tillgängligt för att ta emot en själ, har en unik konfiguration av sju inre lager av energimönster som främst bestäms av det genetiska. Den inkommande själen kan fördela sin energi i de lager som den vill arbeta med, varav de viktigaste är det fysiska, emotionella eller mentala. Om du som inkommande själ främst vill arbeta med att övervinna känslomässiga mönster, kan du erbjudas ett val mellan flera kroppar med en hög andel emotionella tendenser. Eftersom du har samtyckt till att arbeta tillsammans med andra själar, finns det ytterligare överväganden att ta hänsyn till när det gäller geografisk plats liksom familjesammansättningar. Jag vet att det kan låta rätt komplicerat, men det sker en hel del samordning innan något uppdrag till Jorden startas. Och fördelen med att vara utanför tiden förbättrar avsevärt oddsen för att välja rätt kropp. Bob, en mästardesigner, förklarar hur anden får olika förslag på kroppar att välja bland, som kommer att matcha målet för dess uppdrag på Jorden.

B. Det här är också hur du skapas, det fysiska fordonet. Dom som designar fysiska fordon, konstruerar dom också för att bära mer eller mindre av vissa vibrationer. Hon här (*Christine*) har mycket av de känslomässiga vibrationerna implanterat i sitt fordon, medan du har mycket fysisk vibration i ditt.

D. Kontrollerar den inkarnerande själen kroppens design och utveckling från ett foster?

B. Inte den enskilda själen. Den enskilda själen utformar inte nödvändigtvis det fysiska. Bara dom som har tillåtelse till det, på den nivån, får arbeta med designen. Så låt oss säga det som så här, för att göra det enkelt för dig; du vill gå ner och du vill arbeta med dom känslomässiga delarna till exempel. Då kommer dom som designar fordonen, att ge dig ett som lättare vibrerar i den känslomässiga verkligheten på detta plan.

D. Jag förstår. Det är som att få en pickup eller en skåpbil.

B. Det är som att välja en pickup! Vad är det du vill ha, vill du ha en som går på diesel eller vill du ha en på bensin? Vissa vill ha en elektrisk. Så det är bara baserat på preferenser och vilket ditt uppdrag är. Men på grund av din specifika uppgift valde du mycket fysisk vibration i ditt fordon den här gången. Så låt mig titta på ditt fordon. Det verkar som om, skulle jag säga, 60 procent är den fysiska vibrationen och sen är det rätt jämnt fördelat mellan den emotionella och den mentala vibrationen. Hon här (*Christine*) har ungefär 50 procent emotionell. Den (*hennes ande*) tycker inte alls om det. Tycker det är så onödigt! På själsnivå vibrerar ni båda väldigt mycket i ett mentalt fält, eftersom ni är skapare av, skulle jag säga, tankar. Men det är mer en planering och struktur som kräver att den mentala vibrationen på den nivån är mycket högre. Så ni är inte alltid, på själsnivå, särskilt bekanta med dom rent känslomässiga egenskaperna.

Våra andliga vänner kallar den manifesterade, fysiska verkligheten i vårt universum ett kosmiskt akvarium. Dels för att det har gränser och är slutet, men också för att vår uppfattning är som en en-vägs-spegel. Det mänskliga ögat kan bara se tredimensionella föremål, men andevärlden kan se oss och våra tankebubblor ganska enkelt. För att minimera risken att röra till det för er kommer vi inte att prata om andra kosmiska akvarier, även om de ibland kommer upp i våra sessioner. Fokus kommer att ligga på det kosmiska akvariet där våra mänskliga kroppar bor. Från leran under dina fötter till det mest avlägsna stjärnljuset är allt du kan se eller mäta en del av den tredje dimensionen i vårt kosmiska akvarium. Varje typ av verklighet finns i sitt eget kosmiska akvarium och det är detta som Zachariah hänvisar till senare.

Delar av lärdomarna om hur själen registrerar allt ges av Zachariah, där han nämner platsen för kopplingen till den högre Källan. I andra sessioner har de andliga lärarna talat om hur allt levande, från en blomma till en människa, har en kärna som både bestämmer mönstret för livsformen, vilket vi ser som DNA, och som också är anknytningspunkten för den inkommande själen. Det är som en dockningsport på en rymdstation och ligger ovanför ditt solar plexus. Den är naturligtvis osynlig eftersom det är ett energimönster inom den andra dimensionen, men det är punkten där silvertråden kopplar samman själen och kroppen, och när den kopplas bort, dör kroppen. Själen samlar in varje liten bit av information om sitt liv inom denna centralpunkt och tar sedan med sig denna energiinspelning hem efter det att den fysiska kroppen har dött. Han beskriver också ett intressant sätt som själar, för att lära sig, kan ansluta till andra verkligheter utan att inkarnera.

D. Jag skulle vilja fråga, hur lagras minnen? Var bevarar en själ sina minnen?

Z. Minnena lagras i ett centrum som är beläget, inte i hjärnan, utan i området kring solar plexus. Solar plexus är en del av ljusgnistan som följer med själen. Vi talade om hur du lämnar vissa kroppar, när du överskrider gränsen till det högre väsen du egentligen är. Och när du lämnar den fysiska människokroppen så lämnar du det känslomässiga och det mentala, men det finns liksom en ljusgnista som är ansluten till den högre Källan och den är belägen i området kring solar plexus. Det är här alla minnen lagras, men utan att skapa disharmoni, eller...oh... det är bara ett sätt att följa själen, om du så vill. När du gör livsgranskningen och ser tillbaka på ditt liv, oavsett var det ägde rum, aktiverar du ditt solar plexus för att ansluta, liksom en sladd, till den specifika kappa du vill undersöka. Du kan se det som att fiska. Du vet, du kastar ut fiskelinan i vattnet, du håller den fortfarande i ena änden, men du kastar ut den och fäster den till det du vill undersöka. Så du aktiverar ditt solar plexus där allt lagras, och det skickar ut en bro, en energibro till den specifika kappa som du vill undersöka. Det är som fjärrundersökning om du så vill. Är det förståeligt för dig, förstår du bilden?

D. Ja. Har själen ett solar plexus i den rena andevärlden?

Z. Det är ett centrum, en ljusgnista, som kan aktiveras inom själsenergin. Själen är bara energi, men det här är en del som kan aktiveras närsomhelst då man vill undersöka eller lära av en specifik verklighet. Du kan också använda den här specifika färdigheten även om du inte vill titta på tidigare inkarnationer. Det är också ett sätt att färdas, ett sätt att inte inkarnera, men ändå helt och hållet förflytta sig till en annan verklighet och lära av den verkligheten. Ibland, för att kunna göra framsteg kommer en själ, som har utvecklats lite, att kunna röra sig från den här ljusgnistan och uppleva en verklighet i ett kosmiskt akvarium, utan besväret av att behöva vara där i en fysisk kropp, eller som något annat slags väsen. Det är för att snabba på framstegen för den specifika själen. Så se det som att från själens centrum, efter att den har avancerat en bit, att den har möjligheten att från den källan skicka ut en energibro. Det är som att kasta ut en fiskelina; du kan antingen färdas (*projicera en del av din medvetenhet*) på den bron för att uppleva en verklighet, eller så kan du gå och titta på din kappa. Så i det avseendet, ja, allt lagras i själen. Nyare själar har också det här lilla centrat, men de kan bara titta på den senaste resan de gjorde. Efter ett tag kan de titta på mer. Vissa undersöker bara sina kappor. Inte alla är utrustade för att använda det för resor. Så för att måla en bild åt dig; du kan se det som att det är lagrat i solar plexus, men som en själsenergi har du inte ett solar plexus, det är en ljusgnista mitt i själsenergin.

D. Finns det ett register över varje själs aktivitet i Biblioteket?

Z. Ja. Och det vaktas av en grupp andliga hjälpare som är knutna till den specifika själen. Så de flesta själar, när de återvänder, går igenom denna dokumentation med sina andliga lärare. Det är inte en gruppaktivitet med vänner.

D. Vilken typ av information finns där?

Z. Om vi fokuserar på denna verklighet är det som bevaras för varje själ alla de olika lagren, det fysiska lagret är ett kapitel, om du så vill. Det fysiska avser också handlingar, hur kroppen underhölls. Det gäller främst att betrakta de val av handlingar som individen gjorde, som förorsakade en effekt av orsak och verkan för andra fysiska varelser (*hur dina handlingar påverkade andra*). Sedan går de vidare och ser på det emotionella. Hur de upplevde...du ska veta att alla är sammankopplade, men de är också uppdelade i varje själs upplevelse, eftersom du kan ha ett fullkomligt väl fungerande fysiskt fordon, men sakna förmågan att kommunicera eller uttrycka ditt känslomässiga välbefinnande. Den här boken kommer att hjälpa alla dessa tre lager att vara mer anpassade som en enhet, att inte halta, om du så vill. De flesta känner sig bekväma i ett eller kanske två av dessa lager. Den forntida hominiden aktiverade bara en liten del av de känslomässiga och fysiska verkligheterna i deras väsen. För att inte göra det för komplicerat, de flesta på detta plan fungerar bara i ett eller två av dessa. Vad som behöver aktiveras mer är den mentala världen, dina tankar och hur du inte är slav under vad du ska tänka eller vad du ska tro. Detta är er del (*Christines och mitt*), vad ni är här för att göra. Andra kommer att arbeta med den känslomässiga delen. Det fysiska är en annan grupp som du inte nödvändigtvis behöver ta itu med. Det är mer ... oh, man borde kanske inte säga primitivt, men det är det lite grann. Ni arbetar med att upplysa det mentala, att förstå, för det är det sista som återstår innan du kan bli till ett andeväsen. Men du ska veta att de flesta människor fungerar endast i ett eller två av dessa tre lager. Alla måste vara sammanfogade. I ditt fall arbetar vi med din fysiska varelse, för att den ska stärkas till samma nivå som din mentala och emotionella del. Så för att använda dig som ett exempel, du kämpar i det fysiska, den största delen som du valde under denna livstid, men inte i det känslomässiga eller mentala. De människor eller individer som är fångade i eller befinner sig för mycket i sin mentala värld, är dem vi behöver förflytta mer till den känslomässiga. Så även om det är tänkt att du ska upplysa eller aktivera den mentala världen, så finns där en grupp som är mycket bekanta och bekväma med att helt enkelt förbli i den mentala världen, och de måste aktivera sin känslomässiga. Dessa är mer de vetenskapliga grupperna. Några av de religiösa personerna verkar på gränsen, någonstans mellan dem båda. De är liksom obeslutsamma var de hör till egentligen, och rör sig lite fram och tillbaka mellan det mentala och emotionella. Du vet, eftersom de agerar i båda.

D. Den känslomässiga aspekten är både positiv och negativ, eller hur?

B. (*Bob kom in*) Huh, hmm. Du vet, en av er (*här talar han om Christine*) gillar inte riktigt den där känslomässiga världen, det var därför hon var tvungen till att vara kvinna. Hon gillar inte riktigt den emotionella djungeln, krims-krams och trassel, som att fastna i sjögräs när man försöker simma! En av er försöker undvika den här specifika världen, det var också anledningen till att just den specifika själen uppmanades till att vara en kvinna. För som kvinna är du, faktiskt, liksom tvungen att vara en känslomässig person, för alla andra omkring dig är det. Oh... den här själen tycker inte alls om det, det är som att simma i sjögräs. Det var vad hon sa innan hon kom...oh...du skulle ha sett den här själen på mötet innan hon kom hit. "VARFÖR MÅSTE JAG VARA KVINNA? DET BEHÖVS INTE!" Som att simma i sjögräs, långsamt åt alla håll och kanter. Det var nästan som den där leken sten - sax - påse mellan er. Det var manipulerat förstås, det spelet, för det fanns inte en chans att hon skulle vinna, det var bara ett spel för gallerierna. Det var ett litet trick bara, ett spel för gallerierna. (Stoppar sig själv) Oh, oh...hon kommer att höra det här, hon kommer att veta att det bara var för syns skull, att det faktiskt inte spelade nån roll. (Suckar) Hur som helst, den känslomässiga världen är nånting som hon här inte riktigt vill engagera sig i, eftersom den bara bromsar individen, enligt hennes åsikt. Det är också därför som det är viktigt för henne att vara i den världen. Så, du ska veta att du kämpar med det fysiska, och hon, med det emotionella.

D. Så du var med på mötet?

B. Jag var med på mötet. Jajamensan, jag var på mötet. Jag var tyst, observerade och antecknade, eftersom jag visste att jag skulle delta senare. Ophelia var också där, på ena sidan av bordet.

D. Jag ville inte bli en kvinna, eller hur?

B. Oh, det var inte riktigt så att du inte ville nått på det ena eller andra sättet, du brydde dig inte. DET var nått som hon verkligen tryckte på...att du inte brydde dig, men det gjorde hon. Men det framfördes faktiskt på grund av dom erfarenheter på det känslomässiga området som behövde ske, vilket inte var nått som hon tyckte om. Onödigt, sa hon, men man menade att det skulle vara till hjälp.

D. Är huvudmålet med boken att lära om livet på Jorden och dess syftet?

B. Den här första boken handlar om att förstå att du är en ande och att du kommer och går. Och att dina handlingar faktiskt flyttas med från en inkarnation till nästa. Dom följer själen. När du kommer tillbaka måste du, ibland, göra om det igen. Människor måste bli upplysta, så att dom förstår att dom har ett val att göra gott eller ont. Att dom inte kommer hit som en ond själ. Onda gärningar och attityder fabriceras faktiskt på det här planet. Alla dina tidigare gärningar är som att kliva in i ett par av dina gamla skor. När du kommer, vill du kanske byta skor. Du kan säga; vill du verkligen vandra omkring i samma gamla skor hela tiden? Du kan ju få helt nya skor. Människor kanske gillar den tanken, särskilt kvinnor, eftersom dom gillar skor. Dom kommer att förstå, om du säger; föreställ dig att du måste gå i samma skor hela tiden. Dom kan bli omoderna eller obekväma, så du vill kunna ha möjligheten att byta skor under en livstid. Men om du inte väljer det, kommer du bara att gå omkring i smutsiga, inte särskilt moderna skor (*inte ändra negativa beteenden*). Folk kommer att förstå det. Oh, den första boken handlar om att ge människor hopp, och att också säga till människor att ingen egentligen är ond när dom kommer. Orsak och verkan betyder nått; det skapar deras gamla kappa och gamla skor, som dom måste plocka upp när dom kommer hit. Det finns några som är barfota, antingen på grund av gamla handlingar, eller för att samla in information till mästarna. Du kommer att känna igen dom som är barfota, som lider lite grann, för dom vill förstå och lägga över information till det kollektiva arkivet, så att mästarna ska veta vilken typ av nya scenarier dom ska skapa för nya själar som ska komma hit. Många av dom barfota själarna tar med sig den här informationen till mästarna.

I nästa kapitel diskuteras idén om att vara barfota mer detaljerat, men eftersom Bob till och från använder det ordet, bör det förstås som de människor som är emotionellt känsliga. Han beskriver dem som främst fungerar på det mentala området som "de som har skor", vilket betyder att de analyserar saker på ett icke-emotionellt sätt, att de i viss mån saknar förmågan att engagera sig empatiskt med människor eller Jorden.

Jag frågade våra vänner vid flera tillfällen vad som borde inkluderas i den här första boken på grund av det vidsträckta koncept som de hade täckt. Deras främsta önskan är att människor ska känna sig uppmuntrade att finna och kommunicera med sin egen ande och att vara medvetna om att alla är ansvariga för vad de bidrar med till världen. Dessa är verkligen de grundläggande lärdomarna, men också de viktigaste, eftersom de är nödvändiga steg till andra idéer. Om någon verkligen omfamnar sin inre visdom, så kan det omorganisera deras prioriteringar och förändra hur de ser på livet. Att förstå att de har totalt ansvar för sina skapelser, kan ge människor vilja och lust att förändra sig själva. Till exempel, om någon är benägen att bryta ut i raseri över minsta provokation, och de skulle falla döda ner i morgon, läggs alla dessa mönster av ilska på is och lagras i den karmiska kappan inom Jordens mentala värld. Själen återvänder hem, men anden måste sända en annan del av sig själv ner i ett annat liv och anta samma mönster som den lämnade kvar vid det senaste besöket, så nästa inkarnation kommer att ta itu med samma frågor. Det kommer bara att lösas när personen känner sig tvungen att göra en medveten ansträngning för att kontrollera sin ilska, och lär sig hur man distanserar sig från negativa känslomässiga reaktioner.

Nästan varje situation i livet har en andlig komponent, och denna andliga komponent är den viktiga delen av all samverkan på detta plan. Människor har en tendens att tappa bort detta, genom att helt ta på sig kroppens identitet och glömma att det bara är ett skådespel. Det borde finnas en konstant vaksam observatör i ditt sinne som utvärderar dina tankar och övervakar dina känslor, när de uppstår. Det är lätt att hålla en liten sten i handen på toppen av en byggnad, men farlig att fånga på marken om den släpps. Med negativa känslor gäller det ungefär samma sak; lättare att kontrollera när de uppstår, än att stoppa när de väl fått fart. Nyckeln till att hålla fast stenen är att låta känslor och föreställningar passera genom ett filter av empati och verklig omsorg om andra. Dessa känslor är en verklig vibration i din kropp, så det är en process att träna ditt känslomässiga tillstånd till att förbli på en högre nivå.

> B. Du kommer att prata om det här, vet du. Du kommer att prata om hur man kan känna igen den man egentligen är, även om man befinner sig i den här maskeraden, utklädd i allt möjligt krims-krams.

D. Kommer du att ge oss råd om hur de kan känna igen sig själva?

B. Oh, många människor har mycket kläder på sig, det är som en förklädnad. Dom gömmer sig bakom maskeradmasker och kläder, och det beror på att dom inom sig är rädda. Men vad är dom rädda för? Det är när människor dömer dom. Vet du, andra människors handlingar kan faktiskt klä på en annan själ ännu mer. Som att du tar på dig en ny hatt och sedan en till, och själen blir bara tyngre och tyngre. Det handlar om att släppa allt på golvet. Så, temat för den första boken är att förstå återvinningsprogrammet (*reinkarnation och karma*) och göra det bästa man kan, utan att fastna i den mentala världen!

I en av de tidigare sessionerna beskrev Bob humoristiskt livsvalet som att planera en resa. Om du tycker att livet inte går som du hoppades, ska du förstå att det är det liv du valde och du ska bara göra det bästa av det. Eller, som han sa, fixa solsken i ditt huvud. Våra liv ska inte betraktas som straff, utan snarare som tillväxtmöjligheter inom en större andlig plan; en plan som vår ande valde åt oss.

B. Ni är alla här på en slags semester, vet du. Det är som när du åker på semester, du vet inte om det kommer att regna, och det är samma sak här, kan man säga. För vissa kommer ner hit och det bara regnar, och vissa har bara solsken. Så det är samma sak. Du kanske tänker, varför valde jag den här taskiga destinationen? Det finns inget vackert här att se, och det bara regnar. Vem ska du klaga till? (*Han skrattar högt, innan han fortsätter*) Du kan ju inte ringa nån och försöka få pengarna tillbaka eller kompensation för dåligt väder! Sen tänker du, om jag nu sitter fast här, vad kan jag göra med det här specifika uppdraget? Så...du har dom människorna som, även om det regnar, vet hur dom ska göra det lite roligt. Dom kan ta fram ett spel eller göra nånting inomhus. Det är liksom hur du uppfattar din destination. Du kan göra det vackert, och du kan göra det kul, även om det regnar och även om det är ganska fult. Allt sitter i ditt sinne. Människor har behov av att känna att dom inte blir straffade. Ingen vill göra ett dåligt val, vet du! (*Skrattar högt*) Varför valde jag det här

Du, Själen i Människan 115

hotellet!? Oh, men det gjorde du, du valde det, du tittade i katalogen och du valde det hotellet! Men nu kan du bara se elektriska ledningar och i katalogen stod det havsutsikt. Det är samma sak, samma sak. Människor behöver inte känna sig så nedstämda över sina val av destination.

D. Det var en rolig liknelse. Den gillar jag!

B. Det är nått som folk kan relatera till. Du tror att du betalar för havsutsikt och så är det bara havsutsikt om du hänger ut genom fönstret. Och sen vill du gå ner och klaga till nån. Men här, vet du, finns det ingen du kan klaga till. Du gör det bästa du kan, med det du har. Och det finns en anledning. Du släpps inte bara nånstans, för att nån ska vara taskig mot dig. Det kan se ut så, vet du, om du är på en tråkig plats. Men det ligger i varje individs uppfattning. Vissa människor, när det regnar, dom sitter inte bara där eller går runt och surar. Dom tar antingen fram ett spel, eller bakar en kaka eller nått, vet du. Så det sitter allt i huvudet, allt sitter i sinnet.

D. Det är riktigt bra råd. Du har många sätt att göra saker underhållande.

B. Det är enkelt egentligen, det är bara att göra det enkelt. Det är som att bryta ner det till...hmm, du vet, alla är riktigt bra på att ge barn råd om hur dom borde vara, och så vidare. Men när barnen har vuxit upp, glömmer dom alla dessa magiska ting som dom berättade om för sina barn, och dom glömmer att berätta det för sig själva. Du vet, du kan berätta för dig själv. Dom med stor fantasi, även om det kan uppfattas som lite, du vet, "Vad är det för fel med honom?" Men det är roligare i det huvudet! Inuti det huvudet! Det är det. Döm inte dom människor som har roliga upplevelser i huvudet. Det är bättre än dom som bara går runt och är missnöjda. Det handlar om uppmuntran, du vet. Det betyder inte nödvändigtvis att peka finger åt människor, för det finns tillräckligt med människor och institutioner på den här nivå, som pekar finger. Gå till vänster, gå till höger, stå still, nicka! Det skapar inga glada människor. Det skapar inget utrymme för solsken i huvudet. Det skapar bara regn i huvudet. Och om du inte vet hur man spelar ett spel eller bakar en kaka, så är du bara ledsen, för du är liksom ... oh, jag måste gå till vänster, jag måste gå höger, nicka. Du vet, det handlar om att skapa solsken i huvudet, då blir människor glada.

D. Vilka andra råd kan du ge för att hjälpa människor att vara trevligare mot varandra?

B. Oh, om människor är glada i huvudet sker det typ automatiskt. För du kan inte bete dig dömande, eller med brist på empati, om du är glad i huvudet. Så dom människorna som beter sig som om dom har regn i huvudet, dom måste få mera solsken. Du kan göra det med lite humor. Du vet vad som alltid gör susen, det är när du ler och skrattar, inte åt dom, utan för att avväpna dom. Vara lite så där knasig, det är bäst. Om nån verkligen pratar nedvärderande om nått, om du då liksom knackar dom på axeln och skrattar lite, och säger nått i stil med "Tja, du vet, snart är det jul igen", eller "Var inte det där den godaste tårtan nånsin som vi fick till fikat?" Du vet, det handlar bara om att avväpna när allt kommer omkring, för då faller det bara platt. Buddhisterna är medvetna om den här metoden, om hur man avväpnar på ett sätt som gör att det inte upplevs som ett angrepp, för då går det bara fram och tillbaka och det blir bara mer och mer regn i huvudet. Du ska skapa solsken i huvudet, det är vad du ska göra. Så du kan sjunga, du är mitt solsken, mitt enda solsken...(*Vilket han sedan började sjunga*), "Du är mitt solsken, mitt enda solsken, du gör mig lycklig när dan' är grå". DET ÄR DUMMA MÄNNISKOR SOM SNOR SOLSKENET FRÅN ANDRA MÄNNISKOR!! Det är verkligen FULT att sno andra människors solsken. Så ja, jag gillar den låten. Jag gillar också den här låten (*Han fortsatte att sjunga*), "Row, row, row your boat, gently down the stream, merrily, merrily, merrily, life is but a dream".

Jag uppskattar verkligen hur Bob pratar om att acceptera de saker som inte kan ändras, och istället fokusera på att försöka hitta sätt att göra livet trevligare för oss själva och vår omgivning. Att flytta uppmärksamheten från vad som känns fel med vårt liv, och med andra, genom att lägga energin på något som är produktivt eller roligt. När vi blir gladare kan vi lättare dela den glädjen med andra. När allt kommer omkring, som Bob sa, är det ju riktigt elakt att få det att regna i någon annans huvud.

Ett annat ämne, som kom upp lite då och då, är människors hjärna. Som nämnts tidigare arbetar andevärlden på en ny modell av hominid som kommer att få en ökad hjärnstorlek. Eftersom kroppen och hjärnan måste arbeta i harmoni, är Bob involverad i en tidig fältstudie av hur man kan anpassa energimönstret i den nya kroppen för att rymma den nya hjärnan. Det finns en direkt korrelation till hjärnans storlek och själens förmåga att ansluta till det Högre Jaget. De äldre modellerna kommer att fasas ut och det bör resultera i en mera fredlig värld, eftersom aggressiviteten och bristen på självkontroll kommer att ge plats åt mer harmoniska samhällen. Mellan kraven från den fysiska kroppen och det onödiga engagemang som människor har med sina känslor, kvarstår det en väldigt liten kapacitet i det nuvarande operativsystemet för högre ändamål. Bob förklarar hur människors mentala kapacitet skiljer sig från förmågan hos det Högre Jaget.

B. Vi vill inte röra till det för dig, det tjänar ingen på. Din hjärna är inte lika bra på den här nivån som hemma. Din hjärna är bättre på ett annat plan, där har du mycket mera utrymme i din dator. Här är den lite mindre, (*skrattar*), inte direkt primitiv skulle jag säga, men den fungerar mycket långsammare här. Vi kan inte placera alltför mycket i din databas, för den kan inte hantera det. Det är därför vi lägger fram det i olika vågor för er. Mycket av kraften används faktiskt för att få den här fysiska tingesten att röra sig, men om du inte behöver gå omkring på samma sätt, så har du mer energikapacitet och visdom i ditt inre, som typ i hjärnan. Det är problemet med det mänskliga sinnet och hjärnan. För det går åt så mycket kapacitet bara för att få det fysiska att fungera, att få den att röra sig, att upptäcka att den är hungrig och så vidare. Det är så många primitiva grejer som är involverade i hjärna på den här nivån. Det är inte samma sak på andra platser. Hjärnan kan ha högre insikt om den inte ständigt behöver vara medveten om den fysiska kroppen och det emotionella. Dom känslomässiga problemen är inte särskilt vanliga på andra platser. Det är mindre känslomässigt, där du har varit tidigare, och jag tror att du egentligen föredrar det. Du gillar inte det känslomässiga, för det resonerar inte med dig. Du är

118 Helig Design

egentligen inte utbildad i det. Dom jordiska känslorna är som en klibbig gelé. Det är en mänsklig uppfinning, vet du. Det finns på andra platser också, men det är mycket mer empati i det energiväsendet, om själar färdas till dom platserna. Här, i den här varelsen, är det bara ett enormt mischmasch av saker, och det mentala har lite mer stängts av. Det skapar så mycket förvirring på olika sätt, som du kan bevittna runt omkring dig. För människor, själar, är inte nödvändigtvis...(*pausar*). Det är som att gå in i den här dräkten, och du måste manövrera alla möjliga saker inuti, som du egentligen inte är utbildad för.

Även om dessa avancerade andar har en oklanderlig självbehärskning, kan jag ibland höra en tydlig ton av missnöje när det gäller vissa situationer på Jorden. Jag skulle inte beskriva dem som dömande på något sätt, utan snarare lite besvikna över hur människor har förtryckts av olika grupper. I följande avsnitt var Zachariah mycket kraftfull i sin fördömelse av hur den härskande eliten håller människor i komplett okunnighet om deras andliga rättigheter och arv. Våra vänner och rådgivare från vårt hemland vill så gärna att alla ska finna kraften i sig själva och att komma ihåg vem de är.

Z. Detta är för att väcka den genomsnittliga människan, att lägga in det i deras dagliga liv, att skapa nya rutiner för hur man kommunicerar med det gudomliga. Vad är det gudomliga? Varför tittar de upp mot himlen, när allt finns inom dem själva? På samma sätt, varför vänder de sig till en predikant? Samma sak. Sanningen ligger enligt mångas åsikt i fjärran, inte riktigt tillåten att vidröra. Somliga tittar mot stjärnorna. Vissa väntar på att sanningen och frälsningen ska komma från en präst. Samma problem. Sanningen sägs finnas på långt avstånd, något de inte är kapabla att helt förstå. Det är det avståndet, mellan individen och Källan som denna bok, den första vågen, försöker eliminera. På samma sätt som att skriva ner det på det egna språket, liksom Luther. (*Luther, en tysk munk i mitten av 1500-talet som översatte Bibeln så att folk kunde läsa den själva*).

Z. Se bara på dig själv. Vad krävdes för att du skulle vakna? Du sov. Du saknade entusiasmen för vara här. Det här gäller inte bara inom dig, min vän. Många själar saknar inspiration och förståelse för sin väg, känner sig vilsna, känner sig ensamma, känner att något saknas. Det de saknar är kopplingen till det som de får höra ligger så långt från var de själva står. Det finns alla möjliga saker DE MÅSTE GÖRA, SÄGA, GE, HANDLA, TRO, för att de ska nå det målet, nå den kraften. På samma sätt som folk förr i världen inte fick läsa böcker på sitt eget språk. Vi står fortfarande inför samma tomrum mellan dem som gör anspråk på att besitta upplysningen och de som SÄGS vara anhängare. Jag vill betona ordet "sägs" vara anhängare. Om någon om och om igen får höra, att de är anhängare, att de inte har rätten till sin tro, sitt öde och sin livsväg, så tror de det efter ett tag. Det handlar om att tända en låga, det handlar om att hjälpa människor, på samma sätt som du fick hjälp, att inifrån återerövra inspirationen. ALLA bär på en låga, som är unik för dem.

För att hitta den inre kopplingen, talade både Zachariah och Bob vid olika tillfällen om vikten av att uppmärksamma platsen där själen ansluter till kroppen, en punkt strax ovanför solar plexus, men under hjärtat. Det är från detta centrum de högsta vibrationer som finns tillgängliga för människor kan kännas av som glimtar av insikt eller känslor, och som du alltid bör lita på i högre grad än mentala funderingar eller känslomässiga reaktioner, eftersom det representerar de ofiltrerade själsimpulserna. I nästa avsnitt beskriver Bob processen. Christine och jag hade besökt ett evenemang där något blev sagt som ingen av oss, inombords, höll med om. Eftersom han alltid följer mig vart jag än går, var han väl medveten om vad som rullade upp genom våra skorstenar.

B. Det sas saker som inte kändes som en sanning inom er, och som också blev lite frustrerande för er. Om det är nått som resonerar, kommer du att känna det som en kittling i den övre delen av din motor (*Bobs ord för magen och matsmältningssystemet*), nära solar plexus. Det känns som en liten gnista, som ett litet pirrande. Om du inte får det pirret, ignorera det bara. Det ska resonera djupt inom dig, och det kommer att vara den kittlingen som säger dig när nått är sant.

D. Okej, det låter bra.

B. Precis. Så det skulle vara något av ett råd jag skulle ge dig. Pirrade det när budskapet kom? Kände du det i ditt solar plexus område?

D. Nej.

B. Nej, där ser du, så enkelt är det. Det behöver inte nödvändigtvis vara stor magi; allt är inte som...Wow!! Det kan helt enkelt vara en liten känsla i solar plexus området, antingen som en kramp eller ett litet pirr, eller det kan kännas som en rysning, kännas lite som en kyla. Hon här har en känslig mage, så hon är medveten om det, när hon blir kall i magen.

De Inre Dimensionerna
Ophelia och Zachariah pratade mycket om de inre verkligheterna som finns tillgängliga för den inkarnerade själen. Vi som människor har fått lära oss att söka efter information, vägledning och auktoritet utanför oss själva, samtidigt som vi avskräckts från att tänka självständigt. I motsats till det är ett av de viktigaste budskapen från våra andliga guider att uppmärksamheten bör riktas inåt, där vi kommer att lära oss om vår sanna natur. När själen är i en mänsklig kropp kan den upptäcka, eller kanske känna, olika vibrationer. Det finns sju lager som den moderna människan har tillgång till, och som Ophelia säger, måste bemästras. Tre av dem har vi diskuterat; det fysiska, det emotionella och det mentala. Jag kommer bara att lägga till några anteckningar om det första och det andra innan Ophelia diskuterar hela spektrumet.

Det första skiktet är relaterat till Jordens magnetfält tillsammans med elementen, grundämnena och bergarterna. Vid flera tillfällen talade Bob om att tona in sig på fötternas chakra för att känna vibrationerna från den första dimensionen. Det är allmänt känt att fåglar och många andra djur kan navigera genom att känna av detta vibrerande energifält. Människan har, som det visar sig, också en kristall av magnetit mellan ögonen och kan tona in sig och känna Jordens magnetfält, precis som andra djur.

Eftersom bergarter, som granit, ofta innehåller mycket fältspat och kvarts, har de också sitt eget magnetfält, som är en del av resonansen i den första dimensionen. Jordens kärna är en levande ande som fastställer allt i den första dimensionen, på samma sätt som DNA skapar hur våra kroppar ska gestaltas. Det första lagret är det tätaste av vibrationerna, och det relaterar till en känsla av tyngd, som Ophelia diskuterar senare.

Den andra dimensionen är där livet börjar, med vatten som den lägsta vibrationen och de högsta är de mer komplexa, mobila varelserna som människor.

Alla livsformer kan kommunicera med varandra och sina omgivningar. Människor var tidigare medvetna om den information som växter och djur avger, men har förlorat den förmågan, när vår hjärnkapacitet växte. Eftersom vår uppmärksamhet är så låst i de känslomässiga och mentala verkligheterna, den fjärde och femte inre vibrationen, saknar vi den centrala fluiditeten för att fokusera vår uppmärksamhet på andra upplevelser, som kan finnas i kroppen. Vatten har en vibration, och när vi kliver ner i en levande vattenmassa, som en flod eller ett hav, kan vi bli medvetna om detta energifält.

Ophelia, på sitt mjuka, melodiska sätt att tala, gav oss följande föreläsning om de sju vibrationslagren, som jag tyckte var till stor hjälp för att förstå var sinnet när som helst kan ha sitt fokus. Målet, andligt sett, är att lära sig att existera eller använda alla dessa lager i harmoni, utan att fastna i någon speciell referensram.

O. God kväll. Det här är Ophelia.

D. Hej, Ophelia.

O. Hej, min vän. Det är alltid ett nöje att bli inbjuden i denna heliga cirkel som vi tillhandahåller, där vi kombinerar de högre världarna och alla lager däremellan, så att vi kan komma i kontakt med er. Med er, det vill säga ert fysiska, eftersom ni i anden existerar genom alla lager. Så om jag får, skulle jag vilja rita en bild åt dig.

D. Gärna.

O. Det fysiska du, det vill säga, där du sätter dina fötter; om du ser dig själv stå, och du kan se liksom en regnbåge som går igenom dig och som representerar olika lager av din varelse, centrumet, det vill säga själen eller anden som vi faktiskt föredrar att kalla den, går igenom alla dessa lager. Så du har möjlighet att anknyta till alla olika dimensioner, om du väljer att göra det. Det är hemligheten hos dem som initierar den högre ordningen, eller den högre...hur kan man säga...bemästrar alla de andliga världarna, som finns i alla varelser. Så vi har talat om fötterna, eller en av oss har talat om fötterna. (*Bob beskrev rotchakrat som att det är i fötterna och där du känner av Jordens vibrationer*). Om du ser den här bilden och du förflyttas uppåt, då kommer du i kontakt med nästa lager. Det kan vara symboliskt för mitten på låren. Medan alla lager är anknutna till din varelse, har du...oh, hur kan man säga för att inte göra det för komplicerat...hmm, detta var vad de uråldriga civilisationerna kände till, en kunskap som har gått förlorad genom århundradena. Det finns i alla individer, men de flesta är inte kopplade till denna visdom. Det finns faktiskt sju lager som du är anknuten till, sju inre dimensioner från denna specifika verklighet. Ett till sju. Ett till sju, där din ande knyter an genom dem alla. Det åttonde skulle anses lämna denna specifika verklighet. Det åttonde lagret och där ovan är inte tillgängligt för er just nu.

D. Vilken nivå är den här nivån?

O. Detta är nummer tre. Du har tillgång till ett, två, tre, fyra, fem, sex och sju. Sju skulle vara relaterad till din krona, den centrala punkten på toppen av ditt huvud. Låt oss se, det åttonde är där andevärlden börjar. Åttonde och uppåt är de andliga nivåerna. Tidigare i historien var individer faktiskt kopplade till dem alla, från ett till tio. De kunde bära tio dimensioner från detta plan. Läran om hur du har kopplats ifrån, handlar faktiskt lite grann om detta. Där de tre övre, åtta, nio, tio, inte är tillgängliga för människan just nu.

D. Hur relaterar dessa dimensioner till jordnivån?

O. Du kan se det som att jordnivån, den tredje inre dimensionen, symboliskt är mitt på magen. Det finns en anledning till att folk talar om chakran. Men bli inte förvirrad av huruvida de korrelerar med dessa dimensioner. Det är inte hela sanningen, men det är en uråldrig kvarleva från den här läran om flera lager i alla varelser. Den första, den första dimensionen kan nås ungefär en meter under dina fötter. Det är kopplingen till magnetfältet, där du, från det här planet, är som en gäst på besök. Det finns inga levande varelser i sig, på den första dimensionen, men den är grunden för alla ovanför. Den första dimensionen är där magnetisk magma stabiliserar himlakroppar, liksom dem som är gäster på den organismen. Det är kärnan i alla verkligheter som alla kan anknyta till. Den är enklast för dig att nå. Eftersom detta hänför sig till känslan av tyngd, gör många människor det automatiskt, utan att egentligen veta om det. Tyngden som kommer från denna värld är till för att få människor att stanna upp, få människor att förstå vikten av deras plats och var de befinner sig. Den första dimensionen existerar bara som ande, den har inga levande varelser, den är bara en energivän, om du så vill, och är bara till för att hjälpa gäster på dess himlakropp att stanna upp och anknyta till himlakroppen. Ett sätt att kommunicera med denna nivå är att helt enkelt sitta bland berg, bland klippor. Sten bär på vibrationen från den första dimensionen. Inte träd, inte växter, de tillhör den andra. Den första är mer en bas för alla levande varelser, med varelser menar jag också planeter och andra himlakroppar. Allt som anses vara av detta material hänför sig till den första dimensionen.

O. Den andra. Det är här materien tar en levande gestaltning. Den första verkligheten inom den andra dimensionen är vattenelementet. Elementet vatten betraktas som ett levande väsen och bär en medvetenhet genom allt som flyter. Detta är den verklighet där allt liv börjar. Det är därför som de, som tillhör den andra dimensionen, känner mycket starkt för alla levande väsen, men de är tillräckligt nära för att förstå den första, det vill säga bergen. De kommer faktiskt från den övre delen av den första dimensionen. Alla dimensioner, i gränslandet till nästa, rymmer faktiskt en dubbel vibration från två sidor, så att säga. Så mellan allt finns det...det finns inget svart eller vitt, det finns denna gråzon mellan dimensionerna där skiftet äger rum. Och det finns väsen precis i den specifika skiljelinjen mellan dimensionerna. Så i den andra dimensionen, där vatten tar form, det vill säga från botten, där sjögräs och där partiklar i havet uppstår, det är relaterat till början av den andra dimensionen. När vi rör oss uppåt kommer vi till mer av en levande livsform. Fisken. Fisken bär på något av en tidig vibration från det lager där den första dimensionen flöt in i den andra.

O. Den tredje dimensionen är denna verklighet, där manifestation från dem alla kan äga rum, från dem nedanför såväl som dem ovanför. Det är här det manifesteras. Så om du ser detta lager nästan som ett virrvarr mellan dessa olika vibrationer, från de nedre till de övre, då kan du se hur det kan bli förvirrande för någon som inte nödvändigtvis är bekant med alla de olika vibrationerna, vilka strömmar från diverse håll till den fysiska kroppen. En stark själ känner till det, och kan analysera alla vibrationer och inte nödvändigtvis föra hop dem alla till en boll, så att säga, utan kan tona in på var och en av dem.

O. Den fjärde vibrationen, det här är känslokroppen. Det är också anledningen till att den korrelerar med färgen gult. Färgen gult är relaterad till känslor. På den högsta nivån skapar det inspiration och det skapar också glädjefyllda tillstånd i människan, liksom dem som är i den övre delen av andra dimensionen, det vill säga djuren. De kan tona in på den fjärde vibrationen; däremot kan de inte nå den femte, som är kopplad till den mentala världen. Det betyder inte att de inte förstår, de blir bara inte förvirrade av den världen. De är mer i linje med den fjärde. Den femte kan vara knepig. Det är här människor kan vackla. Detta gäller särskilt i skiljelinjen mellan den fjärde och den femte, där känslor möter logik.

D. Är den femte den mentala världen?

O. Den är början på den mentala världen. Den avgörande knuten just nu är att många individer befinner sig i skiljelinjen mellan den fjärde och den femte, där känslor möter logik. Och det är här ni kan känna er förvirrade. Du måste vara medveten om att många människor upplever sin verklighet här som att de är något fastlåsta i denna gräns mellan den fjärde och den femte. Hur man följer sina känslor men likväl förblir i en logisk verklighet. Tekniken som rusar framåt, nästan som en våg, en tsunami just nu, relaterar till den femte dimensionen inom er. De som är mer i samklang med den fjärde blir förvirrade, känner sig hopklämda mellan de gamla sätten, det vill säga att följa känslorna, som själen faktiskt fick lära sig, innan den lämnade (*innan den inkarnerade*). Den femte vibrationen är relaterad till förståelse och lärande. Teknologi hör som sagt till den här världen. Vetenskapen, de som ligger mer åt studiehållet ägnar sällan någon uppmärksamhet över huvud taget åt den fjärde vibrationen. Så du kan se de olika inre lagren.

O. Den sjätte är där de högre sinnena finns. Många av dem som arbetar med andliga frågor kan gå direkt från den fjärde och hoppa till den sjätte. Det är här som ett större antal andliga gurus vacklar, eftersom de inte ansluter till den femte dimensionen. Det vill säga, eftersom mycket av er verklighet hör till den femte vibrationen, och om någon går direkt från den fjärde till den sjätte, båda emotionella tillstånd, så försvinner mycket av visdomen.

O. Den sjunde. Det är den rena anden. Det är här du arbetar när du gör den här typen av arbete. Denna är vad du kan kombinera, den är som märgen genom dem alla. Jag hoppas att bilden hjälper dig.

D. Ja, det är mycket användbart. Kan du klargöra den tredje dimensionen för mig?

O. Den tredje är där manifestationer äger rum.

D. Är det fysisk materia?

O. Ja, precis. Det är här du hör hemma. Som en fysisk varelse, en människa, är det här som du kan manifestera ALLA lager om du så vill. Somliga är, som nämnts, bara i samklang med den femte, det vill säga de saknar de känslomässiga världarna, som den fjärde och den sjätte. Det sjunde är bara en polaritetspol till det första. Dessa sju har du alla som människa tillgång till från det här planet. Vet dock att de flesta antingen är i den femte eller fjärde. De som arbetar med healing eller energiarbete verkar normalt i den fjärde och sjätte. Vilket betyder att de saknar den femte. För att din bok och ditt budskap ska bli framgångsrikt, måste du vara medveten om alla dessa olika lager som människor ser sig vara fastlåsta i. Senare kommer du att träffa dem, som bara är i den femte vibrationen. Din uppgift är att få dem att se den fjärde och potentiellt till och med den sjätte.

D. Varför inte den sjunde?

O. Hmm, det vore naturligtvis något att önska. Du ska veta att den sjunde är där du kommunicerar med dina guider. Det är där du når universum. Det är den nivån du kan nå genom regressionsarbete och andliga övningar som djup meditation. Munkar som tränar inre betraktelse kommer normalt rätt lätt åt detta plan.

D. Skapelser som sker, som ger manifestationer i den tredje dimensionen, var har de sitt ursprung?

O. Hmm. Det är naturligtvis ett stort mysterium. Manifestationerna i den tredje dimensionen sker från alla olika lager. De förs in som upplevelser, iscensatta om du så vill. Och ni är alla involverade i att delta för att den berättelsen ska utvecklas, både personligt och globalt. Det är här som kraften bakom dina val också manifesteras.

D. Andeformen som kan komma in i djur och träd, molnet, från vilken nivå utgår det?

O. Det kommer inte från dessa dimensioner, det är från den tionde nivån och där ovan. Det är den rena andevärlden. Det är inte det jag refererar till med de sju lagren. De sju lagren betraktas mer som delar av den mänskliga skapelsen som ni alla, på något vis, oavsett var ni är på er andliga resa, kan nå från den tredje verkligheten. De är inte nödvändigtvis alla kopplade till andra andliga världar. Så den sjätte dimensionen (*yttre dimensionen*) är inte densamma som det sjätte lagret som en människa kan komma i kontakt med. Det fjärde och det sjätte, i den här specifika läran, är lager i den känslomässiga varelsen, i människokroppen.

D. Jag förstår.

O. Så, det sjunde är för dem, som är andliga lärare. De som utövar sin inre visdom dagligen, de kan från sin fysiska varelse i den tredje dimensionen nå direkt till det sjunde. De kan få en glimt, en medvetenhet om något där bortom, men det är inget som du härifrån, från en fysisk varelse, kan nå. Därför är den här verkligheten på sätt och vis något tät, eftersom du inte kan nå högre än till det sjunde. Molnet som du frågade om, den kollektiva själen, den liksom svävar, om du så vill, och tillhör de andra övre världarna. De existerar inte nödvändigtvis som ett skikt i en människa. De finns inte i den mänskliga skapelsen.

D. Är dessa nivåer kopplade till energicentra i en mänsklig kropp?

O. Precis. Det är därför de också kallas chakran. Det syftar på en uråldrig lära då folk kände till dessa lager. Senare blev det till en punkt där människor kunde koppla in sig på dessa lager. Så, se det som lager. Vissa kallar dem aura, det spelar ingen roll vilket ord du väljer, det har samma betydelse. De som praktiserar att vara i sitt eget Högre Jag, i sin ande, de kan vibrera, om du så vill, i alla sju punkter, lager, chakra eller hur du vill kalla dem. De flesta människor arbetar främst inom ett lager, eller två.

D. Är den tredje dimensionen relaterad till kroppsliga begär?

O. Hmm. Precis. Det relaterar till kosten. Det relaterar till fysiska problem. Det relaterar också till, låt se, varför vissa har problem med vätskan i kroppen. De behöver knyta an till den andra dimensionen, som relaterar till vattnet. De bör inte tona in på den första, eftersom deras kropp redan är för tung. Så de som har problem med vätskebrist eller med cirkulationen i sin fysiska varelse, de gynnas av att tona in på vatten och den andra dimensionen. De ska inte nödvändigtvis tona in på den första, eftersom de behöver släppa den tyngden. Så ditt fysiska fordon är faktiskt nästan som en barometer. Om du är uppmärksam på din fysiska varelse, så kommer du att veta var du hittar dina bästa tillgångar för att den ska fungera så bra som möjligt. Så du, min vän, du behöver släppa så mycket du bara kan från den första dimensionen, verkligheten där du finner trygghet, berggrundens verklighet. Symboliken i sten, det vill säga, allt som är för tungt är inte bra för ditt specifika fysiska fordon just nu. Vi vill att du tonar in på nummer två, vattnet. Din cirkulation skulle förbättras.

D. Det är en fantastisk beskrivning, Ophelia. Tack.

Bob tog fram idén att vara antingen barfota eller ha skor, som ett sätt att jämföra de svårigheter människor möter i livet. De som

Helig Design

är barfota, som du kan föreställa dig, skadas lättare, kämpar med fysiska, emotionella eller psykiska problem, ofta i flera år. De tvingas på något sätt att känna. Nackdelen är den tribut det kan kräva av personen och dennes relationer, men den positiva aspekten är en potential för betydande andlig tillväxt. Ett allvarligt fysiskt problem, till exempel, kan också orsaka en enorm emotionell och mental stress, så att hela energikroppen blir involverad. Om personen kan rikta sin uppmärksamhet uppåt, mot det sjunde lagret, meditera för att söka hjälp, kan kanske själen ge en insikt, förståelse och acceptans. Dessa barfota personer kan som ett resultat bli mera medkännande, tålmodiga, glada, empatiska och fridfulla, vilket inte skulle ha varit möjligt, om de inte hade haft det fysiska problemet. Och slutligen kan dessa förändringar i tanken och det känslomässiga mönstret hjälpa till att rensa kappan och lösa problem, som kan ha följt den själen under många liv. Så, du förstår, att vara barfota kan leda till ett svårare liv, men om problemen hanteras väl, påskynda den andliga tillväxten. Naturligtvis vill vi alla ha skor och ha ett lyckligt, stressfritt liv, men din ande kan ha valt annorlunda, för din egen skull.

B. Människor känner sig tunga, och du måste visa dom ett sätt att förändra sig. Om du tänker på en fjäril, är den först i en puppa, och sedan flyger den. Många människor känner att dom fortfarande är instängda, som i en puppa, inom vissa system, föreställningar, och speciellt i erfarenheter. Du måste visa att transformationen från puppa till fjäril är möjlig. Det vill säga från att befinna sig i en tätare energi till en lättare och gladare energi. Att det är baserat på val, och att det också baseras på att aktivt önska en förändring. Och det är inte något som man bara konstaterar i huvudet, det kommer inifrån. Människor måste släppa och blockera den mentala nivån, logiken i livet. Och när dom gör det, när dom flyttar sitt medvetande om hur dom uppfattar sin situation till en helt annan del, från huvudet till inom sig, eller hjärtsystemet kan du till och med kalla det, då kommer dom att kunna röra sig på ett helt annat sätt. Den mentala världen håller på något sätt människor fångna och instängda, och det finns inte mycket utrymme för att röra sig fritt. Medan, om du upplever din verklighet inifrån, från ditt hjärta om du så vill, finns det inga gränser. Det är en del av din uppgift, att få människor att relatera till din resa och få människor att vilja ha det du har och hur du gjorde det. Det är också anledningen till att din väg var mindre slät fram till nu. Om du tänker på hur det är att gå barfota och hur vissa människor har bastanta skor. Dom med dom bastanta skorna kommer inte nödvändigtvis hit med särskilt mycket transformation i sina liv. Deras liv är mindre ojämna, men också med mindre förnyelse och tillväxt. Dom som går barfota känner smärta och skadar sig ibland, men dessa människor är också dom som har den största möjligheten att vända hela sitt system. Det är bara olika sätt att komma ner hit. Ibland väljer ni liv med skor och ibland är ni barfota. Det är ett enkelt sätt för människor att förstå.

D. Verkar de flesta i den fjärde och femte inre dimensionen?

B. Oh, du har din fysiska varelse, du vet, parkerad i den tredje dimensionen. Så många av dom är bara i harmoni med den fjärde inre nivån, den emotionella, det vill säga dom känner allt, men där finns ingen logik. SÅ, det är som att navigera i blindo. Sen har vi dom som bara verkar på den femte, som bara följer sitt huvud. Det vill säga dom känner ingenting, alltså det är dom som har skor. Så man kan tänka det som, med skor eller utan skor. Situationen är såklart inte helt svartvit här. Jag skulle bara säga, att dom som är i det mentala (*femte*) lagret, är sällan, SÄLLAN, barfota! Sällan! Men det finns människor i det fjärde som faktiskt har skor. Som dom människor som kommer hit och tar på sig ett väldigt enkelt liv. Mycket känslomässigt, men ändå är deras liv inte särskilt komplicerade. Dom har skor. Det är inte många barfota som fungerar från det mentala. Ditt arbete är att kombinera dom här två, för du kommer att möta dom båda. Så du måste lära dig hur du ska hantera dom, för i slutändan är det primära målet, förmodar jag, att alla ska vara medvetna om alla lager och fungera i alla sina zoner, lager eller chakra. Så många ord för samma sak. Dumt, egentligen. Samma sak, samma sak.

D. Hur fungerar jag?

B. Oh, du fungerar bra. Vi önskar bara att du inte skulle vara så inställd på den första dimensionen, eftersom du redan är för tung. SÅ, det vi vill är att du ska vara, vara mer rytmisk, och dom andra vibrationerna är faktiskt lite mer av en rytmisk dans, lite rytm i...(*Han skrattar och fnyser högt*) Oh...du behöver inte jorda dig! Låt oss bara säga det! Du ska vara mera rörlig...rör dig och tona in bara på dom andra. Du vet, fåglar, dom är bra för dig. Allt som flyger, dom har mera av den snabba vibrationen. Så om du vill tona in på nått, kan du göra det på fåglar och fjärilar och dom som flyger. Dom har faktiskt lite grann av den sjunde. Även fast dom tillhör den andra dimensionen, har dom en liten ljusgnista från den sjunde. Det betyder att dom är uppkopplade till hela sitt andliga väsen. Så, fåglar och dom med vingar, det finns ett skäl till varför dom kan flyga. För dom är i harmoni med en vibration som är väldigt lätt och kan bära dom, och det hör hemma i den sjunde verkligheten. Titta på fåglarna, du kan se att dom inte bara flyger rakt fram och tillbaka, dom rör sig och dom seglar, flyger i alla möjliga olika riktningar. Det här är vad vi vill att du ska känna i din kropp, även om den är stor. Vi förväntar oss såklart inte att du ska flyga, men vi förväntar oss att du ska bli mer rytmisk. Så, yoga skulle göra dig gott liksom att bada, även om det inte nödvändigtvis finns vågor! Huh!

D. Kan den ideala människan komma åt alla sju lagren?

B. Javisst, javisst. Och dom vibrerar då med samma frekvens, ALLA sju av dom. Det är inte som ett instrument som inte är i harmoni, det vibrerar faktiskt på samma vis, i samma rytm. Så dom som är medvetna om varifrån dom kommer, liksom verkligheten där dom sätter sina fötter, dom vibrerar i flera lager, men bryr sig inte riktigt om den fjärde vibrationen (*det lägre känslomässiga lagret*). Dom går förbi den, eftersom mycket i både den femte och den fjärde kan få individen att känna sig fastlåst eller fångad. Så det finns lager i människokroppen, i er design, och dom lämnas kvar här, när du lämnar ditt fysiska fordon. Hehe, liksom att magasinera dom. Du måste gå igenom den fjärde och den femte verkligheten, och hur du upplevde dom den här gången (*Bob menar att du måste återuppleva dina tankar och känslor, när du passerar genom den mentala yttre världen efter döden*). Så om du levde mycket i det fjärde lagret, tar det lite längre tid att gå igenom det. Det mentala lagret kan också gå långsamt, men om du inte behöver fundera för mycket på saker och ting, kan det gå lite snabbare. Men processen som helhet tar normalt ungefär samma tid, såvida du inte reser ofta. För då är din jacka mer som att du bara kliver ur den, viker hop den och lägger in den i garderoben.

D. Vilka är kännetecknen för den sjätte inre verkligheten, det sjätte lagret?

B. Det är dom som arbetar mycket med energi...healers. Dom bästa läkarna är dom som inte nödvändigtvis samtidigt utnyttjar den fjärde. För dom kan känslomässigt avskärma sig och samtidigt ge andra emotionellt läkande. Så dom som kommit långt i sin utveckling som själ, när dom verkar inom den världen, kan dom göra det utan att vara överkänsliga för saker. När du ser lärare i den här verkligheten, dom som bara undervisar och förblir lite avskärmade, det är dom som har lärt sig läxorna i den fjärde. Även om du från den sjätte kan vara empatisk, när du jobbar (*med energiarbete och läkekonst*), bör du inte nödvändigtvis vara i den fjärde. För, om dom kombineras, är det inte nödvändigtvis till hjälp. Vissa lärare, som fortfarande verkar i det fjärde lagret, kan lägga tonvikten på den rädsla människor känner inför att lämna det lagret, och kan uppfatta dom som enkla måltavlor och försöka locka följare. Så den sjätte vibrationen tillhör en ordning av högre sensitivitet. Det är inte den lägre, som är kopplad till den fjärde. Den fjärde är relaterad till känslomässig trygghet och rädsla. Det finns inte i den sjätte som bara är rena känslor och där det äkta samspelet själ-till-själ äger rum. Dom som utövar healing på en högre nivå, dom verkar, i bästa fall, bara från den sjätte.

D. Hmm. Det var en mycket bra beskrivning. Tack.

B. Så det är vad jag tycker vi ska prata om idag. Det är nått som kan vara till nytta för er bok. För du måste upptäcka och kombinera alla dom här olika varelserna. Och du kan se dom som antingen med skor eller barfota, eller som fastlåsta i olika lager. Och om du ser nån som är för tung, kan du hjälpa dom. Alla säger, "Oooh, du måste jorda dig, du måste vara förankrad". Men vissa människor är det redan av sig själva, som du vet, och dom måste vara mer....hmm...som rörliga. Det är olika för varje individ. Så den här boken kommer att vända sig till massorna, oberoende av var dom befinner sig.

D. Det är riktigt bra. Så den första dimensionen känner vi genom fotchakrana?

B. Första och andra.

D. Andra också?

B. Ja, för den andra är relaterat till det här planet, jordplanet, så på nått vis knyter du an till det också. Men det finns, vad som kallas ett lager, mellan alla dimensioner. Det är en gråzon mellan berget och de levande livsformerna. Det som är skiljelinje är vattnet.

D. Så de känslomässiga egenskaperna hos den första dimensionen, sa du att de var tunga?

B. Det är ingen som bor där nu. Det är bara ett magnetfält, en gravitationskropp och en medvetenhet, och den bestämmer också atmosfären och vilka mineraler som finns på den specifika nivån. Så när det gäller det första lagret hos en människa, avser det samma sak. Det relaterar till vilka mineraler som finns eller saknas i en fysisk kropp. Det är som ett litet ramverk för den fysiska varelsen. Fastna inte alltför mycket vid detaljerna, för det kanske bara förvirrar dig. Förstå bara att det finns lager, inre vibrationer, i den fysiska kroppen. Dom flesta människor verkar i det fjärde eller femte lagret, det vill säga det känslomässiga eller det mentala, dom logiska sfärerna. Så det är vad du behöver kombinera. Likaså, individer som verkar i det sjätte eller sjunde, du kommer att känna igen dom som högeligen utvecklade andliga lärare. För dom sitter inte fast, som en insekt i lim, i det fjärde eller femte. Det tredje lagret är bara där allt manifesteras.

D. Jag tror faktiskt att jag förstår det nu. Det var till stor hjälp.

B. Om du ser det så, förstår du vikten av boken, för du måste, med den här första specifika boken, rikta dig till alla. Senare kommer du mer att vända dig till många av dom i det femte lagret. Så du måste få dom att öppna ögonen lite mer. Det är lättare att skapa förändringar i det fjärde lagret än i det femte. För känslor rör sig, så dom är redan i förändring. Medan tankar inte nödvändigtvis alltid rör sig.

D. Huh, det var verkligen klokt sagt, min vän.

B. Det var vad jag ville säga. Så med det, om det inte är nått du vill fråga mig, är det nu jag kommer att ta farväl, som dom säger. Det är ett nöje, som alltid, att delta, och idag fick jag dela med mig några av hemligheterna från den första dimensionen också. För, du vet, som en individ som hör hemma i den andra dimensionen .... men det är ju inte som jag bor i det andra chakrat! (*Vi skrattade båda åt hans skämt*) Det är bara att det är en skillnad, naturligtvis, med dimensionerna kontra inre lagren och chakrana. Du behöver bara veta att det är en skillnad, men ändå hänger allt ihop på nått sätt. Jag hoppas att det inte var för rörigt för dig.

D. Nej, det var faktiskt precis tvärtom, så tack!

B. Ah, det är viktigt att förstå, det finns det stora universumet och det finns det lilla. Det mindre är chakrana, hehe, det är som ett babyuniversum. En bebisstruktur, det är som en stege, ett kretslopp, en babyversion i var och en av er. Och så finns det det stora, som är, oh...det är större än ni tror! När du färdas till alla dessa olika platser, det är helt ofattbart att se. När du väl känner till hemligheterna från den första dimensionen, när du väl ser att det faktiskt är härifrån som kärnan i alla mineraler kommer, inifrån alla himlakroppar, liksom galaxer och solsystem som helhet, då ger det dig en större förståelse. För då öppnas alla möjliga vägar, och det är vad som kommer att komma fram senare.

D. Oh, jag är verkligen intresserad av att höra om det!

B. (*Skrattar*) Oh, det är en helt annan våg, men det kommer bli kul! Men nu vet du, nu vet du att det är inifrån, från kärnan, som det designas och beslutas vad som ska finnas i den verkligheten. Så var det med det!

D. Tack, tack så väldigt mycket!

Ophelia hade sagt åt mig att knyta an till den andra dimensionens energi genom vatten. Bob hade också vid flera tillfällen sagt att jag borde ta ett bad, vilket jag aldrig gör, och droppa i vissa oljor, som skulle vara bra för min hud. En gång när jag gjorde det, kom Christine in och såg mig liksom sitta i badkaret. Eftersom jag är rätt lång, var det faktiskt inte så mycket av mig som var under vatten, något hon tyckte såg rätt lustigt ut.

D. Och hur kan man bäst tona in på vatten?

B. (*Ophelia hade talat, när Bob plötsligt kom in*) Puhhuh...Jag tror att vi har pratat om det förut, att du skulle ta ett bad, det vill säga vara i vatten! (*Han började skratta väldigt högt*) UH HUH HUH HUH !! DU HAR VATTEN ÖVERVALLT OCH DU VET INTE VAR DU KAN HITTA DET!! DET ÄR VÄL KORKAT!! OH, VAR kan du hitta vatten? Du är väl inte i en öken, eller!? Ha ha ha ha, oh, förlåt, det var inte riktigt schysst. Förlåt. Men du vet, du har ju vatten riktigt nära dig. Alla våra råd, med oljor och vatten, hjälper dig faktiskt eftersom dom alla innehåller vätska. Så, jag ser vad du gör, och du är faktiskt duktig, du lyssnar, även om du såg lite dum ut i badkaret! HAHA! Hon (*Christine*) tyckte det. Hon tyckte att du såg fånig ut, fast hon sa det inte! Du försökte åtminstone. Du vet, vi kan egentligen inte begära mer, än att du försöker. Men du tycker om vågor som skvalpar över dig. Jag tycker egentligen inte heller så mycket om när det är lugnt, för det tjänar inte riktigt samma syfte, och det är därför du inte ser nån mening med att ta ett bad, antar jag. Det finns inga vågor där. Vågorna är bra för dig.

D. Jag tycker om vågor.

B. Ja, det gör du! Ja det gör du. Flyter som en kork, det är vad du gör. Flyter som en kork, det är riktigt bra för dig. Eftersom det finns mineraler i saltvatten så är det bättre. Det är ingen idé att doppa fötterna och kroppen i en pöl, där vattnet är näringslöst. Så bada i sjöar är inte särskilt meningsfullt mer än att det svalkar kroppen. Men Medelhavet, det tycker du om. Det tjänar faktiskt båda ändamålen, att svalka kroppen, som du tycker om, samtidigt som det ger den en slags energiökning. Så det är meningsfullt. Men du vet, man kan inte ha allt. Du har bergen, och så vidare, och du har den friska luften. Det är också viktigt. Vi är såklart medvetna om att du har andra, olika alternativ.

D. Är bergen och klipporna en del av den första dimensionen?

B. Ja, precis. Här befinner du dig på skiljelinjen mellan den första och den andra dimensionen. Den andra dimensionen är där du ser varelser komma till liv. Speciellt här, i bergsområdena, är skiktet mellan den första och den andra väldigt brett. Det är faktiskt större än på andra platser. På platser, som vissa ökenområden till exempel, är det väldigt tunt mellan den första och den andra, och det är därför det inte finns så mycket liv där. Det finns ingen anledning att vara där, för dom som lever där får inte så mycket syre. Du vet, den första dimensionen ger faktiskt lite syre. Det visste du inte, va?

D. Nej, det gjorde jag inte.

B. Nej, det gjorde du inte. Du trodde att bergen bara var nått på marken. Här är det inte lager och chakran vi pratar om, utan det är faktiskt de himmelska dimensionerna. Den första dimensionen i kombination med dom yttre ger syre. Kväve också, på andra ställen, inte på Jorden, utan på andra ställen. Det är faktiskt en liten anpassning till vilken typ av mineraler som finns i den specifika verkligheten. Det borde du skriva ner, vet du.

D. Ja det ska jag. Det är väldigt intressant!

B. Det är det. Planeten Mars hade en annan miljö i sin första dimension. Den gav faktiskt mycket kalcium, kväve och magnesium, och mycket av det fanns på planeten. När det blev för mycket magnesium där (*på Mars*) fungerade det inte så bra för dom små varelserna som bodde där, låt oss bara säga det. Det är därför det sen dess inte finns liv på Mars. Så på det här viset reglerar den första dimensionen vilken typ av mineraler och grundämnen som ska finnas på det här planet. Dom från den andra dimensionen vet vilka element som finns, eftersom vi har mer direkt inblick, eftersom vi är så nära! Det är därför, det är därför.

D. Hade du andra saker du ville prata om när du kom in idag?

B. Det skulle vara att förklara dom olika vibrationerna som du bär på. Så den fysiska vibrationen som du har, främst på den här nivån, knyter an både till den mentala och den känslomässiga vibrationen. Men du kan upptäcka och höra din själsvibration genom dina hjärtslag. Vissa människor lyssnar i själva verket inte på det, det är nästan som att dom inte vet att dom har ett hjärta, tills det är för sent. Mycket av det här handlar om att göra människor medvetna om att dom är multivibrerande individer och att dom borde lära sig och njuta av, och utnyttja, alla olika verkligheter som dom bär på. Och ibland är människor liksom bundna till ett ställe så det handlar också om att lämna sina bekvämlighetszoner. Men jag skulle säga, att du kommer att ha störst jobb framför dig med dom som befinner sig för mycket i den mentala vibrationen.

D. Hur då?

B. Eftersom dom som rör sig mera i sin känslomässiga vibration, är mer benägna att tro på nått högre gott, om du så vill, och dom har också lättare att förstå att det finns nånting bortom det som dom fysiskt kan se. Men dom individer som vibrerar mer i det mentala behöver väldigt mycket bevis. Min känsla är att ni i framtiden kommer att kunna ge dessa individerna svar, och ge dom detsamma som ni nu ger till dom som vibrerar i sitt emotionella jag. Det handlar egentligen om att upptäcka vibrationen i din själ. Det är allt vi, från en högre nivå, önskar att ni ska lära ut. Men också att dom verkligen ska förstå vad den här vibrationen är och att inte döma nån annan, som har en annan själsvibration än dom själva. Din kan vara på ett sätt, och nån annans kan tyckas vara på ett annat sätt, men alla har samma möjlighet till balans inom sig. För det tjänar inget till att stå med pekpinnar och säga, du vet, "din själ vibrerar bara i den här rytmen", när du egentligen inte vet, eller hur?

D. Nej.

B. Så länge som man förstår att man inte ska döma hur andra vibrerar, är det bra. Grundlinjen är att dom som vibrerar i den emotionella världen bara söker vägledning och svar ovanför dom, medan dom som vibrerar i den mentala världen bara letar efter svar precis under näsan, som i en bok! Så du kan se var skillnaden ligger mellan grupperna. Det finns en uppdelning här, och dom tycker nödvändigtvis inte om varandra heller, så du kan faktiskt medla mellan dom. Dom respekterar inte riktigt varandra.

D. Det stämmer nog.

B. Eftersom ingen av dom förstår den andra. Men ingen av dom söker heller svaren på rätt ställe, varken i himlen eller i en bok, för dom måste söka inom sig för att få veta vem dom egentligen är.

D. Känslor är lite begränsade till Jorden, eller hur?

B. På ett sätt, ja. Ändå, ah...hjärtat (de högre känslorna) har en vibration som faktiskt är i resonans med empati. Empati är en vibration, så en del av den här känslomässiga...låt oss säga det så här, och återigen målar vi en bild. SÅ, delar av dom känslomässiga vibrationerna, som kärlek, och som empati och ömhet, dom finns naturligtvis i ALLA universum och verkligheter. Ändå är dom mera motstridiga känslorna i större utsträckning mer bundna här.

Under ytterligare en session fortsatte vi diskussionen om de olika vibrationerna inom det mänskliga energifältet. Jag tror inte att Zachariah uppskattade frågan eller hur jag formulerade den och gav mig en liten knäpp på näsan, så att säga. Jag undrar om han kanske tyckte att min fråga gick över gränsen till att vara dömande, att någon skulle missbruka denna kunskap. De kosmiska lagarna är mycket tydliga när det gäller att lägga sig i eller döma en annan själs utveckling. Ditt personliga utrymme respekteras av andevärlden, och kan bara nås med din tillåtelse.

D. Jag har en fråga. Det handlar om andliga vibrationer inom de olika dimensionerna. Finns det något sätt att mäta andlig energi ur ett fysiskt perspektiv?

Z. Du menar, om det finns ett sätt för dig att se var själen vibrerar på högsta nivå och i vilket lager, är det din fråga? Ur fysikalisk synvinkel? Vad är det du vill se, min vän? Du måste vara tydlig i vad du önskar. Varför skulle du vilja veta det? Hur kan det vara till hjälp för dig eller er skrift?

Frågorna är mer än en, min vän. Varför vill du se detta och vad är syftet med det?

D. För att förklara skillnaden mellan andlig energi och andra energiformer som människan kan uppfatta.

Z. Det är inte något som är synligt för blotta ögat. Likväl är det känslan du upplever under djup meditation. Det är en känsla, en förnimmelse. De som har öppna ögon kan se energin ...

(*Bob dök plötsligt in och avslutade meningen*)

B. Som en skorsten. Det är som en skorsten. Okej, när du ser nån sitta som en Buddha, och dom är i djup meditation, då har dom som har öppna ögon förmågan att se själsenergin som en skorsten. Men det är inte så vanligt. Dom flesta känner helt enkelt bara att nånting har förändrats i fältet omkring dom. Ingen av er kan se skorstenen, så förvänta dig inte att se människor som skorstenar, när du är i närheten av dom. Inte ens i djup hypnos kan nån se det hela tiden. Det är en förmåga som bara ges till dom som behärskar den tekniken, som kan behärska den vibrationen inom sig, och hur man kan gå in och ur det tillståndet. Det är inte ens till för dom som anses vara medium. Du kan inte se skorstenen, men du känner att det är nånting som pågår. Så, din fråga om hur vibrationen är annorlunda, det kan du bara upptäcka genom dina sinnen. Du kan jämföra det med när du är på jobbet. Du vet, dom där människorna omkring dig, där det känns nästan som att energin står still, det verkar helt tyst. Du känner skillnaden eftersom det inte kommer nån vibration från dom. Då inser du att vibrationen inom dom, själsenergin, inte är riktigt aktiverad. Förvänta dig inte att se skorstenen för du skulle bli ledsen i huvudet om du gjorde det. Det är inte så vanligt, från en fysisk synvinkel, att se nånting. Det finns dom som kan, som har tränat i djup meditation i timmar. Många av dom finns borta i den asiatiska regionen, dom kan se skorstenen. För andra, som du själv, är det helt enkelt en förnimmelse inom energifältet i rummet. Det är nästan som att det är tyst, när det inte finns nån andlig energi, det är nästan som död energi. Dom som har kommit långt i sin andliga utveckling, sänder ut små morsemeddelanden, typ pip-pip-pip-pip-pip, liksom små frekvenser. Det är därför som fiskarna i havet, dom är andliga varelser och rena i sin vibration, och dom upptäcker andra som har samma vibration. Så, under vattnet är det lättare att upptäcka den andliga vibrationen, den rör sig annorlunda i elementet vatten än i luften. Men det är...ah, det är en känsla av energiförändring i rummet, men du kan inte se den med dina fysiska ögon.

D. Jag undrade bara om det fanns något sätt som forskare kunde göra observationer om det?

(*Zachariah kom tillbaka in*)

Z. Faktum är att det pågår ett projekt i Ryssland om detta specifika dilemma. Dilemma eftersom de inte har räknat ut vilka nycklar som behövs för att kunna lösa det.

D. Bör människor lösa det?

Z. Det finns ingen anledning. Men på grund av den starka ställning som vetenskapen har i ert samhälle kommer det alltid att finnas ett intresse för att lösa det fysikaliskt. Men som vår lille vän just fastställde, det finns ett sätt att läsa av andlig energi i ett rum. Detta kan även göras med små instrument som lägger märke till olikheter i magnetfältet. Så ja, det finns ett sätt att förstå och känna av mängden andlig vibration på denna nivå, men det finns ingen anledning att fastna i tanken att försöka lösa det. För det kommer bara att vara förvirrande, eftersom det inte finns några fysiska bevis, bara de som har förmågan, eller den där lilla manicken, kan läsa av vibrationen i ett område.

D. Andlig energi måste alltså orsaka ett slags magnetiskt flöde i den närliggande omgivningen?

Z. Ja precis. Mer i olika regioner, det är därför du befinner dig i den här regionen. Det finns rester av andlig energi som kan upptäckas av dem som är på väg att försöka lösa mysteriet. Det är en energivibration som man på ett sätt kan finna med hjälp av små prylar, som liknar dem som du läser av marken med. Du kan använda dem på ett enkelt sätt som med dina pekare (*slagrutor*), om du så vill. Likväl kommer det inte att ge dig ett svar som bevisar det för dem som inte tror. Men ändå kommer fler och fler att komma i kontakt med det faktum att allt utstrålar energi och att allt hänger samman, inom såväl som utom dig.

Zachariah och Bob har gett oss mycket information om var minnen lagras och hur de används både i våra kroppar och i andevärlden. De berättade också om två sätt som människor kan koppla upp sig till sina Högre Jag. Det ena, det mentala, ligger i huvudet, och när meddelanden skickas och tas emot härifrån finns det en risk att de förorenas av andra energier. Men förbindelsen som utgår från vår centrala ljusgnista, ovanför solar plexus, är den direkta länken till vår ande och är den plats där vi kan känna av vår inre kunskap. De har också påpekat att något som kan liknas vid en väv av möjligheter härrör från denna punkt. Tidigare erfarenheter eller tankar får faktiskt framtida händelser att bli mer eller mindre troliga. Ett flertal energilinjer sänds ut från detta centrum, och dessa broar kan stärkas eller försvagas, likt en magnetisk kraft som drar till sig eller stöter ifrån sig något, baserat på erfarenheter och tankar. Guiderna kan läsa den närmaste framtiden och ingripa om något inte är till nytta för själens tillväxt.

D. Jag skulle vilja veta mer om hur minnen lagras under och efter en livstid.

Z. Det lagras faktiskt i samma ljusgnista inom individen. Det är fortfarande en energiform som skapar ett mönster av alla upplevelser. Det lagras i det centrala området strax ovanför solar plexus. Detta är känt som det chakra där glädje och inspiration överförs till individen. När varje upplevelse äger rum skapar det en krusning av energivågor i hela detta centrum, och manifesterar sig som nya scenarier, om du så vill, som potentiellt kan bygga vidare på deras första handling. Se det som en väv där en handling skapar en våg av energi till en potentiell nästa effekt. Detta lagras alltid. Hjärnan är en mänsklig funktion, det är inte där något lagras, när du rör dig bort från det här specifika planet. Själarna återställer sina minnen i denna centrala ljusgnista, inom sin egen energiform.

D. Och Akashakrönikorna?

Z. Underlagen från denna väv inom varje individ överförs till det som uppfattas som en bok. Det finns ingen bok på det sätt som man uppfattar böcker. Det lagras i energiform, men från den här nivån talar vi om böcker. Men det lagras faktiskt i energiform. Tänk på ljusgnistan, som vi nämnde finns i själen. När själen återvänder hem, bär den med sig denna lilla väv av upplevelser. Vissa är gamla och andra kommer från deras nuvarande besök. Det är liksom lager i den här väven, så den är inte bara endimensionell.

D. Jag tror att jag förstår.

Z. Tack. När du återvänder till andevärlden tas den bort från själen, så att den kan analyseras, tillsammans med dina guider eller av dig själv. Detta lagras också individuellt i energiform i deras respektive register där informationen förvaras, liksom i en kollektiv Akashakrönika, som du kallar det. Det finns grupper som arbetar med detta när varje själ återvänder. Se det som en liten bit av något som överförs från liksom ett chip i själen som blir ...

(Bob hoppade in och tog över)

B. Lite som kirurgi! Okej, nu är det min tur! Det tas bort som en liten operation när dom kommer tillbaka, man kan ta ut det och lägga det i en liten glasskål. Det är när du kommer hem som det här lilla minnet, väven, skiktet tas bort från själen för att analyseras. Själen ska inte bära runt på det.

D. Så själen bär inte med sig alla minnen och upplevelser?

B. Nej, inte med sig. (Gjorde ett tsss-ljud) Få se, det är mer som att det tas bort när själen kommer tillbaka och det laddas ner i en slags genetisk bank för just den själen, och även i en kollektiv samling.

D. Okej.

B. Men minnet finns kvar.

D. Okej, det är bra, tack. Jag ville också veta och förstå om den undermedvetna delen av en person är detsamma som den rena själen som blir kvar i andeform?

Z. (Zachariah kom tillbaka in) Lite rätt har du. Det undermedvetna är en del av minnet från detta specifika lilla chip som själen minns från varje resa den gör. Då sätts det in i en del av hjärnan. Men det kvarstår aldrig när själen lämnar den specifika destination den är på. Men det lagras i det undermedvetna. Det är på det här viset som andliga människor lättare kan få tillgång till sin hemmabas. De kan aktivera båda dessa centra. Ett är en del i hjärnan och ett är i mitten av bröstet.

D. Så den delen av själen som inkarnerar eller går in i en kropp, är den alltid energimässigt knuten till den rena själen som finns kvar i anden?

Z. Ja.

D. Och kan den kommunicera med den delen av själen?

Z. Ja, genom den delen som finns i hjärnan. Det undermedvetna centrumet som är anslutet till hjärnan. De känslomässiga aspekterna och handlingarna är kopplade till mitten av bröstregionen. Ser du skillnaden?

D. Ja, det gör jag. Tack.

Z. Utvecklade själar aktiverar båda centra och alla aspekter av deras natur, vilket innebär att de kan kommunicera mentalt, eller att de faktiskt kan färdas till olika destinationer som de väljer. Så, det är så här som hon (*Christine*) förflyttar sig. Hon använder detta centrum i hjärnan, i kombination med olika mekaniker som är unika för henne. Men hon kan faktiskt aktivera den här delen i hjärnan, och det är från detta centrum som hon förflyttar sig till andra verkligheter. Det är också här som hon får det mesta av sin kommunikation från andra världar. Det är därför hon är clairaudient, för det är närmare örat.

D. Finns det i en speciell körtel eller en del av hjärnan?

Z. Ja, i bakgloben, på baksidan av huvudet är det centrum som alla individer på denna planet har. Ändå aktiverar inte alla dem...

B. (*Bob tog plötsligt över*) Eftersom somliga inte känner till det, och det är...ahh. Hennes hjärna (*Christines*), vänta lite...Det finns flera saker i den här hjärnan, som man måste titta på. Det är liksom ljus inuti som kommer att tändas annorlunda. Vi ska inte förvirra dig med den här specifika hjärnan, för den är faktiskt lite annorlunda. På grund av det arbete ni gör måste hon vara kopplad till olika verkligheter. Det kommer att tändas olika lampor beroende på vilken grupp som kommer att kommunicera med henne, genom henne.

D. I en vanlig människas hjärna, finns det något de kan göra för att hjälpa till att aktivera kommunikationen?

B. Menar du den mentala, skorstenen?

D. Ja, med deras Högre Jag.

B. Oh, ja. Det är här varje själ är unik. En del är bättre mottagare i mitten, i bröstregionen, och andra är mer i hjärnan. Det undermedvetna centrumet på baksidan av hjärnan, finns på baksidan av huvudet ovanför nacken. Det är ganska enkelt att se dom här olika människorna. Du kan se hur dom interagerar med sin omgivning och se vilket centrum som faktiskt är aktivt i den personen. Dom som har kommit väldigt långt på sin resa hit, som vissa munkar i avskilda områden borta i bergen, dom är faktiskt alltid aktiva i båda dessa centra samtidigt. Det finns ingen skillnad egentligen i deras mottagare. Så det är väldigt olika. Dom flesta är starkare i en av dessa två. Låt mig förklara. När själen lämnar jordplanet verkar det som om allt blir till en ljusgnista, så det är inte två centra som följer själen. Det är bara en ljusgnista (*Det såg ut som att han tittade och läste informationen framför sig*), och det verkar som att ljuset i hjärncentret stängs av och automatiskt flyttas över till hjärtcentret. Det finns ett ställe i energiväven där själen samlar allt i den lilla kapseln i mitten. Den ser ut som en liten kaka. När dom fortsätter hem lämnar dom kvar den lilla kakan för analys. Det är som att dissekera en groda. När det gäller somliga varelser kan vissa gärningar tas bort från deras minneskort. Det är som ett operationsteam som tittar på dom här små kakorna som folk tar med sig tillbaka. Det är som att ta bort russinen i kakorna, eftersom det inte är tänkt att dom ska vara där. Tar bort dom, (*Vissa extremt negativa handlingar tas bort från själen och det kollektiva minnet för att endast utvärderas av högre andliga väsen*).

B. Så jag antecknar mycket om hur människor beter sig i dessa olika centra. Om deras guider kommunicerar med dom, ser jag ett ljus i ett av dom. Förhoppningsvis ser jag två, två ljus. Ljuset i mittenpunkten blir nästan orange, medan det på baksidan är lite rödaktigt. Det är som ett stoppljus. Jag kan fastställa hur en människa vibrerar utifrån dessa centra. Det är här som deras guider kan observera och hjälpa sina personer. Människan sänder ut som små dimmor från dessa centra och deras guider kan faktiskt läsa dessa små eldar som kommer ut. Då vet dom var dom behöver hjälpa till. Så guiderna tittar på dessa två centra och vet var dom behöver fästa mer uppmärksamhet på sin person.

D. Och dessa två centra finns båda i hjärnan? (*Den här sessionen hölls utomhus, på ett berg väster om Denver, och några av kommentarerna kunde jag inte riktig uppfatta, eftersom vinden blåste. Bandspelaren tog dock upp allt*).

B. Nej. Nej. Ett är i hjärnan, det andra är ovanför solar plexus i bröstet.

D. Vilket är rött?

B. Det i huvudet. Dom har nästan samma färg, det är bara att det i mitten ser mer ut som han, du vet, han ET! hehehe. Om du ser ut som ET, då har du lyckats bra! Uh, huhuh ...det är orange, nästan pulserande. Men det är här som andevärlden kan se vilka planer personen har och dom kan ingripa om dom vill. Du vet, alla olyckor du har hört talas om, hur skyddsänglar ingriper innan nått händer?

D. Ja.

B. Dom kan faktiskt läsa av, främst från bröstregionen, vad som håller på att hända. Och om det kommer att bli lite problem framöver kan dom ingripa. Och dom går in i ett område i huvudet för att skicka en signal, så personen kan ta en annan väg. Så handlingar och intentioner överförs från bröstregionen, från det centret. Och om en annan själ, en andlig guide, ser att det är nånting som personen är på väg att göra, och dom kan hjälpa, så kan dom skicka en signal till det mentala centret, så att en ny tanke kan komma in. Så det är så här som människor upplever, att dom liksom har skyddsänglar som vakar över dom. När nånting händer där dom plötsligt gjorde nått som dom inte brukar, och dom vet inte varför.

D. Men människor har skyddsänglar, eller hur?

B. Ja, det har dom.

D. Är du en skyddsängel?

B. (*Ler*) Typ av, oh, lite grann som. Eftersom du är barfota ser jag till att det inte nödvändigtvis finns så många stenar framför dig. Så jag sopar bort dom, nästan som curling! Det är vad jag gör! Eftersom det inte behöver vara fler än dom som redan har funnits. Så jag sopar ibland lite framför dina fötter, för du är lite ömhudad, och dina fötter har alltid varit ett litet problem. Du valde en väg med fler stenar än du behövde, faktiskt. När det gäller att vara en skyddsängel försöker jag ibland knuffa in dig på en annan, mer smidig väg. Men du är envis också, så några vägar som du har valt var lite mer steniga, och det enda jag kunde göra då var att använda min lilla kvast och bara borsta, som curling. Curla lite, så gott jag kunde.

D. Finns det en klass av skyddsänglar som aldrig inkarnerar?

B. Oh, du känner till dom. Men dom är som stora fåglar. Dom har vingar som omger hela världar i ert universum under sina vingar. Oh, låt oss...Du kan känna dom när dom kommer, för allt blir ljusare omkring dig. (*Rösten blir väldigt svag*) Det är nästan som att tiden står stilla.

Zachariah berättar mycket detaljerat om impulser som kommer till oss från vår ande i situationer där vi står inför ett val. Själen vill leda oss i rätt riktning, men vi låter ofta sinnet eller känslorna åsidosätta de mera rena impulserna från vår egen ande. Eftersom var och en av oss har en plats i en av de andliga dimensionerna, kommer vår andliga energi att vara mer i samklang med den vibrationen. Christine och jag verkar som sagt på den sjätte dimensionen, en logisk värld, så mänskliga känslor har alltid verkat lite främmande för mig. De som har sitt hem i den femte eller sjunde är mera känslomässigt lagda och de kämpar lite med att hantera det logiska. Ingen är bättre än den andra, utan de är helt enkelt polariteter som bör balanseras. Det är möjligt att vara logisk och samtidigt empatisk.

Z. Första vågen handlar främst om val, valen som ligger framför er. Det är bara ett förhållningssätt, om det ska vara en utmaning eller en möjlighet att växa och kunna ta ett steg åt sidan från eventuell smärta kopplat till det. Det är det som är svårigheten med att vara människa, eftersom ni har en tendens att göra det till en kamp och en utmaning, i stället för att vara nyfikna. Mycket få tänker över huvud taget på VARFÖR det har uppkommit. Man funderar aldrig på varför vissa saker dras till vissa individer. Det är ingen slump.

D. Kan du beskriva energiprocessen som driver det?

Z. När du kommer in i den här verkligheten har du förberett din livsväg bland en mängd olika teman. Du har möjlighet att, tillsammans med din guide, välja vilket tema du vill utforska; det fysiska, emotionella eller mentala. En del väljer främst att bara verka inom ett område, men man rekommenderar att du väljer två på grund av polariteten mellan två olika upplevelser. Så de som väljer bara en verklighet, låt oss säga den emotionella, utvecklas sällan lika snabbt, för det finns inget som utmanar det. Du är på något vis fastlåst, eller i en fristad, om du så vill, eftersom det inte finns någon annan aspekt till ett problem som kan uppstå. Så normalt väljer du två.

D. Vad skulle vara en motsvarighet till det emotionella, skulle det vara fysiska utmaningar?

Z. Främst mentala, eftersom människor har en förmåga att analysera alltför mycket, istället för att gå på den första känslan. DEN FÖRSTA INSTINKTEN KAN ALDRIG komma från den mentala världen. Den härstammar från ditt solar plexus, där din motor ligger, där din själsenergi är som allra starkast. Om du ser hur du smälter in i ditt solar-plexus-området, som betraktas som ett känslomässigt centrum, det är där du befinner dig som starkast i din själskraft. När du förflyttar din upplevelse, låt oss säga, uppåt in i det mentala området, som börjar från halsen och uppåt, då kan det förändras. Det du först kände var rätt, blir något helt annat. Det är därför som begreppet att "följa sin magkänsla" kom till, antar jag. Men det handlar inte om magregionen, det är verkligen vilseledande att säga att det är magregionen som svarar an på något. Det är faktiskt solar plexus-området.

D. Representerar det ditt Högre Jag?

Z. Precis. Det gör det min vän. Du följer med bra, du är uppmärksam. När du kom in i den här verkligheten valde du att låta ditt solar plexus på sätt och vis sova, men din mentala och fysiska värld fungerade rätt bra, med vissa funktionsstörningar i motorområdet, som du vet. Du har alltid föredragit att vara i den mentala världen när du färdas, den är mer kopplad till det som du är bekant med. Du är i hög grad logisk. Kom ihåg att när vi talar om dessa olika verkligheter, gör vi det från det här planet, ur ett jordperspektiv. När du rör dig in i din egen verklighet, som bara är kopplad till den mentala egenskapen, är den mycket annorlunda. Alla olika verkligheter fungerar inom en mer eller mindre specifik vibration. Din hemmabas (*den sjätte dimensionen*) är mer logisk, mental, ett högre tänkande, inte nödvändigtvis de högre känslorna.

D. Skulle de bättre representeras av den sjunde dimensionen?

Z. Precis. Den sjätte och den nionde fungerar främst utifrån det mentala. Teknik och ingenjörskonst. För att det ska utvecklas på ett speciellt sätt fungerar det främst i enlighet med den verkligheten. Men ljus överförs eller färdas genom dem alla. Ljud är relaterat till det känslomässiga, eftersom det är som ett hjärtslag, ett hjärtslag och en rytm utlöser känslor av omsorg och omtanke. Ljus utlöser den mentala utvecklingen. Sätt ihop dem och skapandet i olika verkligheter växer. Ingen kan existera utan den andra.

Jeshua, som kommer från de övre vibrationerna inom den nionde dimensionen, har kommit igenom några gånger för att undervisa. Han är organisatoriskt den högste medlemmen i vår nuvarande grupp av andar, även om han har berättat om en annan medlem från den tionde som kommer att presenteras i senare kunskapsvågor. Eftersom han är min huvudguide, är mycket av det han sagt av personlig karaktär eller relaterat till projektet, men hans råd om hur jag kan komma i kontakt med honom är tillämpliga för alla som vill arbeta med sina andliga guider.

J. Du har förmågan att kommunicera direkt med mig, om du väljer att göra så, utan att sitta på det här viset (*kanaliserade sessioner*).

D. Vad är det bästa sättet att göra det på?

J. Du måste sitta i din egen kraft. Du måste meditera. För det är då som du får insikten om vem du ska rikta dig till (*vilken guide*). Du måste kringgå det logiska sinnet. Det måste vara en önskan, och den önskan har enbart du kraften att kontrollera. Du har kraften att göra det.

D. Kan du berätta om några läxor som jag har lärt mig under tidigare liv? (*Som min guide borde han vara bekant med alla mina livstider*).

J. Det handlar om att, oavsett vad du kanske finner i ditt förflutna, att fortfarande hedra den du är och vad du har blivit, att inte förkasta en mindre gynnsam del av dig själv, att se det som en helhet, ett lärande. Skäms inte för vem du var. Det återspeglar inte vem du är nu och vem du kan bli. Det är den lärdomen jag vill ge dig. Oavsett hur du har upplevt de erfarenheter du vunnit i det här livet, kan de bara upplysa dig till att röra dig vidare från den utgångspunkten för att uppnå storhet. Det kommer faktiskt att vara till hjälp för vissa personer som du kommer att möta. Skam hjälper dig inte att nå framsteg. Det är den lägsta vibrationen före rädsla.

D. Tack för det. Skamkänslor gör att man känner sig liten.

J. Precis. Hur stor man än är, alla kan möta en känsla av skam. Om man dyker ner i den känslan, eller upplevelsen, kan man bli snärjd av den. Väx av det, acceptera det, kom ihåg att alla har en punkt inom sig som utlöser de här känslorna.

D. Det var en bra lärdom. Tack. Finns det andra liv som innehåller information som skulle kunna vara till hjälp, när du nu är så vänlig och berättar för mig?

J. Det finns ett liv, förutom det du redan har fått höra om, där du arbetade tillsammans med Zachariah i templet. Men efter att den kunskapen sedan gått förlorad, kom det en tid, på 1300-talet i Tibet, där andra har placerat en liknande kunskap, och du blev satt att vårda och vakta den.

D. Jag minns att det kom upp en gång tidigare.

J. Precis. Det var en tid i ensamhet, där du ägnade ditt liv åt att skydda dessa skrifter, tolv till antal, en för varje känd dimension. Mysterierna inom dem, hur du kan färdas mellan dem, vad du kommer att uppleva, när du ansluter till alla tolv dimensionerna i en fysisk upplevelse. Det var den nyckeln som forntida civilisationer lärde ut.

När Jeshua kommer igenom, vilket har skett sällan, är energin i rummet mycket mäktig och hans röst nästan skrämmande kraftfull. Det kan vara mycket tröttsamt för Christine när dessa högre väsen kommer in, eftersom hon är det batteri som de drar energin från när de talar. Jeshua är den ende medlemmen i vårt team som någonsin har nämnt några religiösa personer, när han beskriver hur andevärlden skapade den historiske Jesus inkarnerade själ. Detta kom upp under något som jag upplevde var en helt annan fråga, så jag tar med hans observationer, eftersom han inte skulle komma med något ovidkommande. Jag är väl medveten om att människor har specifika idéer om vem Jesus var och vad han representerar, men andevärlden ser bara hur mycket av de sanna lärorna som har undertryckts.

D. Alla tolv dimensioner är inte längre tillgängliga för människorna, eller hur?

J. Numera nämns det upp till sju och nio. Sju är den mest kända, åtta och nio liksom flyter över dem alla. Tio, elva och tolv har glömts bort. På den tiden, tillbaka till en era före den nu kända historien, var det väl känt hur man kan bära de kosmiska dimensionerna inom sitt fysiska fordon. Idag är den nionde innehavare av form och gestaltning, eftersom den fungerar som den sista kända dimensionen. Du får lära dig att Jesus var en nio-dimensionell varelse, när han i verkligheten var en tolv-dimensionell varelse, den siste att bära alla tolv inom en fysisk kropp. På grund av de händelser som ägde rum, bestämde sig de tre sista dimensionerna för att ta en paus från det mänskliga fordonet. Det finns fortfarande de som försöker ansluta till alla tolv och som lyckas rätt väl, det är de som besitter kunskaperna om de uråldriga skrifterna. En plats där denna kunskap bevarats är Tibet, och i Egypten gjordes fynd under Sfinxen, som aldrig släpptes till mänskligheten, eftersom det ansågs agera mot den katolska kyrkan. Den katolska kyrkan, kristendomen, erkänner nio dimensioner, och känner på något sätt att de har patent på de andra tre.

D. Var den historiska Jesus som vi vanligtvis hör talas om, densamme som den Jesus du refererar till?

J. Ja, den siste att bära alla tolv dimensionerna i sitt fysiska fordon och som försökte sprida dem alla.

D. Har du någon direkt kunskap om honom?

J. Eftersom han bar en del, om du så vill, från alla dimensioner, är vi alla bekanta med honom. Och eftersom han var den siste, har vi följt honom. När han återvände ... den själen, oh, hur kan jag få dig att förstå, hans själ delades upp i de tolv dimensionerna när han återvände. Han var på ett sätt konstruerad, hans själ var ett experiment, att under en mörk tid se om människan skulle känna igen ljuset. Så, faktiskt ja, hans själ var på något sätt större, eftersom den var hopsatt, om du så vill, av alla tolv. Han resonerade med alla vibrationerna, och när han kom hem delades hans själ upp och varje del återvände dit där den hörde hemma. Så på något sätt inkarnerade alla tolv dimensioner i honom som tolv observatörer. Förstår du?

D. Det gör jag, det är helt fascinerande. Så när han återvände hem fanns det ingen rest eller andlig rest?

J. Han återvände, alla tolv återvände till sin egen bas och rapporterade om sina erfarenheter inom detta fysiska fordon.

D. Så vilka delar av Bibeln exakt återspeglar hans läror?

J. De delar där han helt enkelt framträder utan ord, när han utstrålar kunskap till dem som hade öppna öron och sinnen. Det är sant. Han talade sällan. Det är en missuppfattning på något sätt. Han dök helt enkelt upp och bara utstrålade kunskapen till dem som stod nära honom, som ett batteri. Du bara visste, om du lyssnade, om du var lika tyst som han, så visste du. Han hade förmågan att känna igen själen framför sig, då han bar alla tolv dimensioner inom sig. Om han stötte på en själ, som vibrerade på en lägre frekvens, tillät han den första och den andra dimensionen att kommunicera. De som var uppmärksamma kunde känna hans aura, nästan som ett moln, något som strålar. Han föredrog faktiskt att inte tala, även om han gjorde det. Men de som togs upp i hans krets, de iakttog helt enkelt hans energifält, hur det rörde sig som vågor ut från honom till dem som stod nära. Tillät alla tolv att tala genom sig.

D. Är hänvisningen till de tolv lärjungarna, är det en allegori för de tolv dimensionerna?

J. Smart tänkt, precis. Det finns nycklar dolda i Bibeln. Det är en av dem, allt är inte uppdiktat.

D. Hur ska vi närma oss kyrkan idag inom det här arbetet som vi gör?

J. Ni bör ta upp det på samma sätt som det gjordes på den tiden. Romarna förstod inte, massan är densamma idag. Det är de gamla dogmerna som styr inom kristendomen, vetenskapen likaså. Du ska veta att det här är en tid som är mogen för att sprida kunskap, och ju mer du sprider, desto mer kommer du att få höra detsamma som på den tiden. Så du förstår, den här skriften, och orden, den är gjord för att väcka upp det goda i människors medvetande, väcka ett minne av en gudomlig närvaro som på något vis stals, kidnappades om du så vill, av både kyrkan och vetenskapsakademierna. Om du gör människor medvetna om vem han var och vad han kom hit för att göra, att han inte förkunnade en överhöghet över andra, så som kyrkan genom tiderna har predikat, att han skulle vara den ultimata kopplingen till det gudomliga. Det var inte hans lära.

D. Den tionde, elfte och tolfte dimensionen, är det något som vi kan ha någon kunskap om?

J. Inte just nu. Det kommer ni att få, när de åter kommer in. Bli inte distraherad, håll dig till den information du har, den är väldigt stor och genomgripande. Den är tänkt att sätta hjulet i rörelse. Just nu vänder du dig till den vanliga människans trossystem; hur var och en själv har tillgång till det gudomliga inom sig, att ingen någonsin är skild från Källan, oavsett vad du vill kalla den. Den är inte bara till för ett litet fåtal. Kyrkan såg bara den makt han hade i stället för att fokusera på det ljus han spred. De blev förbluffade över makten han hade över människor, och insåg inte att det handlade om en ömsesidig respekt, att knyta samman själar, själ-till-själ, liksom en väv. De missbedömde det och såg det som ett sätt att kunna kontrollera själar, istället för att knyta dem samman.

D. Det är ett väldigt starkt sätt att se på det. För att ge människor tröst, att de aldrig är ensamma, skulle jag vilja tala om hur tankar och böner kan höras av andliga väsen på din nivå.

J. Ge dem symbolen av att skapa såpbubblor, som de gjorde som barn. Det är ett sätt att skicka ut sina böner, upp till himlen till sina andliga guider och nära och kära. Du ska också tänka på att många bara vill veta hur man kommunicerar med den nivå, där deras nära och kära finns. Andliga guider kan kännas för avlägset, för stort eller svävande till och med. Du bör hänvisa inte bara till guider och änglar, utan också till kommunikationen med nära och kära som har gått bort. Själsvänner möts någonstans däremellan. Det kommer att ge tröst, eftersom det för somliga är allt de behöver. En guide kan verka för vagt för dem som endast ett par gånger har anträtt vägen till denna verklighet, men alla har förlorat någon som de gärna vill ha kontakt med. Glöm inte det i er bok. Det är ett sätt att veta att ni alltid är förbundna med varandra. De som har upplevt mer av ett uppvaknande kommer att förstå att det också handlar om kontakten till deras guider och en högre verklighet. Vissa har dock inte kommit så långt. Du vill också nå dem med denna skrift. När ni talar på olika event och så vidare, bör det vara en del av informationen som ni förmedlar till allmänheten, OM DERAS RÄTTIGHET ATT KOMMUNICERA MED SINA SJÄLSVÄNNER OCH SITT HEM! Det är en rättighet lika mycket som en fri vilja. Det är inte ett val bara för ett fåtal, det är varje individs rättighet. Det är det som gör oss något upprörda, att rättigheterna har eliminerats från det medvetna sinnet inom mänskligheten. Skyldigheterna finns där naturligtvis, OCH DE ÄR MYCKET TYDLIGT NÄRVARANDE I SINNENA, men rättigheterna, era andliga rättigheter, det är dem jag talar om här.

D. Vilka är några andra andliga rättigheter?

J. Att känna sig älskad, att älska sig själv, att erkänna styrkorna i andra utan rivalitet. Det är en andlig rättighet, lagen mellan likar, respekt, i stället för att undertrycka, att erkänna dina jämlikar, växa tillsammans, binda samman, istället för att åtskilja, att vara stark, var och en på sin sida. Andligt upplysta människor förstår och erkänner styrkan hos andra utan att se det, eller känna det, som ett nederlag för dem själva. Det är det som är enighet.

D. Så otroligt starka och meningsfulla budskap.

J. Det är på det viset som Rådet i den nionde dimensionen verkar. Alla är lika starka, lyfter och hjälper varandra. Det är en krets av enighet. En andlig rätt är att förstå och älska dig själv såväl som andra, gränslöst, fritt, utan inskränkningar för hur du är och varför du har kommit. Din väg är unik.

D. Det var riktigt bra. Tack.

J. Oh, helt och hållet mitt nöje, min son.

(*Jeshua lämnade och Bob kom in*)

D. Jag har en annan fråga som du kan svara på. Jag frågade Jeshua om, du vet när folk tänker på någon som har gått bort och deras ande finns i en annan vibration.

B. Som en hund? (*Jag tror inte att han riktigt förstod min fråga, men jag skrattade åt hans svar*).

D. Ja, alla, även husdjur. Till exempel, om jag tänker på dig, hur uppfattar du den tanken?

B. Oh, det är som en klocka. Det känns inom mig, det är som, plinge-linge-ling. Det är som en klocka och jag vet att du försöker nå mig. Så det kommer som en impuls, som ett litet pip, pip, pip från din varelse, antingen från området kring ditt solar plexus, som är helt och hållet rent, eller så kan det komma från det mentala området och mer skapat som en önskan, en analytisk koppling, på nått vis. Så om du fokuserar på att skicka din önskan till oss från ditt solar plexus-område, kommer du att känna av oss i hela ditt väsen. Men om du bara skickar det genom din mentala kapacitet, så skulle du bara kommunicera med oss genom vissa bilder. Det kommer att vara mer begränsat, men vi kan fortfarande kommunicera med dig på det sättet. Men om du vill vara delaktig fullt ut, måste du skicka ut den önskan och energin på ett sätt så att vi kan kommunicera direkt till ditt solar plexus. Så gör det, och då kommer jag att höra dig. Det kommer dom andra också. Skicka inte, gör inte det, var inte som en skorsten, energin ska komma från kärnan, från din bröstregion, såväl som området kring ditt solar plexus. Fötterna ska vara fast förankrade på marken, båda fötterna stadigt på marken, och du bara föreställer dig hur du skickar ut en enorm våg av färger, inte bara gult, utan du skickar ut hela spektrumet av färger från det området, och du känner hur din energi expanderar, och sedan välkomnar du oss in. Det är då som du kommer att se oss, och känna oss. Om du bara försöker kommunicera upp genom huvudet, som en skorsten, så visst, vi kommer att kunna förmedla bilder in i din mentala värld, men du kommer inte nödvändigtvis att se oss och känna av oss helt och hållet, men du kan samtala med dina tankar. Om du vill kommunicera fullt ut med oss, såväl med dom som finns på din hemmabas, då använder du ditt solar plexus-område. Lite annorlunda.

D. Ja, jag skulle vilja veta hur man gör det.

B. Jag sa ju det precis! (*Skrattar riktigt högt*) HAHAHA HUHUH Du är minsann lite långsam i din dator!

D. Okej, när du skickar ut färgerna, visualiserar du då vart det ska gå?

B. Precis. När du skickar ut färgerna föreställer du dig hur dom sprids som en hel våg som går i alla riktningar framför dig. Och du ber, i början kan du be en av oss att komma, och vi kommer att färdas på den färgvåg som resonerar med oss, och sedan kommer den direkt att ansluta till ditt solar plexus-område. Du blundar och ber om att få känna av vår närvaro, men du måste också skicka ut en önskan om att vi ska komma. Det är ett enkelt trick för dig att kommunicera med oss. Och du kommer inte bara att känna av oss i din egen varelse när vi kommer in i dina lager, energifält, utan du kommer också att kunna samtala direkt med oss. Om du bara använder skorstenen kommer vi att kommunicera med bilder och du skulle tänka att det var bra nog, vilket det på nått vis också är. Men om du helt och hållet vill omfamna din familj, eller fullt ut vill involvera oss alla, så är det så man gör. Fötterna på marken, stadigt, rak i ryggen, så gör du.

D. Sedan skickar man ut det, ett komplett spektrum?

B. Och du skickar ut det, du liksom blåser ut det, ett helt spektrum av alla färger du kan tänka dig. Alla olika variationer av färger är Okej. Och du bara skickar ut det och ber nån av oss att komma, och vi väljer den färg, den färgvåg, som vi ska kommunicera med dig genom.

D. Om jag tar med det här i boken som ett sätt att kommunicera, finns det då ingen risk att människor skulle kunna plocka upp väsen från den fjärde dimensionen som kan stå på lur där?

B. Bara om de använder skorstenen. Men när de kommunicerar direkt från sin egen källa och sin egen själspartikel, är det ingen fara. Färger. INGENTING ONT KAN FÄRDAS PÅ FÄRGER! Däremot kan skorstenen vara smutsig. Du vet hur en skorsten kan se ut. Den kan vara grå och smutsig, och om det är grått och smutsigt kan det också finnas allt möjligt annat grått och smutsigt. Men om det bara kommer som färger, inget ont kan färdas på färger. Så säg det till dom. Det är nästan omöjligt att skicka ut grått och svart från den regionen, inom ditt väsen. Om du gör det får du skylla dig själv. Men det är nästan omöjligt att det skulle kunna komma smuts från den delen. Det finns bara färger i den regionen. JÄTTEDUMT, om du försöker göra nått annat. Det är näst intill omöjligt. Du behöver inte oroa dig alltför mycket för det. Inget ont kan färdas på färger.

D. Jättebra! Tack.

Ophelia beskrev också en metod för att kommunicera med sitt Högre Jag, och även om det riktades till mig, är det universellt tillämpligt. När jag var ung hade jag mycket bisarra upplevelser som jag aldrig kunde förklara. Varje dag, ibland nästan oupphörligen, kunde jag uppleva konstiga visuella förvrängda bilder som zoomade fram och tillbaka. När än jag tittade på något och låste ögonen på det, kändes det omgående, inom bara ett par sekunder, som om jag befann mig inne i en fjäder, och bilden började zooma ut, och min perifera syn blev svart, som att titta igenom en kikare från fel håll, och sedan zoomade det in som att det kom väldigt nära. Fram och tillbaka, fram och tillbaka, tills jag blev illamående. Jag hade ingen kontroll över det och kunde inte stoppa det, när det väl börjat, det bara fortsatte i sitt eget kretslopp. Så småningom upphörde det för ett tag, men höll på nästan kontinuerligt från det jag var väldigt liten till tidiga tonåren, sedan avtog det, även om det har hänt ett par gånger också som vuxen. Jag frågade Ophelia om denna upplevelse.

O. När du var en ung pojke var energierna, om du så vill, som roterade inom dig, starkare. Nu har det på något sätt avtagit. Det kommer att återgå till hur det var när du var liten.

D. Finns det något jag kan göra som hjälper i den processen?

O. Ja, du kan sitta stilla och försöka välkomna vibrationen och rotationen, vilket kommer kännas som att det snurrar inom dig. Det skrämde dig tidigare, men nu är du vuxen, och du vet att det har potential för dig att skapa kontakt med något gudomligt. Som pojke skrämde det dig, eftersom du inte visste hur du skulle få det att sluta. Du börjar känna det i den nedre delen av buken och det kommer att röra sig som en våg upp genom ditt solar plexus. När det når mitten av bröstet, är det där som rädslan tidigare trädde in. Det är här du nu kommer att fortsätta, och du kommer att ansluta till den kraften inom dig. Sitt i den kraften och omfamna den helt och hållet. Dina andningsövningar kan vara till hjälp. Andningen måste vara mycket djup och anknuten till Jorden för att det ska ha den effekt vi syftar på. Ingen ytlig andning. Andningen ska gå hela vägen ända ner i Jorden, genom dina fötter, upp genom basen, genom din ryggrad, genom dina inre centra. Transformera ditt väsen i punkten kring ditt solar plexus. Det är här det börjar kännas lite obehagligt. Fortsätt andas i samma rytm och det kommer att fortsätta vibrera, och det kommer att fortsätta rotera. Du kanske kommer att känna det som att hela ditt fysiska jag roterar, det kommer det inte att göra. Du ska helt enkelt följa denna vibration, hur det snurrar inom dig. Det är här du har makten, om du utövar detta, att ha en UKU (*utanför kroppen upplevelse*), att du lämnar din fysiska kropp om du väljer det. Det är vad vi vill säga om det.

Jorden, 2: a och 3: e Dimensionen

Det är inte möjligt att tala om den tredje dimensionen utan att ta med det arbete som utförs av andarna på den andra dimensionen. När vi talar om DNA, tänker vi bara på slutprodukten av all den möda som lagts ner av så många lysande andliga varelser i en verklighet som existerar och vibrerar inte så långt från vår egen, även om den inte är synlig. Jag har aldrig riktigt förstått hur skapelsen kom till, förrän vi inledde våra spännande och underhållande dialoger med Bob. Han har helt förändrat hur jag ser på universum, vår planet och naturen omkring oss i sin helhet. Varje växt, djur, fisk, moln, träd och insekt har omsorgsfullt utformats och modifierats under otaliga årtusenden för att bli en framgång i sin miljö. Det är verkligen pinsamt att inse hur mycket av deras arbete som förstörs när vi människor rotar runt i vårt samhälles växthus; hugger ner, förgiftar och eliminerar de mödosamt planerade och skickligt genomförda balanser som finns inbyggda i naturen. Jorden skulle vara en karg klippa utan en enda droppe vatten, om inte det inte vore för andevärldens kreativa talanger, och naturligtvis det Mästerliga Medvetandet. Under vissa sessioner har Bob högt funderat över varför han har lagt ner så mycket energi i ett projekt, bara för att sen se hur det tas bort. Det är som att tillbringa hela ditt liv med att kärleksfullt bygga upp ett hem, bara för att en vandal sen bränner ner det för han ville grilla marshmallows. Det orsakar en sådan sorg i alla dimensioner, särskilt i den andra, att man skäms när man tänker på det. Och för att ytterligare öka på förlägenheten, allt som lever, förutom människan, innehåller en medvetenhet från det Mästerliga Medvetandet, som skapade oss alla. Så ingenting sker obemärkt.

Varelserna med ett hem i den andra dimensionen har en nästan fysisk kropp, vilket innebär att de ibland kan skymtas, om de vill bli sedda vill säga. Bob, och de som är som han, fångar upp mönster som kommer ner från de högre världarna, och arbetar med dem i sitt labb och gör fältstudier. De verkställer designen till dess slutliga form och introducerar dem på olika platser i den tredje dimensionen. Varhelst det finns liv, är den andra dimensionen involverad. Till och med den femte dimensionen har vackra trädgårdar och eteriska djur, tack vare dessa små trädgårdsmästare. Det finns många olika typer av väsen på den andra dimensionen, och Bob beskrev några av hjälpredorna som mycket små "ljusbärare", eftersom de återställer och reparerar färgmönstret i växter med den ljusenergi de överför. Andra är observatörer som rapporterar tillbaka till laboratorierna på den andra och åttonde dimensionen.

B. Såg du dom? Såg du dom på floden? Du vet, som det där lilla skummet? Det är dom små, pyttesmå, dom är nästan som älvor. Du tror att det är insekter, men det är inga insekter. Dom har vingar, men dom är inga insekter. Se dom inte som...som typ en slända, dom är mindre, som en insekt, fast dom är faktiskt små andliga ljusgnistor från den andra dimensionen. Så nu ska jag berätta om den andra dimensionen, eftersom det är något av ett expertområde för mig. Så jag är på sätt och vis solid, du kan se mig som en person. Men det finns alla slags ljusgnistor och nivåer i varje verklighet. Så här har vi dom som liksom gnistrar i solljuset. Du kan se dom, du ser nått i luften och du kanske tänker typ; oh, det var nog bara solen eller kanske damm. Det är inte damm. Det är inte damm, det är dom! Dom små ljusgnistorna från min värld. Dom är lika viktiga för den här verkligheten som dom stora. Dom är lite blyga. Dom flesta i min grupp är lite blyga för dom större. Ljusgnistorna, dom smälter inte samman med stenar och växter. Dom kan det ibland, typ med ett blad. Dom du ser som skum i floden, är faktiskt dom lite större. Du skulle förmodligen betrakta dom som insekter, men det är dom inte.

D. Då har jag en fråga. Det som människor ser som älvor och tomtar och sådana små varelser, tillhör de också andra dimensionen? Är de annorlunda än de i din grupp?

B. Dom ser du inte i labbet, för dom har inte händer på samma sätt som vi har. Så, som nämnts, från den skapande kraften, det Mästerliga Medvetandet, och om jag talar om min verklighet; det Mästerliga Medvetandet skapar liksom dom olika nivåerna av manifestationer. Några är ljusgnistor, och dom observerar elementen och förändringar i vinden och så vidare, eftersom dom lättare svävar. Jag svävar inte som vinden, jag skulle flyga om det var storm, men jag svävar inte i vinden. Så dom här små ljusgnistorna är främst små observatörer. Det är som dom där sakerna, du vet, som finns i den här verkligheten, dom som flyger i luften och tar bilder (*drönare*). Det är likadant, fast dom är mer kamouflerade. Om solen skiner kan du se dom, och du ser dom och tror att det är typ damm, men det är det inte. Dom är i resonans med vinden, regnet, solskenet, och dom svävar och dom observerar och rapporterar på sitt vis till den åttonde, eftersom dom (*den åttonde*) är elementens mästare. Även om dom är naturandar, i ordets rätta bemärkelse, uppmärksammar dom förändringar. Så du kan säga att dom är som våra ögon och öron, till exempel innan vi vidtar åtgärder i labbet.

D. Så du jobbar inte riktigt med dem?

B. Oh, man kan höra dom, om man har lärt sig det, för dom laddar ner information genom olika vibrationer av ljus.

D. Får du information från dem?

B. Jag är egentligen inte utbildad för att kommunicera med dom. Men det finns en grupp inom min grupp som jobbar mycket med att förstå förändringarna i elementen. Fast vi gick alla den kursen en gång. Det är inte som att du hoppar över några lektioner under din utveckling.

D. Så, de små varelserna som hjälper växterna, de som människor ser som älvor och sånt, går de i en annan klass?

B. Oh, älvorna. Älvorna kan faktiskt manifestera sig så att en människa kan se, och då är det flera små ljusgnistor som går ihop i ett kluster och skapar en form så människor kan se. Så den är då i själva verket flera. Om du tittar för länge kommer den att upplösas. Och varför är det så, tro du? För det kanske inte bara är ett väsen, utan flera. Så när du tror att du ser nått och tittar på det och det löses upp, kan det antingen bero på att det är flera som små ljusgnistor, dom som observerar miljön, eller det kan vara att den i sin natur är lite blyg och flyttade in i en fast form och gömde sig. För dom är lite rädda att upptäckas förstår du. Vi tar faktiskt lektioner i kamouflage, men när vi växer blir vi djärvare och vi vill bli sedda.

D. Vill ni?

B. Jag vill bli sedd!

D. Tja, jag misstänkte att du kanske ville det, men de andra?

B. Folket i mitt labb, dom är fortfarande lite blyga. Så om du skulle se dom i naturen, dom som är lite blyga, kommer dom bara att smälta in i en fast form, i ett träd eller en sten. Och du tänker kanske, du vet, såg jag inte nått? Och det gjorde du, men sen är det borta. Men om du stannar upp och bara tittar dig omkring där du trodde att du såg den lilla varelsen, så kan den komma tillbaka. Men om den inte gör det, då är den bara lite blyg. Jag å andra sidan tycker om att bli sedd.

D. Jag skulle vilja se dig.

B. Ummhuhu. Du har sett mig! Under andra livstider, där förhållandena inom din egen kroppkonstruktion och din egen mentala värld var lite annorlunda, kombinerade, då såg du mig tydligare. Men världen i allmänhet var inte redo för den typen av kunskap, och du var i en miljö där det inte var deras verklighet.

Människor tar nästan allting för givet och stannar aldrig upp och funderar över mysteriet om hur saker och ting blir till. Den andra dimensionen är ansvarig för skapandet på alla planeter i vårt kosmiska akvarium, där Jorden bara är en bland otaliga platser där det finns liv. Bob är bara en av en mängd andra dimensionens andar som fylld av glädje arbetar som skapare, vårdare och trädgårdsmästare, och som sköter om alla saker de har placerat här. Det finns många olika specialiteter som dessa andar kan utöva, vilket till viss del bestäms av deras förutbestämda mall. Till skillnad från människor är målet med allt det de gör att vara till nytta och hjälp för andra väsen. Bob är specialist på motorn (*matsmältningssystemet*) och levern hos djur, inklusive människor. Bobs handledare, Gergen, som är som en far för honom, är en mästare i DNA-hantering. Bobs tvillingsjäl, Ia, arbetar med ljusenergi på insidan av livsformer för att hjälpa till att läka och reparera skador. Evolution är helt och hållet en produkt av våra osynliga vänner i olika dimensioner, tillsammans med det Mästerliga Medvetandet. När instruktioner skickas ner från de högre världarna, är det dessa små individer som slutligen skapar och modifierar allt växt- och djurliv på Jorden. Som ett exempel tar Bob lite åt sig äran för kaffebönan, eftersom han var ansvarig för teamet som tog fram den. Han hade också en roll i utvecklingen av daggmasken och är väldigt orolig över hur kommersiellt jordbruk medvetet dödar dessa varelser. Många spekulativa idéer har framförts om hur saker och ting kommer till och förändras över tid, men jag kan inte se någon som återspeglar processens verkligt andliga natur. Varelserna i den andra dimensionen har skapat liv på Jorden sedan den var en babyplanet i en barnkammare.

Bob föddes inom den andra dimensionen och är en gestalt som är nästan solid, ur vårt perspektiv, och som liknar en mänsklig kropp, fast mindre. Kropparna hos andra dimensionens varelser är i början väldigt små, Bob kallar dem småstjärnor, och de växer och åldras, men inte inom en tidsram. Deras tillväxt mäts i upplevelser eller inlärningscykler, och när de rör sig framåt i sin cykel verkar de bli äldre. Han studerar och lär sig för närvarande om form och kommer troligen snart att få en plats inom ett av Råden på den andra dimensionen. När han var en liten småstjärna, stannade han kvar inom den andra dimensionen, men har nu utvecklats till en punkt där han reser, som han kallar det. Detta är en process där han kan projicera en del av sitt medvetande till andra dimensioner. Bob kan projicera ungefär trettio procent av sig själv till Biblioteket, och också cirka sextio procent till labben på den sjätte och sjunde dimensionen, där han för närvarande studerar. Han är fullständigt medveten om de olika sidorna av sig själv, och han kan fokusera på alla platser samtidigt. Förutom sin otroliga kunskap om Jorden har han en underbart charmerande personlighet, och hur han uppfattar saker och ting är helt unikt och väldigt underhållande.

En aspekt av varelserna som verkar i den andra dimensionen är deras förmåga att smälta ihop med föremål. Det är faktiskt en del av deras lärandeprocess på Jorden, liksom på andra himlakroppar. Precis som vår själ kan glida in i en mänsklig kropp och sedan lämna den igen, kan våra vänner på den andra dimensionen slå samman sin energi med stenar eller andra livsformer och kliva ut närhelst de vill. Bob är ungefär 130 cm hög, och från hans beskrivningar kan andra slags varelser i hans dimension vara rätt mycket mindre. De flesta av dem är blyga när de är ute på Jorden för att reparera skador eller samla in prover. Eftersom de inte tycker om att bli sedda, kan de bara försvinna genom att kliva in i ett träd eller en sten. Laboratoriet där han arbetar beskriver han som väldigt livligt med massor av prat och skratt. Han sa att jag skulle tycka att det var oorganiserat, men de verkar tycka om att arbeta i grupp. Trots att de flesta av andra dimensionens varelser är något reserverade är Bob mer utåtriktad och nyfiken, vilket förmodligen är en del av anledningen till att han valdes ut av Ophelia för att börja studera hur form skapas på den sjätte och sjunde dimensionen. Ophelia undervisar honom i föreläsningar och labbstudier om den sjunde dimensionen, som är relaterad till ljusenergi. Om vi till exempel tar en planet, är kärnans mönster gjord av ljus, ljud, gravitation och vakuum, vilket får vissa element och grundämnen att manifesteras. Detta arbete är en kombinerad insats mellan de sjätte, sjunde och åttonde dimensionerna. Christine och jag (*våra Högre Jag*) verkar i en labbmiljö på den sjätte. Jag hade turen att få Bob som lärling och har lärt honom om hur vi använder energi för att skapa olika typer av manifesterade objekt (*jag minns naturligtvis inte något av det här, men har lärt mig att acceptera deras uttalanden som fakta*). Baserat på vad han har berättat för oss, har vi varit tillsammans en lång, lång tid i jordeår, och han har alltid följt mig som en guide när jag inkarnerat. En del av andliga framsteg är den utveckling var och en av oss genomgår, och det innefattar även våra vänner inom den andra dimensionen.

> B. Jag har ju varit med dig tidigare. Mina anteckningar kommer inte bara från den här livstiden vet du.
>
> D. Har du någonsin inkarnerat?
>
> B. Inte i mänsklig form. Jag har varit på besök, så klart.
>
> D. Arbetar du med något av djuren?
>
> B. Umm, du vet, hjortdjuren är en av mina favoritgrupper. Dom är intelligenta. Det finns mer inuti dom än bara en varelse på fyra ben. Dom är den andra dimensionens öron och ögon. Jag ogillar starkt hur vissa människor ibland behandlar dom. Vi accepterar det inte!
>
> D. Vilken typ av djur har du inkarnerat som?

B. Inte som ett djur.

D. Som vad, då?

B. Jag var här i en...oh, det var innan jag reste (*projicerade en del av sig själv till andra dimensioner*). Den finns inte längre. Det var en liten varelse, med ett skal, nästan som en liten sköldpadda. Det var bara för att se hur jag skulle fungera inom en annan varelse. Det djuret finns inte längre. Djuret jag blandade samman med, vilket inte är detsamma som att inkarnera, för jag kunde komma och gå som jag själv ville. Det är väldigt annorlunda. Och just den varelsen levde också under jord. Det finns faktiskt, runt omkring er, sånt som ni uppfattar som döda ting, typ sånt som bara är i vägen, som till exempel en berghäll, men som faktiskt innehåller väsen som observerar omgivningen. Dom är där under täckmantel, och jag ville också se hur det skulle kännas att vara förklädd. Det finns saker i naturen utöver det ni kan se, ska du veta. Så ni kan komma till Jorden på olika sätt, nivåer eller plan. Allt behöver inte vara i en inkarnation för att utvecklas i gestalt av ett barn, ung vuxen, pensionär och så vidare. Så när jag gick ner var min nivå lite annorlunda. Och vi kommer att berätta om det mer i detalj, eftersom det finns sätt att komma till det här planet utan att gå in i en mänsklig kropp eller i en djurform.

D. Spännande. Har du något annat du vill dela med dig?

B. Oh, jag är mest glad för att fler människor ska förstå att jag finns och att jag kan få dela med mig av mina expertkunskaper. Eftersom alla många gånger säger, "Oh, titta högre upp, kolla änglarna och alla andra slags varelser, högt där uppe." Men dom glömmer att se ner på sina fötter. Vi är egentligen bara under era fötter, vi är verkligen nära.

D. Hur länge har du varit med Jorden?

B. Jag kom runt den tid då dom stora väderförändringarna inträffade. Det fanns en tid då det fanns ett enormt moln runt planeten. Enorma regn. Jag observerade bara. Det var en tid innan, nej...dinosaurierna var borta.

D. Så det var efter dinosaurierna?

B. Efter. Efter dinosaurierna. Dinosaurierna var ett projekt som utfördes av en intelligens som verkar från ett annat stjärnsystem. Så jag kom hit efter.

D. När du är på den tredje dimensionen, hur upplever du ett objekt? Kan du känna av ett träd och en sten?

B. Det sker, på ett vis, på energinivå, för det är så jag ser det. Folket i mitt labb, dom kan läsa av om nått är fel, för dom ser det som en energi. Även fast det är i en fysisk form på det planet, ser vi det i energiform. Så vi kan se, låt oss säga, att ett träd är tänkt att ha en viss sorts färger i sin färgkarta. Om en färg saknas, kan vi komma in och försöka justera och korrigera. Så vi ser det som energier, även om du ser det som ett fysiskt objekt. Men det skapas i en fysisk vibration. Så vi kan skapa saker som kommer att manifesteras fysiskt för dom som är på det planet. Men jag kan också se nått som bara är en energiform, som ser ut som nått som tidigare fanns, innan nått annat tog deras plats. Låt oss säga, du har en stad som är uppbyggd. Jag kan fortfarande se vad den ursprungliga avsikten för den platsen var, baserat på sånt som inte längre är manifesterat, för det har tagits bort. Men jag kan fortfarande se dess ande, kan man säga, för den finns fortfarande lagrad på den platsen som ett energiminne. Det kan jag fortfarande se.

D. Fascinerande!

B. Så vi ser saker som energiformer. Men om jag ser, låt oss säga, två träd, då kan jag se om ett träd bara är energi, att det inte längre finns där för nån att stöta på, och jag kan se att det andra energiträdet finns där rent fysiskt. Så det ser annorlunda ut för mig. Det här är vad som sker när människor säger att dom kan se olika verkligheter, som ett lager ovanpå ett annat. Sen tonar dom in på det energiminne som en gång fanns där. Det kan också vara nått annat än träd och sånt, jag talar från mitt perspektiv, så klart .... MEN du kan också se vissa händelser som ägt rum, eftersom det som skedde finns lagrat som ett minne, nästan som i ett energichip. Vissa människor som är medium, mycket intuitiva, när dom kommer till vissa platser, då kan dom se EXAKT vad som hänt innan.

D. Hur långt tillbaka i tiden?

B. Oh, inte så långt tillbaka. Det är inte som från tidernas begynnelse, då skulle det bli hur trångt som helst!

D. Det bleknar alltså något med tiden?

B. Precis. Man ser det som är manifesterat, som för närvarande finns. Sen ser man nått som, låt oss säga, är från hundra år tillbaka i tiden och som inte längre finns, men det vibrerar fortfarande som ett minne på just den platsen. Och när man går ännu längre tillbaka, då bleknar det. Så när man spolar tillbaka kan man se vad som fanns, och nu pratar jag om träd och växter och sånt. Stenar, dom brukar inte röra sig så mycket, såvida inte nån bygger nått.

D. Vad kan du säga om framtiden, kan du se vad som kommer att ske?

B. Det kan jag inte.

D. Hur länge kommer du att stanna kvar med Jorden, hur länge kommer du stanna här?

B. Jag kommer och går. Uppdraget har förändrats över tid. Eftersom vi alla utvecklas, så nu vill jag utvecklas genom att kommunicera med dom själarna som jag jobbar med i andeform. Det finns en gemenskap bland oss som vill lära av själar som kommer in, och som är av en något högre art, och jag har förmånen att vara en av dom. Nåja, här avslutas sessionen för just det här ämnet.

D. Tack för att du kom till oss. Det är alltid ett sant nöje att vara tillsammans med dig.

B. Ah, det är tycker jag också. Det är ett sätt att lära sig att kommunicera genom ett tredje fordon och känna att man är involverad i en process som kan leda mänskligheten framåt. Det som bekymrar mig rör djuren, och jag önskar att det skulle finnas en högre medvetenhet och empati för alla slags varelser. Inte bara för dom som är söta. Det finns varelser i naturen, som insekter och skalbaggar, som är väldigt värdefulla för hela ekosystemet. Som bin.

D. Vi ska lägga till det i vår bok om du vill.

B. Uhmm. Ja tack, gör det.

Bob berättade om hur den andra dimensionen använder vissa planeter som växthus, där de kan placera växter, insekter och djur för att se hur de utvecklas över tid. Dessa planeter är inte programmerade för evolution, så vad de än placerar där kan växa utan yttre påverkan, och sedan undersökas för att se om det uppfyller de mål som de ville uppnå.

B. Jag känner till planeter som är som ett stort växthus. Du kan besöka och placera ditt projekt där, bara släppa dom där, och dom kommer bara att typ blomstra, och du kan gå dit och titta för att se hur dom utvecklas över tid, eftersom dom inte kommer att störas av andra aktiviteter. Så vad du än placerar där, och vilket öde eller livsändamål du än hade tänkt dig för just den varelsen eller växten, så kommer det att komma till uttryck. För det finns inga yttre faktorer som kan störa dom enskilda individerna, projekten där, eftersom det är som ett växthus.

D. Det är bra att det finns sådana platser där ute, annars skulle du kunna bli uppgiven.

B. Mmm. För några av dom planeras en utvecklingsprocess. Säg att du skapar en skalbagge, och du vill se hur den beter sig efter en viss tid, för du har kanske tänkt lansera den i en verklighet där den kommer att möta en viss påverkan utifrån. Här (*på växthusplaneten*) störs den inte. Så om du vill se hur just den skalbaggen fungerar efter att den har utvecklats under en viss tid...och säg att du sen vill att den ska vara en väldigt aktiv skalbagge, och du ser att...ohoo - utvecklingen som den genomgick gjorde att den blev liksom, den blev som en pensionär, den blev lite slö, DÅ kan du göra finjusteringar. Det är ett sätt att se, utan att den behöver bli störd av andra saker...och mycket av det har att göra med klimatförändringar också, så det är naturligtvis inte bara människor som stör. Men här ser vi individen eller väsendet själv utan störningar, och sedan placerar vi den där det finns störningar. Så det är så vi gör.

Jag var nyfiken på hur Bob kunde befinna sig samtidigt på flera platser. En gång sa han att han alltid är i Bibliotekets valv, och en annan gång nämnde han att han aldrig lämnade den andra dimensionen, och han kunde ge en mycket bra förklaring om hur andliga varelser delar upp sig själva. Var och en av oss som är inkarnerade gör samma sak, eftersom en del av oss är här, och en annan del samtidigt finns någon annanstans.

D. Okej, jag har en fråga om dig, Bob. Jag vet att du arbetar med både den andra och den femte dimensionen, var har du ditt sanna hem?

B. Andra.

D. Och hur fick du veta hur du skulle ta delar av dig själv till den femte dimensionen?

B. Genom Gergen (*hans lärare*).

D. Så delar du på något sätt upp din själ?

B. På sätt och vis. Det är en transformation som sker, när du rör dig mellan olika lager som du har tillåtelse att röra dig emellan. Vissa behöver hjälp. Men det är ett sätt att projicera en del av dig själv. Så det är som att jag projicerar en del av mig till valvet, till exempel. Och jag projiceras dit, men eftersom jag är solid på många sätt så ser jag ut som dom andra som projiceras dit, som till exempel i Ophelias stora klassrum. Jag projicerar mig själv, för det har jag lov till, men jag är alltid kopplad till den andra dimensionen. Ju mer jag utvecklas, desto mindre lämnar jag kvar. Så jag kan projicera mer av min energi, låt oss säga, för att göra det enkelt för din mänskliga dator, som ju inte är så stor, låt oss säga det så här; när jag började hjälpa till i Biblioteket hade jag typ 50 – 60 procent kvar i den andra dimensionen och lämnade resten, ca 40 i valvet. När jag fick lov till att komma till ditt labb och ta lektioner ovanför, då lämnade jag liksom 10 procent i den andra dimensionen. Jag vill gärna ständigt ha cirka 30 i valvet, för det krävs mycket av min kapacitet och min uppmärksamhet på detaljerna där. Jag vill vara noggrann, så jag vill inte lämna mindre än 30. Men resten delar jag upp, jag vill inte gärna ta hela resten (*de 60 procenten*) och dela upp det mellan den sjätte och sjunde, så jag tar resten och åker antingen dit, eller dit (*till den sjätte eller sjunde*). Nu lämnar jag typ 10 i den andra. Och det är därför jag måste dra tillbaka så mycket av min resandeenergi när jag kommer hem, om du vill kalla det så, för jag saknar saker och ting hemma. Jag tycker verkligen om att resa, men ibland känns det som, eftersom jag egentligen inte är så närvarande där, som att jag tappar lite kontakten med ... Du vet jag har ju vänner, som inte reser och jag vill inte att det ska se ut som att jag inte bryr mig om vad dom gör. Så jag vill gärna gå tillbaka då och då bara för att visa att jag faktiskt fortfarande är densamma, även om jag reser mer. Många av dom är som små trädgårdsmästare och verkar på den tredje, så jag försöker gå tillbaka och se vad dom gör.

D. Du skulle behöva en liten hjälpreda för att göra anteckningar åt dig.

B. Jag har små elever som håller mig uppdaterad på vissa saker. Men det är svårt att förstå, jag skulle säga att det är nog lättare för dig att tänka att jag projicerar mig själv.

D. Jag förstår det. Jag var bara nyfiken på vilken dimension du föddes i. Tack för att du klargjorde det.

B. Hemma är alltid i mitt labb och med Gergen och mina lärlingar och mina vänner. Många av dom är små trädgårdsmästare.

Nästan alla kulturer som har funnits här på Jorden, innan de konventionella religionerna förstörde dem, hade kunskap om naturväsen. Bob bekräftar att de inte bara existerar utan att de också är mycket vanligare och mer varierande än du kan föreställa dig. Denna mängd olika andeväsen tjänar ett avgörande syfte på vår planet. Bob gör flera intressanta kommentarer under nästa session. Han säger att vissa kulturer kände till de små naturandarna och att de kunde se dem, just därför att de trodde på dem. Senare förklarar han mysteriet om hur djur verkar ha en föraning om naturkatastrofer som jordbävningar och tsunamier. Eftersom alla djur kan kommunicera telepatiskt med naturväsen, berättar de vad som är på väg att ske och vart de ska ta vägen för att vara i säkerhet.

B. Du vet, jag gjorde anteckningar när jag var på Irland. Jag tycker om Irland, jag tycker om dom naturväsen som finns på Irland och i Skottland, för dom är roliga, dom är som små bollar i naturen, små naturväsen. Så jag har ett varmt hjärta för den regionen, öarna.

D. Ja, jag hoppas kunna åka dit en dag.

B. Det finns en plats norr om det också, Färöarna, som inte så många åker till. Där finns mycket naturväsen, och jag tillbringar en del tid i det området och funderar över mina anteckningar och sånt. Det är en plats som fortfarande är orörd, om du så vill. Mmm, det finns en hel del energiväsen i regionen från Irland och Skottland och uppåt. Till och med Island har orörda områden så att varelser från min värld kan röra sig fritt, och där är dom välkomna. På dom flesta platser finns det inte så mycket förståelse för oss från den andra dimensionen. Eftersom vi inte syns, så finns vi inte. Vilket är en missuppfattning eftersom, du vet, det är ungefär som om du inte kunde se havet, även fast det var där och du kunde höra det, men du skulle inte tro på det. Det är det vi pratade om tidigare, om hur man kan höra nått, och även om man inte kan se det, så vet man att det finns. Det är samma sak med den andra dimensionen. Indianerna, ursprungsbefolkningen, dom är medvetna, och det finns också grupper i Sydamerika och aboriginerna i Australien. Ursprungsfolk vet att vi existerar, även om dom inte kan se oss, och när dom väl känner och är medvetna om oss, då kan dom också se oss.

D. Det var en fin hemlighet!

B. Det beror på att dom vet hur dom ska titta igenom stenarna.

D. Vad är ditt ansvar i den andra dimensionen?

B. Det handlar om att skapa balans i vattnen, det är ett av mina ansvarsområden. Mineralerna också, till exempel kvarts, det är placerat på vissa ställen för att skapa energiförskjutningar i naturen. Så det handlar om att skapa balans i elementen som finns i naturen.

D. Är Jordens centrum en kristall?

B. Det är mer som en eldboll. Det är en kristall, men den är mera flytande. Den är inte fast som en sten. Den är faktiskt ett levande väsen. Den är röd och flytande, nästan som en kamin, som en generator inuti. Det är inte en kristall. Den är röd och lite rörlig så den verkar vara flytande. Men inte flytande som vatten, utan mer som grekisk yoghurt.

D. Hur utvecklas själar som du själv i den andra dimensionen?

B. Oh, några håller fortfarande på och lär sig att gå in i fast materia, som stenar och träd. Det är barnen, som fortfarande lär sig att gå in i fast form, att komma och gå och observera. Så dom börjar med att lära sig hur man går in och observerar. Och några går sen vidare, hjälper djuren och kommunicerar med dom. Hjälper dom att bege sig till säkra områden när det är jordbävningar och så vidare. Du vet hur dom kan förstå när det är dags att lämna ett ställe innan det sker sånt som jordbävningar och tsunamier, till exempel? Det är när dom får höra det av tonåringarna (*hänvisar till de i den andra dimensionen som har utvecklats från småstjärnor på barndomsnivån*), men tonåringarna har också lärare. Så det finns dom som bara arbetar med att kommunicera med djur, och som också ser till att när det sker förändringar i Jorden, som från magma till exempel, att det sker på ett korrekt sätt. För det sker fortfarande förändringar så att kontinenterna kan röra sig, lite grann. Så det är också nått som dom andarna är involverade i. Jag arbetar med att smälta in mentalt, energimässigt med inkarnerade individer som du själv. Jag gör också anteckningar och lagrar dom i Biblioteket. Och jag tar upp anteckningar från mina kollegor som arbetar med stenar, för vi vill ju inte att barnen ska bli inlåsta i stenarna! Så det finns faktiskt en handbok om hur du lämnar stenar och hur du går tillbaka in. Dom anteckningarna om vår värld finns också, men det är ett annat valv.

D. Rör sig kontinenterna långsamt, eller rör de sig ibland plötsligt?

B. Oh! Det är upp till mästarna! Eftersom dom faktiskt kan röra sig snabbt. Det är lite missvisande att dom bara rör sig bit för bit, långsamt över tid. Tidigare har det faktiskt gått mycket snabbare. Du kan se det när du finner lämningar av vissa djur på platser där dom egentligen inte skulle vara. Till exempel ett tropiskt djur där uppe där det är snö. Det finns signaler, men människan väljer att inte uppmärksamma det eftersom det inte passar in i deras verklighetsuppfattning och i deras böcker. Men det har funnits tillfällen då det har gått mycket snabbare. Man har faktiskt också funnit individer (*djur*) på den afrikanska kontinenten, som är vinterdjur. Så det har gått snabbare, och det är baserat på nån form av design från mästarna, det är jag säker på! Det måste ha varit nått med klimatet som behövde förändras. Det var nått med årstiderna också, och...ohhh, när årstiderna kom in. Årstidsskiftningar. Även där livet var tänkt att blomstra mer.

D. Hur många andra inkarnerade människor arbetar du med?

B. Nej, nej, det finns andra som också arbetar med människor, men jag arbetar bara med er. Jag vet inte om jag ska röra mig omkring så mycket, för jag har ju precis börjat lära mig att kommunicera via en tredje person. Jag känner inte dom andra. Jag kan se dom, och jag kan observera dom, men jag kommunicerar inte med dom. Det bestämdes och beslutades på möten innan dom kom hit. Jag arbetar bara med vår grupp, er två.

D. Vi är glada över att du arbetar med oss.

B. Det är liksom en familjeangelägenhet. Det är som om att vara en del av ett släktträd, även om du är annorlunda. Det är som att (*blir riktigt högljudd*), jag är en liten buske bredvid ditt träd! Jag är en liten buske, så du kan se att busken inte gick så långt, står precis bredvid sitt träd. (*Ett roligt sätt att säga att han är liten jämfört med mig, och eftersom vi arbetar tillsammans förblir han väldigt nära*).

D. Men du är en så kraftfull liten buske.

B. Så, jaa, busken håller fast vid sitt träd. (*Skrattar*) Det är som, här är jag! Så, är det. Det är inte ett så stort mysterium egentligen, men vi vill också höras. Och det är inte alla som kan höra oss, så vi kan ringa och vi kan ringa, men ingen svarar. Jag känner andra som också arbetar med nån form av kommunikation. Det är det svåraste med att försöka arbeta på den här nivån. Djur är alltid mottagliga, medan en inkarnerad själ i en fysisk kropp är svårare att nå. Det krävs lite träning. Djur är alltid medvetna. Dom hör oss annorlunda, så det är lättare. Det känns riktigt som en belöning att på energinivå få försöka smälta samman med en fysisk varelse och försöka kommunicera på bästa sätt.

D. Jag hade en fråga. Vilken typ av själar eller andar har djur? Är det som en gruppsjäl, som en hjort eller en älg?

B. Dom har liksom samma själ. I varje individ *(Bob kallar djur, "individer")* finns en liten ljusgnista av den själen. Ändå är det inte på samma sätt som hos en människa, för om du tar till exempel en älgfamilj så är det faktiskt samma ljusgnista som styr och är verksam i alla dom olika kropparna. Det är som en kollektiv ande. Den är större än andra slags andar, det är mer som ett stort moln som kommer in och det går liksom in i djuret, eller bara styr det från Källan. Om du kunde se det här molnet, så är det som att det bara svävar lite ovanför djuren och liksom styr dom i grupp. Så alla är faktiskt anslutna till det här stora molnet ovanför dom, och det molnet är typ deras själ. Det resonerar med det stora centrala sinnet. Det är nästan som en hjärna, det här molnet är nästan som en central hjärna som fungerar genom små djur. Så det finns själar i var och en av dom, dom tillhör bara, eller är en del av, samma moln.

D. Det var en väldigt bra förklaring, väldigt intressant.

B. Och dom kommunicerar...dom är mer kopplade till sina mentala centra, eftersom molnet är en del av det Mästerliga Medvetandet.

D. Finns det Mästerliga Medvetandet i den rena andevärlden?

B. Oh, det är som en central i mitten nånstans.

D. Är det i den mentala världen?

B. Det är inte inom den mentala världen. Blanda inte ihop det här med den mentala världen runt planeten. Det här är skapelsekällan, så det är här som det Mästerliga Medvetandet hör hemma. Du kan se det på det här viset; det finns en Moderenergi i den centrala skapelsen, och så finns det Mästerliga Medvetandet. Och det finns flera organ, men när det gäller djuren, så kommer deras själ från det Mästerliga Medvetandet. Dom kommunicerar telepatiskt, det är därför dom är från det Mästerliga Medvetandet.

D. Är du från det Mästerliga Medvetandet?

B. Det är vi alla på nått vis. Men det är där jag får min information, eftersom det sker telepatiskt, nästan som radiostationer som sänder information genom impulsvågor. Det är som morsemeddelanden, det är så det skulle se ut för dig.

D. Är det så du känner av det?

B. Det är som pip-pi-piip! Pip-pi-pi-piip! Det säger inte dig nått, eller hur? Så du måste vara inställd på dom radiosignalerna, annars är det bara precis som pip-pi-piip! Och det säger dig inte riktigt nånting.

D. Men, den mentala världen runt Jorden...

B. Väldigt annorlunda. Det är inte det Mästerliga Medvetandet.

D. Vilka livsformer bidrar till det?

B. Det finns egentligen inga livsformer i den mentala världen. Det är där som själars upplevelser skapar egna bilder. Det finns ingen livsform, i sig, i den världen.

D. Kommer de bilderna bara från själar som finns i människor?

B. Nej, det Mästerliga Medvetandet finns i djur, och djuren upplever saker. Bara för att dom fungerar från ett moln betyder det inte att dom inte upplever saker. Dom lämnar också sina bidrag, som skapas och lagras inom den mentala världen. Men det är inte som att lämna en jacka, egentligen. Dom rör sig bara till en andeform på ett annat sätt, för dom har inte en själ som ska gå igenom och funderar över saker dom gjorde. Men allt som dom upplevde registreras i den mentala världen, det är därför vi inte vill att ni ska äta dom. Och det är därför ni inte ska skjuta dom och behandla dom illa, för det skräpar också ner i den mentala världen. Vi pratade om det. Där finns kapporna, men också dom här andra upplevelserna som måste rensas upp lite.

D. Jag var nyfiken på vilka slags skapelser som lämnar minnen i den mentala världen. Vad sägs om träd, gör de också det?

B. Ja! Ja, träd! (*Blir ganska högljudd*) Det är därför ni inte bara ska skövla dom! Ni behöver inte allt detta papper längre. Ni behöver inte tillverka papper av träd. Ni ska låta träden leva, eftersom dom också skapar syre i luften, som just nu verkligen behövs. Och det är också för den andra dimensionen. Vi jobbar med rötterna. Du vet, vi kan känna, lukta på rötterna för att veta om det inte tar upp och skickar ut syre och sånt på rätt sätt. Det är en hel kedja som påverkas om ni hugger ner träd. Det tycker vi riktigt illa om!

D. Det gör jag också, det är dumt. Kanske finns det för många människor.

B. Åtminstone måste kapporna bytas ut - Omoderna! (*Skrattar*) Hehe, det är som förra årets jacka, den vill du inte ha längre! Det är lite så.

D. Det var roligt!

B. Så vi kommer att träffas och prata mer om det här.

D. Tack för att du kom. Jag vet att det inte är vår schemalagda tidpunkt, men tack.

B. Det spelar ingen roll, det är avsikten när ni försöker nå oss som vi svarar på. Vi petar på henne här, så hon vet alltid när vi vill prata. Och sedan säger hon, "Tycker du att vi ska ha en session?" Oh, undrar just vems idé det var? Det är som, vem tror du berättade det för dig? Det är så vi fungerar. Och vi verkar i era drömmar också. Det är därför ni båda just nu behöver mer sömn än vanligt. Det är också ett sätt som ni kan ladda och förnya er, och cellerna måste läkas och skapa sitt trolleri inom er, liksom harmoni både på insidan och utsidan.

Våra samhällen ger oss förvrängda idéer om andra levande varelser. Ursprungsfolkens kulturer var mer medvetna om den ande som lever i växter och djur. Den västerländska materialistiska uppfattningen är att växter och djur bara är föremål utan känslor eller sinnen. Som våra andliga vänner har berättat för oss, har alla livsformer tillgång till de känslomässiga vibrationerna. De varelser som rör sig kräver mer andlig energi, men de som inte rör sig, som träd och växter, har också känslor och medvetande. Forskare vet att elefanter känner sorg när familjemedlemmar och vänner dör och gråter när de är ledsna. Alla som har haft hund inser att de har känslor. Mindre kända är de studier som gjorts på växter och träd av forskare, som Cleve Backster, som har bevisat att växter känner igen människor och visar oro eller lugn när vissa människor kommer in i ett rum, beroende på hur dessa människor har behandlat växten tidigare. Träd är medvetna när hjortar eller andra djur kommer förbi för att äta av deras bladverk, och de som kan producera tanniner kommer omedelbart att skicka ut det i sina blad som ett försvar. Tanninerna smakar bittert, och om djuret fortsätter att äta kommer det att bildas garvsyra i deras matsmältningssystem och därmed försämra matsmältningen. Den intressanta aspekten av detta är kommunikationen mellan träd, eftersom när en medlem av trädfamiljen är stressad av en hjort, till exempel, kommer alla närliggande träd att reagera samtidigt och också skicka ut tanniner i sina blad. Alla som har tillbringat tid i skogen vet att en hjort alltid rör sig när de letar föda, och stannar aldrig särskilt länge på samma plats. Träd har ett medvetande samt känslor, och har tillräckligt med andlig intelligens för att kommunicera med andra träd och vara medvetna om aktiviteter i deras omgivning; hjortarna vet naturligtvis detta. De flesta "forskare", å andra sidan, ser inte hur kommunikation skulle vara möjlig i ett intetsägande föremål utan hjärna eller läppar, som ett träd, och avvisar högdraget alla studier som strider mot en materialistisk livssyn. En ande som upptar andra livsformer är lika omöjlig att upptäcka som själen i din egen kropp. Descartes tes "Cogito ergo sum" (*"jag tänker alltså finns jag"*) gäller alla levande varelser, inte bara människor. Vår likgiltighet inför andra skapelser runt omkring oss, uppskattas eller godkänns inte av andevärlden. En känsla av respekt och omsorg för växter och djurliv är en viktig sida när det gäller empati och är direkt relaterad till själens utveckling.

Bob är väldigt tydlig i att källan till all andlig energi kommer från en gemensam pool, som är en förlängning av det Mästerliga Medvetandet. Jag var ganska nyfiken på processen för hur denna energi förenas med det fysiska och bad honom klargöra den frågan, vilket han gör i nästa dialog.

D. Innan du ger dig av hade jag en fråga om något du har talat om tidigare. Den lilla biten mästerligt medvetande som placeras i alla levande varelser, hur kommer det in där? Är det något ni arbetar med?

B. Som en ljusgnista. Nej, det gör vi inte! Hur kommer en själ in, kan man undra? Det är en intervention som sker, designad av dom som arbetar med att smälta samman föremål för att vissa saker ska fungera. Jag skulle säga att det är en snabbare process när det görs från det Mästerliga Medvetandet, för då skickas det bara. Du kan se båda sätten, för båda skickas från sin källa, som en ljusgnista. Även om en själ går in i en mänsklig kropp, kommer den också in som en ljusgnista. Men den andra, från det Mästerliga Medvetandet, kan helt enkelt sändas som en impuls, och den kan bytas ut över tid. Det kan liksom fyllas på, det är inte konstant. När en själ går in i en kropp oberoende av hur många procent som har placerats i just det fordonet så kommer det alltid att förbli konstant. Medan en ljusgnista från det Mästerliga Medvetandet till en växt, eller annan livsform som ett träd, faktiskt kan fyllas på eller till och med tas bort. Så det är skillnaden. Det skickas helt enkelt som en impuls, skulle jag säga, nästan som ett hjärtslag. Det är ett mindre ingripande. Det är mer en, hur kan jag säga, det är en enklare process än när en själ inkarnerar, även om båda är ljusgnistor.

D. Styrs det av en grupp andliga varelser?

B. Jag skulle tro det, ja.

D. Så erfarenheter som växten eller djuret har, registreras det av det Mästerliga Medvetandet?

B. Det kan följas direkt, inte på samma sätt som med en själ, eftersom själen rapporterar och lagrar inom sin egen själsenergi, i sin egen själspartikel. Så andevärlden kan analysera själens skorsten i ett fordon, men inte analysera själens upplevelse i den. Men om det Mästerliga Medvetandet vill läsa av en ljusgnista, låt oss säga ett träd, kan det direkt ansluta och läsa av upplevelsen inifrån.

D. Fantastiskt, det var en perfekt förklaring.

B. Oh, ingen orsak. Det är inte så knepigt, det är bara lite annorlunda.

D. Det beror på hur liten din dator är.

B. Ha! Det är sant! Du kanske vill uppgradera. Hehehe.

I nästa session finns det några saker som Bob nämner som behöver lite förtydligande. Bob är en vetenskapsman och gör många anteckningar om saker han observerar och idéer han får när han reser runt. Han har gjort anteckningar på Jorden under ett otal miljoner år och är lycklig över att nu få dela med sig lite av sin kunskap. Det lustiga var att Ophelia var den som tillät budskapen att komma igenom, och hon höll fram en skål till Bob med små "lappar" i, så det blev som en dragning i ett lotteri. Eftersom han inte visste vad som stod på lapparna blev han ganska upphetsad och började agera som om han var en värd för ett TV-program, vilket var både sött och lustigt. I det första budskapet talar han om hudproblem som både Christine och jag har haft. Under sitt förra liv, som Alicia, hade hon mycket allvarliga hudeksem, medan jag som tonåring i det här livet hade stora problem med akne. Senare talar han om 'koppar', och det handlar om en kommentar som Ophelia gjorde flera månader tidigare. Hon talade om skillnaden mellan att ge kunskap liksom i tunnor och dumpa det på människor, eller att ge samma kunskap i koppar, lite åt gången, så det är lättare att bearbeta. Något av de mest anmärkningsvärda för mig, när det gäller våra sessioner, är den perfekta kontinuiteten, och minne, av det de har lagt fram. De har aldrig gjort ett enda fel eller motsagt själva i något ämne eller någon samtalspunkt. Oavsett hur lång tid som gått, i vår verklighet, glömmer de aldrig tidigare samtal. Eftersom de på något sätt fungerar som ett gruppsinne under våra sessioner, kom Bob ihåg Ophelias jämförelse och ville att en av kopparna med kunskap skulle handla om hur djuren och växterna alla innehåller en ande och bör behandlas med empati.

D. Hej, Bob.

B. Oh, nu är det min tur! Få se vad jag kan berätta för dig idag. Okej, jag kommer att få dra budskap ur visdomens skål idag! Ophelia säger att jag ska få dra lappar ur den stora skålen av visdom som är inlåst i vårt valv, i Biblioteket. Idag kommer jag att få dra några lappar ur den skålen. Det är som på TV, du vet, när dom har en skål med lappar och du kan dra en som det står ett litet visdomsord på. Du vet, såna där underhållningsprogram.

D. Okej. Låt oss se vad som finns!

B. Okej, jag ser att det finns...en, två...sex. Sex lappar. SÅ, få se, det finns sex lappar i skålen som jag kan välja bland idag. Så, vilken ska vi börja med? Nummer tre. Oh, huhuh, det här är lapp nummer tre. (*Lång paus när han tar emot tankebubblan som Ophelia skickar till honom*) Det handlar om din fysiska resa. Det handlar om din kropp, och varför du valde den här kroppen med lite problem. Låt oss se, låt oss se. Oh, ni har båda en koppling till just det här problemet med huden. Ni är båda medvetna om att huden på era fordon är lite ömtålig. Du tog uppdraget den här gången, med lite hudproblem, för hon gjorde det förra gången. Så nu är det din tur att förstå att svaghet kan komma från känslan av att kroppen inte riktigt är så attraktiv och funktionsduglig. Det var faktiskt nått ni båda skulle uppleva. Det fysiska, oh, det står nått mer på den här lappen. Det är nått med din kost och nått med dina fötter. Du lär dig också mer om det fysiska fordonet och du återrapporterar hur man kan förbättra dom fysiska fordonen i framtiden. Intressant, verkligen. För när dom nya energierna kommer in, måste det fysiska fordonet förbättras. Så du valde en kropp som ur ditt perspektiv var lite mer dysfunktionell. En som på olika sätt fungerade lite sämre. Du valde också en plats, där du placerade den här kroppen, där det skulle vara mindre troligt att den läker ordentligt. Ni rapporterar faktiskt båda om nånting i era fysiska fordon som handlar om hudproblem. Du gör det mer i energiform, skulle jag säga, i dina drömmar. Men det är nånting som rapporteras högre upp. När det gäller framtida kroppar är man mest intresserad av att förbättra dom fysiska fordonen. Huden på dom nya fysiska fordonen kommer faktiskt att vara lite mindre torr. Man kommer att förbättra kvaliteten på huden. Så ni ska veta att båda två, i olika ordning, valde den här typen av kropp, där ni rapporterar om nått som är relaterat till den fysiska huden.

D. Oh, bra. Tack.

B. Så det var lapp nummer tre. Den lägger vi åt sidan nu. Vi kan kanske titta närmre, om vi är intresserade, eftersom den redan är öppen nu. Vi är lite på övertid här, så vi ska se vad som står på den fjärde lappen. Den här har jag skrivit.

D. Är det din anteckning?

B. Min anteckning, för jag har gjort anteckningar en massa gånger. Så det här är mitt bidrag till projektet. Det här är min lapp. Jag ville att en av kopparna skulle handla om empati för djuren. Jag vill att det ska finnas en medvetenhet om att det finns en själ, inte bara inom dom djur som rör sig, utan också att det finns en själ på nått vis i allt, som träden och buskarna och stenarna. För alla bär på en liten del av den kollektiva själen. Och jag vill att det ska finnas en medvetenhet om att även om du sparkar på en sten, du vet, så kan det vara nått som lever inuti den. Och jag vill att det ska finnas en empati för där människor sätter sina fötter, för om ni inte är snälla mot planeten, och där ni sätter era fötter, så påverkar det hela dig, för dina fötter är som stora sensorer. Om du tänker på din TV och på satelliterna, så har du den där stora tallriken, och alla är liksom, "Oh, titta upp mot himlen! Titta upp mot himlen!" Men du vet, du har samma satellitmottagare i fötterna. Så det finns en satellit...alla pratar om att öppna upp sitt kronchakra, som är som en stor satellitskiva, men det finns också diskar under dina fötter. Så om du ser det så här, så är det lättare att förstå att om du helar, läker, platsen där du sätter dina fötter, så kommer det att vara lättare att läka det som finns ovanför dig. Och det är nånting med atmosfären som oroar oss. Det handlar om föroreningarna i vissa länder där kunskapen är mycket låg om effekterna av fabriker och så vidare. Och det är ett stort bekymmer. Så om vi kunde få lägga fram lite om hur ni sköter om era fötter och hur ni tar hand om planeten. Se det som ett projekt och att ni vill komma tillbaka hit. Ni har ju era kappor här, vad vill ni komma tillbaka till?

D. Det var en riktigt bra poäng, Bob.

B. Jag sysslade faktiskt också med vilken typ av växter och träd som skulle finnas i olika områden. Så jag är lite bekant med träd och mossor. Visste du att mossan är ett levande väsen? Gjorde du det? (*Bob skrattar och blir väldigt högljudd*) Huhhuh...Du trodde att det bara är nått grönt och mjukt som liksom bara hände!! (*Tystnar igen*) Men så är det inte, den är faktiskt ett levande väsen. Om du lägger handen på den och blundar kan du faktiskt kommunicera med den. Det är ett litet knep för att kommunicera med världarna som är under er. Mossan är lite av...(*Bob förlorade sig i sina tankar och avslutade inte meningen*).

D. Har varje livsform en egen gruppsjäl? Som ett rådjur och en jordekorre?

B. Nej, nej. Dom är alla delar av samma översjäl, molnet, allt är en del av det, det är bara olika delar som kommer in därifrån. Det är egentligen ingen skillnad mellan ett djur och ett träd, även om det är mer i ett djur, eftersom det måste kunna röra sig omkring. Så det finns en större procentandel, och mer av en medvetenhet från molnet, hos dom som rör sig än i dom som står stilla, som ett träd eller en sten. Men om du till exempel tar mossan på en sten, så är det faktiskt lite mer av en medvetenhet i just den stenen. Du kan undersöka det om du vill. Om du ser stenar med mossa på, så finns det mer av en medvetenhet i den regionen.

D. Wow, vad fascinerande!

B. Aah, men allt kommer från samma moln. Det är bara olika grader av medvetenhet och olika sätt att fungera. Om du rör dig behöver du helt klart lite mer kraft än om du bara står stilla. (*Småskrattar lite*) Ja, du vet, det är bara annorlunda, men det är från samma moln.

D. Människokroppen har också tillgång till det molnet, eller hur?

B. Ja, mentalt, mentalt har dom det. Det är därför som vissa kan kommunicera med djur, och sen finns det såna som faktiskt gör narr av dom människorna! Men dom tonar in på den medvetenhet som tillhör djuren. SÅ, ja, alla som är tillräckligt öppna kan kommunicera med både stenar och djur. Men några praktiserar det på mer professionell nivå, genom att tona in på det här medvetandet. Det här medvetandet är detsamma på alla andra platser (*bortom Jorden*) där det finns liv. Så det här planet, den här planeten, är inte annorlunda än andra planeter. Medvetandet är mer rörligt mellan olika himlakroppar, medan när det handlar om en inkarnation rör det sig annorlunda (*själen är låst i en kropp under den livstiden*). Det andra däremot...det är som ett moln som rör sig tyst mellan olika himlakroppar och dimensioner, tittar in, tyst, nästan som undercover...(*viskar*)...tyst tittar in och betraktar vad det vill se. Det är som ett levande väsen, det här molnet.

D. Sträcker det sig utanför Jorden?

B. Ja, ja det gör det.

D. Är det kopplat direkt till det Mästerliga Medvetandet?

B. Ja, det är det. Det är därför det kan röra sig mellan, tyst, utan att störas av andra...det påverkas inte av förändringar i atmosfären och så vidare.

D. Den mänskliga kroppen, den har många funktioner, som hjärtslag till exempel. Styrs det av det Mästerliga Medvetandet?

B. Det vet jag inte riktigt nått om.

D. Kontrollerar den inkarnerande själen kroppen?

B. Uhhh, den smälter in i och kan ha förmågan att ändra fordonet. Men själva fordonet är designat utav en grupp individer. Det är därför du rapporterar om det vi pratade om, huden och så vidare, och om olika förändringar. Dessa små kroppar och fordon skapas för att själar ska använda dom. Ah, men det är en...Okej, låt oss säga så här. När jag gick in i vissa varelser tidigare, hade jag inte samma förmåga att påverka den individen eller den stenen. Som en själsenergi som kommer in har du mer möjlighet att förändra och förbättra, men också tvärtom, till exempel om du äter dåligt. Du har i början en helt frisk kropp, men om själen inte bryr sig och hedrar det fordonet, så kan det bli precis tvärtom. Så själen har mer kraft att arbeta med den fysiska kroppen än när jag går in i en varelse eller en sten, för jag kan inte riktigt påverka den varelsen, jag kan bara besöka, men jag är inte knuten till den.

D. Det var bra, jag uppskattar den beskrivningen.

B. Så själen har förmågan att arbeta mer direkt med fordonet. Det är det som är annorlunda.

D. Vi kommer att ta med det i en av kopparna.

B. Ja. Det var en av kopparna jag ville berätta om. Jag vill att det ska finnas en medvetenhet om att du som själ har kraften att välja när det gäller fordonet och att det finns en koppling genom dina fötter (*till den första och andra dimensionen*). Och även om dom levande väsen som finns, att det finns en medvetenhet i allt runt omkring dig.

D. Jättebra, tack så mycket för det. Jag tror att vi har gått igenom alla lapparna nu, så har du något annat du vill tillägga? (*Några av de sex lapparna han drog hade information som kommer att finnas med i senare böcker, eftersom de relaterade till en annan våg av kunskap*).

B. Du vet, det är alla dom små sakerna som människor missar runt omkring sig. För det finns alltid nån där. Det kan vara nått enkelt, dom tycker sig se nått i en sten eller så ser dom ett ansikte i ett träd. Och dom som stannar upp och funderar på det, dom är naturligtvis mer i harmoni och i kontakt med allt.

På grund av den otroliga intelligens och kunskap som Zachariah, Ophelia och Jeshua har i olika ämnen, testar jag ibland för att se hur mycket de kommer att avslöja om de mysterier som vi människor alltid grubblar över. På grund av vår primitiva och våldsamma natur finns det en gräns för vad som kommer att avslöjas. I nästa diskussion nämner emellertid Zachariah något som strider mot en av grundpelarna i fysiken och astronomin, antagandet att gravitationskraften är en grundläggande konstant. Zachariah talar detaljerat om gravitation, och konstaterar att det är en oberoende komponent som andevärlden tillför den levande kärnan i planeter och stjärnor när de skapas. Det finns emellertid ett annat gravitationsfält, utanför planeterna, med olika styrkor överallt genom hela vårt universum, vilket också kan justeras lokalt av samma grupp av andar för att uppnå vissa mål. Han beskrev också hur gravitationen inom planeten inte är konstant utan kan röra sig under ytan. Många omständliga teoretiska ekvationer har skrivits med en fast bestämdhet för tyngdkraften istället för en okänd variabel. Inte korrekt, kan man säga. Personligen har jag alltid menat att big-bang-hypotesen är helt utan relevans, liksom begreppet svarta hål, eftersom båda utformades som mentala abstraktioner för att tillfredsställa matematiska ekvationer som endast är lokalt tillämpliga, astronomiskt sett. Den allmänna relativitetsteorin, som utvecklades av Poincaré och senare lånades av Einstein, innehåller ett antagande om gravitationsvågor som inte är korrekt. Inom rymdens vakuum är gravitationsfältet något som styrs av de andliga experterna i den åttonde dimensionen och kan justeras under olika solsystems utvecklingscykler. Det vi känner som tyngdkraft kanske är gravitationselementen som interagerar med ett energirutnät av okända energivågor. Vågorna själva skulle inte begränsas av ljusets hastighet, eftersom det är en annan mänsklig idé relaterad till materiens egenskaper i den tredje dimensionen. Lyckligtvis har våra andliga vänner lovat ytterligare information om detta ämne, som jag är ytterst angelägen om att höra mer om.

> D. Energin som bygger universum, där materien först materialiseras, är det vår dimensions frekvens, och är detta byggstenen?
>
> Z. Är din fråga hur något manifesterar sig och vad som är ursprunget?
>
> D. Ja.
>
> Z. Det är något som ska komma i senare böcker, min vän. Men för att ge dig en uppfattning. När frekvensen, vibrationen, som rör sig som vågor genom rymden ansluter till himlakroppar med en viss gravitation, kommer det att möjliggöra manifestationer på olika nivåer. Detta fält, himlakroppen Jorden, skapades för att en mängd

manifestationer ska äga rum, när olika vibrationer uppträder, du som människa är en. Jag önskar att jag kunde ge dig en bild, min vän. Detta kommer du att minnas när du mediterar mer. Vibrationerna som rör sig som vågor, eller ett fält om du så vill, likt en väv genom atmosfären i rymden, när den närmar sig himlakroppar med en hög procentandel tyngdkraft, då genereras en högre gravitationsfrekvens. Gravitationen är inte konstant, den är olika beroende på var himlakroppen befinner sig, liksom i vilken atmosfär den finns. Inte ens i din egen galax är gravitationen densamma.

D. Det var det jag undrade, om gravitationsfältet är konstant?

Z. Nej, det är det inte. Inom ert solsystem, här nere, är det på sätt och vis detsamma.

D. Finns det livsformer på andra planeter i vårt solsystem?

Z. Hmm, inte vid denna tidpunkt. I ert solsystem, som når ut till planeten Pluto, med undantag för den planet som kommer och går, som inte konstant befinner sig i ert solsystem, finns det vid denna tidpunkt inga kända livsformer på det vis ni känner till det. Men det finns planeter vars kretslopp tidvis rör sig in i detta solsystem, som bär fysiska vibrationer, i form av manifesterade individer.

D. Har andra planeter icke-fysiska vibrationer?

Z. Ja, så är det.

D. Finns det aktiviteter och livsformer av den karaktären?

Z. Ja, det gör det.

D. Kan man säga att de vibrerar annorlunda?

Z. De vibrerar på en högre frekvens, vilket innebär att det går snabbare, så att säga. Här är vibrationen långsammare, vilket innebär att på grund av den långsamma rörelsen i vibrationerna på detta plan, så kan du se alla vibrationer som orsakar de olika manifestationerna. Stenar har en vibration, som är ännu långsammare än en människa, eller den levande kraften. Men de har fortfarande samma - oh, låt oss säga, de badar fortfarande i samma gravitationspöl och inom samma gravitationsprocentenhet som finns i detta solsystem. Tyngdkraften är inte konstant. När du rör dig genom andra verkligheter har du möjlighet, inte att ändra tyngdkraften, eftersom det är en del av skapelsen, men du kan, om du är i stånd att färdas genom tid och rum, anpassa dig till olika gravitationsfrekvenser. Gravitation är en massa som gör det möjligt för olika verkligheter att manifestera på grund av vibrationen som just den himlakroppen innehåller, eller omges av.

D. Det var väldigt intressant. Tack för den beskrivningen. Jag har en annan fråga. Rör sig ljus och ljud på samma sätt, som vågor?

Z. Mmmm. Skillnaden är att ljuset går mera rakt, inte likt kurvor, medan ljudet rör sig i en rytm. Beroende på frekvensen i ljudet, skapar det vissa vågor som kan variera från mycket små kurvor till stora. Det är faktiskt en mycket avancerad teknik och vetenskap. Varje galax och solsystem har en egen tonvibration inom sig, beroende på den ursprungliga idén med den livsformen.

D. När någonting har skapats, behövs det då kontinuerlig inmatning av ljus och ljud för att behålla formen?

Z. Ljus.

D. Så ljus upprätthåller formen?

Z. Ljus upprätthåller formen. Men ljudet bevarar det i sitt ursprungliga syfte. Eller vi kan snarare säga, att ljuset är motorn, medan ljudvågorna håller det kvar i en viss form, så det inte svävar iväg. Låt oss säga, för att göra det enkelt för dig; vi har ett solsystem, ljusenergin bevarar rörelsen, så att säga, och ljudbarriärerna håller allt på sin plats, så att ingenting lämnar sitt ursprungliga syfte. Ljudbarriären *omger* varje himlasystem. Ljuset ska förbli *inom* det, för att skapa möjlighet att tillföra energi från solen, så att det över huvud taget ska röra sig, motorn (*ljuset*) är lika med rörelsen. Du ska veta att varje solsystem omges av en barriär av ljud, nästan som om det är inneslutet i en skyddande, vibrerande sköld. Man vill inte att saker ska flyta omkring slumpvist utan mål. Så även om universumet i sig är i ständig rörelse, är det fortfarande vibrationsskölden från ljudet som omsluter skapelsen och avsikten från första början. Kan du se bilden?

D. Det kan jag. Jag har en fråga om planeters rörelse runt mittpunkten. Är kraften som driver planeternas rörelse runt en sol, kommer den kraft från solen eller är den en del av planetens egen energi?

Z. Det är en kombination. För att ge dig en procentandel, om det är lättare för dig, skulle jag säga att cirka sjuttio procent kommer från själva solen. Det är det viktiga med att ha beståndsdelarna i rätt mängd, beroende på hur många planeter du VILL PLACERA RUNT DEN. Kärnorna i varje himlakropp är i resonans med varandra, och det här kan vara förvirrande för dig, resonansen skapar faktiskt en ton. Så varje himlakropp inom solsystemet har faktiskt en egen ton. Ni var riktigt nära i er meditation, när ni försökte fånga de olika ljuden från era vänner i solsystemet. (*Christine och jag gjorde en gång en guidad meditation med hjälp av tibetanska sjungande skålar för att spegla planeternas vibrationer*).

I nästa diskussion beskriver Zachariah hur den andliga energin rör sig och kan utnyttja fysiska kroppar för att uppleva saker, men den fysiska kroppen kan inte existera utan den andliga energin inom sig. Om du tänker på det, det han säger är att råmaterialet som utgör levande organismer aldrig skulle kunna lämna den första dimensionen, om inte andlig energi skulle ha införts från antingen det Mästerliga Medvetandet eller en själ. DNA-mönster från den andra dimensionen kan inte fungera i den tredje dimensionen utan närvaron av ett högre andligt väsen. Medan vi är inkarnerade letar vi febrilt efter fysiska bevis för att det finns en ande, men den enda platsen där den finns är hos oss själva och inom andra levande varelser. Det är den osynliga kraften som får ditt hjärta att slå, och som blir till din medvetenhet. Det är den enda plats där du faktiskt kan upptäcka denna kraft, trots att dess manifestationer finns överallt runt omkring dig i alla levande varelser.

D. Jag har en fråga om livets mönster på Jorden. Djuren, träden och andra livsformer, är deras mönster formade av andra andliga varelser, mer avancerade andar, med hjälp av en källa, ett fält som tillhandahålls av Skaparen?

Z. Intressant att du skulle fråga det, eftersom det är vad vår lille vän har kommit för att diskutera senare. Mönster är dock bara frekvenser eller vibrationer. Fysisk vibration skapas på en lägre nivå. Den smälter samman med den andliga vibrationen, den andliga...oh, låt se hur jag kan skapa en bild åt dig. Allt på den här nivån vibrerar i en viss melodi eller ett visst mönster. Från andevärlden ser det nästan ut som att ni lyser på olika sätt. De som vibrerar mer, som är mer i samklang med sitt själsminne och sin kraft, de liknar nästan en diskokula. Men låt mig förklara det för dig. Den fysiska vibrationen skapas från den nivå där den uppstår, medan den andliga vibrationen går in och använder, utnyttjar, den. Över tid har resultaten varit lite varierande när dessa två smälter samman. För ögonblicket kommer vi att utelämna den mentala vibrationen, för det skulle bara skapa förvirring. Så om du tar det fysiska mönstret som skapats från det här planets nivå, så är det inte nödvändigtvis skapat från huvudkällan, som du kallar det. Den andliga vibrationen rör sig och är inte nödvändigtvis i behov av det fysiska. Den fysiska vibrationen behöver dock den andliga för att den ska fungera.

D. Gäller det alla levande varelser?

Z. I olika grad, på olika nivåer och i olika sammansättningar. Det fanns en tid på det här planet när majoriteten av mänskligheten liknade diskokulor, de var mer lysande. När det gäller den andliga vibrationen, var de medvetna om att de utnyttjade den, så det fysiska var mest något som de använde för att röra sig omkring. För närvarande har den fysiska, och återigen utelämnar vi den mentala vibrationen, den fysiska har tagit över något. Det betyder att den skapar som en skugga över den andliga vibrationen. Dessa två måste anpassas, nästan bli som en symfoni.

D. Är människokroppen annorlunda än andra djur?

Z. Så är det. Ja, så är det. Den är tätare, den kräver en högre grad av annan uppmärksamhet. Mer begär av...instinkterna är på många sätt starkare här. Med det menar jag att de andliga vibrationerna ibland färdas utan att träffa sitt mål. Det betyder inte att en människa saknar en själ, det betyder bara att de inte är medvetna om den andliga vibrationen. Det är som om de inte ens hör sina hjärtslag. Om du lyssnar, så är hjärtslaget din själ som talar med dig.

D. Det är ett bra sätt att förklara det för människor.

Z. Det är alltid problematiskt att beskriva det osynliga för dem som bara ser det fysiska. Var medveten om att du kommer att pressas att ge svar på sånt som ni människor inte har någon möjlighet att svara på. Du kanske måste göra som prästerna och ställa frågan tillbaka, "Vad tror du på?" Det är samma sak, du vet. Det är därför du förmodligen på ett vis kommer att ha det enklare med de religiösa än med vetenskapsfolket. Vid andra tillfällen kommer de vetenskapliga att ha lättare att förstå vad du refererar till. Använd ditt omdöme när du framför ditt budskap till båda grupperna. Väldigt annorlunda, men båda saknar känslan av sina andliga vibrationer, om du så vill. Man söker bara utanför för sig själv efter den andliga vibrationen. Söker efter någon som ska stiga ned från himlen liksom i ett fordon eller som en ängel, när de egentligen har hjärtslaget inom sig.

B. *(Bob kom plötsligt in för att avsluta diskussionen)* Oh, det här begriper jag inte. Eftersom du vet, dom här människorna söker bara utanför sig själva för att se hur deras hjärtslag fungerar. Medan dom som befinner sig mer i den mentala världen, det vill säga vetenskapsfolket, dom sitter väldigt mycket fast i sin mentala hemvist. Och den är faktiskt nästan som en fängelsehåla. Dom letar bara efter orden och vad dom menar dom kan ta på. Så dom vill bara prata om det dom kan ta på. Dom andra tittar opp mot himlen efter nått som egentligen inte riktigt finns där, när dom faktiskt har det inom sig. Om du säger att dom ska lyssnar till sina hjärtslag, och säger att det är hjärtslagen som är den personen, eller vetskapen, dom söker utanför sig, kan det kanske vara till hjälp.

D. Det var ett väldigt bra sätt att uttrycka det. Välkommen tillbaka, Bob.

B. Tack. Så, idag är det jag som har jag nöjet att prata mer om vibrationer, och vibrationerna i den fysiska verkligheten, som man kan se på det här planet. Allt har olika frekvenser för att det ska uppträda eller manifesteras. Så det här är några av hemligheterna från den andra dimensionen, och det är nästan som att vara i ett labb. Du har ett annat labb. Mitt labb skapar olika solida vibrationer för att olika saker ska uppträda, såna som inte går omkring, som till exempel en sten eller ett träd, dom har liksom en lägre frekvens. Men om man vill manifestera ett väsen med större intelligens, krävs en annan, mer organiserad, struktur. DU... huhuh...du skapar mer solida saker som stjärnor och planeter, och hur dom cirkulerar omkring på olika sätt. Jag arbetar mer med den fasta massan, efter att dina saker redan är på plats. Så efter att saker och ting är på plats, och alla har gjort sitt jobb genom att skapa atmosfär och gravitation, och så vidare, då kommer skaran från min verklighet in och vi skapar dom olika förutsättningarna, om du så vill, för det som ska manifesteras. Jag jobbar FORTFARANDE på att lära mig om dom nivåer som bara har verkligheter av energi. Jag är inte där ännu, jag är inte där ännu! Jag har bara hört talas om dom. Jag ser dom i lådorna (*de i vårt valv, i Biblioteket*), att du skapat vissa verkligheter som inte har nån solid form. Jag har ingen aning om hur dom kommer att se ut, men jag är säker på att det är helt fascinerande! Så det vi gör är att vi arbetar liksom i ett labb. Det är som om du ser en blomma. En blomma är en känslig, mycket ömtålig varelse, men den bär en medvetenhet som är baserad på, och existerar i, ett känslomässigt skikt. Det är inte nödvändigtvis en mental varelse, men den har en medvetenhet. Men frekvensen är mycket lägre än i dom mer solida, rörliga, manifesterade varelserna.

D. Är molnet....?

B. (*Avbryter*) Nej. Alltså, molnet är, typ, nått som vi kan använda, vi kan ta...Okej, låt mig ge dig en bild, min vän, eftersom det här helt klart inte är lätt. Om du ser mitt labb och jag jobbar med att skapa olika typer av medvetenhet i form av stenar eller träd så är det väldigt annorlunda, vet du, beroende på vart dom ska ta vägen (*till Jorden eller andra planeter*). Men jag kan använda olika mycket från det kollektiva molnet för att skapa nått. Så på nått vis är det ett energiarbete, fast det är inte nödvändigtvis ... ah...vi skapar inte såna saker som bara är energi, som inte är solida. Det handlar om att sammanfoga saker (*justera DNA-mönster*) som också är i harmoni med atmosfären. Det finns grupper som arbetar med atmosfärer kring himlakroppar, som du redan har satt på plats. Det finns många olika grupper, min vän, som arbetar för att nått ska betraktas som en skapelse. Det är det Mästerliga Medvetandet bakom allt.

D. Med en blomma, eller ett djur, får de ett mönster från det Mästerliga Medvetandet, som du sedan använder tillsammans med byggstenarna? Är det en samverkan mellan mönstret, det Mästerliga Medvetandet och materien? (*Min fråga var inte helt tydlig, men han plockade upp samverkansdelen och gav en mycket fin förklaring*).

B. Ja, eftersom du frågar, djur och träd och blommor, dom kommunicerar på samma nivå, men det mänskliga sinnet ser inte denna samverkan som hela tiden sker. Dom som studerar skogar och djur kan faktiskt se att ett djur undviker platser där energin...låt oss säga att en vattenpöl inte nödvändigtvis är ren. Om du är uppmärksam, ser du att djuret inte dricker där. Hur kan det veta det? Det beror på att det kommunicerar på samma nivå i sin något mindre mentala vibration. Om du sen ser det mänskliga sinnet, låt oss säga att det mänskliga sinnet, den mentala hjärnan har, låt oss säga tio strängar, då har blommor typ en och djur har två. Det betyder att ett djur lättare kan kommunicera med sina omgivningar som träd och stenar och pölar. Med tio strängar är det svårare att gå ner till en.

D. Jag förstår vad du menar, ja.

B. Oh va bra. Toppen, för ibland är det svårt att sätta ord på en bild. Ibland är det svårare att sätta ord på det vi försöker säga, och det kan vara riktigt klurigt.

D. Och sedan måste jag förklara det för andra, så jag måste ha en bra bild i mitt huvud.

B. Precis! Precis! På det viset kan du komma ihåg det. Och jag säger inte att det mänskliga sinnet har tio strängar. Men lägg fram det som tio energivågor, typ skikt, medan blommor bara har ett. Det är den mentala vibrationen vi syftar på. Ett djur har två, så ett djur kan lättare länka samman med en blomma. Du kan se hur djur, till exempel inte äter sånt som är giftigt. Hur kan dom veta det? Det finns faktiskt forskare som tittar på det. Hur kan djur veta vissa saker som människan inte gör? Det beror på att dom kommunicerar på nått vis.

D. Är det inom molnet?

B. Molnet övervakar bara hur mycket från det som kommer att användas i varje manifestation.

D. Så är de flesta livsformer på Jorden utformade av människor eller varelser som du själv?

B. Precis. Precis. Det är i labbet, i vårt labb. Alla har ett labb, alla arbetar i ett labb, om du så vill. Manualen kommer till oss från molnet, och vi följer instruktionerna, MEN, för att det ska fungera där det sen ska placeras, så måste vi göra justeringar, så det resonerar med omgivningen. Alla koderna finns i molnlagret, skapelsekoderna, som en manual, för att göra det enkelt. Jag kan ge dig en annan bild. Låt oss säga att du vill skapa en buske. Du är i labbet och du kikar in molnet och du letar efter en buske. Men du måste också vara uppmärksam på atmosfären, omgivningen där du vill placera din buske. Så om du skapar en buske på det här planet, först måste du vara helt på det klara om förhållandena här. Du kan inte skapa vilken buske som helst här, för den kanske dör. Vi är mer medvetna om förhållandena på fysiska kroppar, himlakroppar. Okej, så du vill skapa den här busken, du måste då ta den handboken som resonerar med villkoren där du vill SÄTTA busken. Så där har du det. Det är egentligen inte så mystiskt. Det är bara grundläggande kunskap, från det galaktiska sättet att tänka. Ibland kan du se, att buskar och sånt som placerades till en början i

Jorden, 2:a och 3:e Dimensionen

väldigt lämpliga förhållanden på den här planeten, plötsligt INTE ALLS längre fungerade, eftersom förhållandena förändrades. Dinosaurierna likaså, eftersom förhållandena ändrades. Dom var en gång placerade, manifesterade här, men förhållandena på den tiden var annorlunda.

D. Det låter logiskt.

B. Precis. Allt måste vara i harmoni med allt annat du placerar där.

Inom den andra, sjätte och sjunde dimensionen finns det många typer av arbetslabb där energi används för att skapa ting, och det finns också träningslabb och klassrum där principerna lärs ut till de yngre själarna eller till andra som vill lära sig. Bob deltar i föreläsningar och besöker undervisningslabb på båda dimensionerna, men de labb som han talar om härnäst är arbetslabben. Varelserna i den andra dimensionen, som Bob, har en mer solid andlig kropp än de på den femte och däröver. De från högre världar kan ibland röra sig mellan dimensioner, och det ser han som att någon plötsligt dyker upp och sen bara försvinner. Eftersom han inte kan göra det, så är han fascinerad av det sättet att färdas och det är ett trick som han vill lära sig.

D. Jag vet att du arbetar i ett labb, men hur kan det jämföras med Ophelias labb, det arbete som de gör på sjunde dimensionen?

B. Det är väldigt annorlunda. Ophelias labb, oh, få se...jag har faktiskt varit på en liten rundtur där en gång, jag ska se om jag får prata om det, bara mycket kort så klart. Det var som, du vet, när små skolbarn går på museum, du går på rad, i en sorts ordning och du får inte röra, bara titta. Så dom arbetar mycket med ljus, det är väldigt ljust där inne. Det är ett labb där, oh, jag vet inte riktigt, men det har nått att göra med ljusenergi. Mycket gult, mycket vibrerande. Det handlar om att andlig energi ska gå IN. Det är nått med det andliga, medan när du färdas handlar det inte nödvändigtvis om andlig energi! (*Skrattar*) Det är mer som nyfikna människor som ränner runt! Ophelia arbetar mer med villkoren för att andlig energi ska gå ner i vissa områden. Det är svårt att säga, för ur mitt perspektiv så skapar det egentligen inte riktigt nånting, det lägger sig bara som ett skikt runt nått. Men det ser väldigt fint ut, för det liksom glöder som en sol. Ja, det är något med solen också som dom är involverade i.

D. Arbetar hon med flera universum?

B. Ja, precis. Liksom som dom högre mästarna, dom som du rapporterar till. Dom arbetar också tillsammans. Så, låt oss säga att du skapar den första modellen av nått (*som en planet*), sen kommer energifolket, som Ophelia, in och dom skapar ett slags energiskikt runt det himmelska centret, så det blir som en sol. Men det är ett gemensamt arbete med dom som skapar den första modellen. För du vet, om du skapar, och jag är säker på att det här kommer diskuteras senare, men om du vill skapa ett litet solsystem; i början kanske du vill pressa in alla möjliga planeter och olika saker. Men det måste också fungera så det inte uppstår några katastrofer inom den lilla himmelsfamiljen (*Bobs ord för solsystem*). Det är därför det är nånting med asteroidbältet, faktiskt. Jag är säker på att det också kommer att diskuteras senare. Ja, precis. (*Bob berättade att det en gång i tiden fanns tre små planeter i olika storlekar som följde varandra i en omloppsbana där asteroidbältet nu finns. Några andra föremål kom in och fick alla tre att explodera, vilket skickade ett moln av damm och skräp ut över hela solsystemet*).

D. Du nämnde en gång något om justering av gravitationen.

B. Det är också ett gemensamt arbete. Jag skulle säga sjuttio procent av din högre värld (*sjätte dimensionen*) mot trettio procent från Ophelias högre värld (*sjunde dimensionen*). Din är mer...ah...ni i din grupp brukar kallas ingenjörer, men det ligger faktiskt över det. Att säga att du är ingenjör, är nästan förminskande, gör det nästan till nått mindre än det i verkligheten är. Så, jag kallar dig för en mästardesigner, och också en av dom som kan resa.

D. Så berätta om ditt labb. Var ligger det?

B. Oh, det är mer liksom en underjordisk grotta.

D. Är det på Jorden?

B. Nej, det är det inte. Det är en annan verklighet i hjulet. Det är en värld som inte kan nås fysiskt från den här världen, men du kan besöka den mentalt om du har tillåtelse. Så jag ska beskriva det för dig. Det är ett labb på en annan nivå, det är en verklighet inom en annan verklighet. Det är många som arbetar i labbet och vi arbetar på olika platser i olika verkligheter, som galaxer och små solfamiljer. Jag har alltid varit fascinerad av den här världen, Jorden.

D. Är du ansvarig?

B. Nej. Nej.

D. Vad exakt gör du?

B. Hittills har jag arbetat med massor av växter och träd för att dom ska kunna anpassa sig ordentligt där dom är placerade. För jag vill att Jorden ska vara frisk och ren, och på många sätt är den inte det. Vattnet som rinner under marken kan innehålla gift, och det gör att några av mina projekt faktiskt dör. Jag tycker inte om att ni hugger ner träd!

D. Det gör inte jag heller.

B. Jag hade många projekt i det område som kallas Sydamerika. Det fanns flera grupper av ursprungsfolk där som inte klampade runt och tog bort mina projekt, utan dom hedrade dom faktiskt. Dom är borta nu, det var tidigare. Jorden är faktiskt väldigt bra i den regionen, dom skulle bara veta. Vattnen, haven, det finns grupper i mitt labb som arbetar mer med haven, nått som inte har förändrats så mycket över tid. Dom har olika uppdrag egentligen, dom som arbetar med vattnet, och dom placerar också sånt som manifesteras där.

D. Arbetar du på andra planeter förutom Jorden?

B. Jag gjorde det, jag gjorde det, men det var för länge sedan. Jag föredrar att vara här just nu, för det är som att skapa en trädgård. Om människor bara visste att allt har blivit gjort för att saker ska växa och skapa harmoni i marken. Jag ska göra det enkelt för dig igen. Vi tillför faktiskt ämnen i träden och växterna. Det vi manifesterar, och det vi sen placerar på olika platser, är för att skapa balans och harmoni i det området. Så när ni hugger och mejar ner, så sker det allt möjligt på ytan. Om det hade funnits kvar där, hade platsen varit en mer balanserad plats, om du så vill.

D. Ja, jag förstår.

B. Så, du vet hur saker ibland över tid bara verkar dyka upp? (*Skrattar högt*) HUH HUH HUH. Folk typ bara... "Oooaahhh! EN BANAN!" Men vem tror du placerade en banan där? Du vet, alla dessa saker som människan hittar, och dom är som..."Ohhh!...titta! En potatis!" Och sedan sprids den vida omkring och alla är typ..."OHHH!"...men, var kom potatisen ifrån? Det är från dom som arbetar som jag, dom som skapar alla olika godsaker på det här planet. Bananen blev extremt populär, liksom kaffebönan. Jag kan faktiskt lite ta åt mig äran för kaffebönan!

D. Oh, tack. Jag tycker om kaffe!

B. Det gör du verkligen! Det var ett projekt vi arbetade med. Jag var faktiskt lite ansvarig för den gruppen med kaffebönan. SÅ, sen kom kryddorna. Var kom dom ifrån? Det är alla möjliga olika vänner till mig som skapar olika saker. (*Blir väldigt högljudd igen*) Ibland är det nästan som en kapplöpning! När jag gjorde kaffebönan var det en annan grupp som samtidigt jobbade med kryddor, gulorangea kryddor, som också blev väldigt populära. Några slags currykryddor antar jag. Dom lanserades i den asiatiska regionen. (*Skrattar*) Det var som en kapplöpning mellan min grupp med kaffebönorna och dom med kryddorna!

D. Vann du?

B. Kanske lite, men jag tror det var nästan oavgjort. Så här arbetar vi i alla fall bäst, du vet vi sporras genom små tävlingar i gruppen.

D. Har du något du arbetar med just nu?

B. Oh, ja, få se. Vi har pratat om hur fabriker använder plast (*konstgjorda tillsatser*) i mat, och det är nått vi ogillar. Så vi försöker motverka det problemet genom att skapa nått i naturen som kommer att växa oavsett om det regnar eller inte. Men det är ett långsiktigt projekt att bekämpa den där plastfabriken. Så jag arbetar faktiskt med nått som inte är beroende av regn. Det är mer...det liknar det som folk kan använda för att göra bröd, men det är ett frö och det är mycket anpassningsbart. (*Bob blir väldigt exalterad*) Det, det, det ultimata målet är att det till och med skulle kunna växa i öknen, men jag är inte där ännu, jag är inte där än! Det här är vad jag arbetar med, för vi vill möta den här önskan att skapa plastmat. Så om det sen sprids över hela världen, som kackerlackor (*skrattar högt*) HUH HUH HUH då kommer människor fortfarande att kunna laga sin egen maträtt. Men det här är vad vi arbetar med. Vi arbetar för att möta vissa...för det sker hela tiden nått och vi anpassar oss efter det. Men kaffeplantan den var faktiskt min!

D. Så tacksam för den!

B. Ja, varsågod. Och den är väldigt unik för den här platsen, ska du veta. Andra saker finns på andra platser, men kaffeplantan är lite unik (*ler stolt*).

D. Grattis! Bra gjort, min vän.

B. Ja, tack. Det här är vad vi gör, vi uppfyller vissa krav och möter händelser som sker efter det att dom vanliga sakerna som buskar och sånt är på plats. Så det här är bara för att göra jobbet lite mer spännande. För du kan inte utveckla träden så mycket mer. Vi måste liksom bara se till att dom passar in, du kan inte placera en palm i snö och is! Så, du vet, vi är lite begränsade av manualerna från molnet när det gäller såna saker. Men dom andra sakerna kan vi utforska lite mer, och då ordnar vi tävlingar. Det är som; vad håller du på med där borta? Det är som små mästerliga medvetanden under det Mästerliga Medvetandet! Och så finns det en grupp i min grupp som arbetar med vattnet. Och dom har mycket att göra, för det finns områden som faktiskt inte längre lever, men du kan inte se det ovanifrån. Människor är inte riktigt uppmärksamma på det. När dom ser ett träd eller en skog som inte lever, då...ohhh, då ser dom det och dom reagerar, miljöfolk reagerar. Men eftersom problemet i vattnet är liksom dolt, missar folk det, och det är ett enormt åtagande från mina vänner som

198 Helig Design

arbetar med haven. Jag arbetar mer på land. Det beror helt enkelt på vad man föredrar.

D. Var är problemen i haven som störst?

B. Det finns en grupp som arbetar med att öka ljuset. Ljus är faktiskt syre. Så syre i sin ursprungliga form, är faktiskt ljus. Jag har en grupp här som arbetar med att ge ljus till vissa områden i havet. Det är liksom tre platser som jag ser att dom arbetar på. Först har vi Västindien (*Karibien*), men det finns också ett område runt Filippinerna, och så är det nått med Japan. Ett annat är där det är kallt. Det är mellan Ryssland och dig (*Nordamerika*), däruppe i norr finns ett område där det behövs lite mer syre i vattnet, det måste bli rent. Du vet, när vatten blir smutsigt, om det finns gift i det, då börjar det få brist på naturligt syre och ljus. Så på olika sätt tillhandahåller vi det då, och det är vad som händer.

D. Vad sägs om strålningen som kommer från Japan?

B. Ja, i vattnet söder om Japan ser det nästan ut som olja. Det ser ut som om vattnet är tjockt på nått vis.

D. Kan det rensas upp?

B. Det är det dom håller på med. Jag ser tre platser som dom pekar ut på en karta. Så vi har det där området söder om Japan och neråt, inte direkt så långt ner som Australien, men neråt. Den regionen är smutsig. Sen från Ryssland till Alaska, där är det inte smutsigt på samma sätt, men det är som att det inte andas. Det andra kvävs medan det i Alaska inte andas. Och sedan finns ett tredje område i Västindien. Dom är väldigt olika dom här tre, och hur dom fungerar. I Västindien kvävs dom inte, nödvändigtvis, det ser ut som att det området är levande, men livsformerna, som av naturen skulle vara där på grund av värmen i vattnet, dom är inte där. Så här arbetar gruppen med dom olika livsformerna i havet, som koraller och fiskar, och när dom tillför ljus och syre och näring till dom kommer deras livsmiljö att förbättras. Så, ljuset...dom jobbar annorlunda i dom här tre områdena. Stora problem, alla tre, men det i Japan och söder om Japan och neråt, neråt mot Australien, det ser mörkt och smutsigt ut, som om det är tungt, ser nästan ut som kvicksilver. Och Alaska andas inte.

D. Det kommer förmodligen från kärnkraftverket i Japan.

B. Jag vet att dom arbetar med det här. Det är ett stort projekt med vattnet. Jag arbetar inte alls med det. Jag vet det bara eftersom jag har vänner som arbetar med det.

D. Vad sägs om fiskar och liknande, är de säkra att äta?

B. Oh, jag vet inte riktigt... du ska inte äta dom från zonen runt Japan och kanske inte Västindien. Nej, inte dom två. Men den norra av de tre, den uppe i norr är förmodligen den bästa, men den är fortfarande inte bra. Jag skulle hellre föreslå det som ligger lite närmare det skandinaviska området, där finns fisk som, om du vill äta fisk, är bättre. Kusten utanför Norge, den kusten. Fisk från det området är bättre. Eftersom det här fortfarande är ett pågående miljöprojekt, bör du förmodligen undvika allt från dom tre områden som jag nämnde. Det finns också en del kvicksilver i fisken. Räkor som kommer från kusterna utanför USA, dom är lite manipulerade, och det är inte heller särskilt bra, så dom ska du nog också undvika. Tills vattnet är rent är det lite svårt att hitta nått som är rent och riktigt bra. Se bara till att du vet exakt var saker kommer ifrån.

D. Från en mänsklig synvinkel kan det nog ta lite tid att rensa upp vattnet.

B. Ur allas synvinkel skulle jag säga! Det har pågått ett tag. Det började faktiskt i början av 1900-talet, för det var då det började gå utför. Ja, så nu vet du. Jag besöker mina vänner och dom arbetar med olika saker för att hjälpa miljön och alla i den.

När Ophelia kommer för att lämna budskap är energin vanligtvis väldigt mild, men när jag tog upp ämnet elektromagnetisk strålning förändrades hennes ton och blev mycket skarpare. Vi känner att andevärlden ser med stor oro på den här frågan. De talar om hur missbruk av denna energi har skadat atmosfären och att det också skadar celler i människokroppen. Även om de inte uttryckligen sa det, kan det antas att även celler i alla andra livsformer skadas av dessa mikrovågor som hela tiden bombarderar allt på Jorden. Enligt Ophelia orsakar mikrovågssignaler från master och satelliter hål i den skyddande väven runt Jorden, vilket gör att vissa oönskade energier kan komma igenom till Jorden.

D. Jag försöker få en uppfattning om dessa olika typer av energi. De elektromagnetiska vågorna, de är inte en form av andlig energi, eller hur?

O. Nej, det är de inte. Men de färdas på samma sätt som en andlig våg. Det finns olika typer av vågor med olika avsikter. Andliga vågor rör sig som en tanke och bär bara på det goda. Men vibrationerna som har mänskligt ursprung, på något sätt skapade i laboratorier utan tanke på följderna, kan faktiskt orsaka skada på energifältet som omger detta plan. Det finns några elektriska laboratorier som genom sin okunnighet, faktiskt skapar en övergripande disharmoni inom Jordens omgivande fält. Detta är dock inte synligt för blotta ögat. Från den andliga nivån ser det ut som att väven löses upp. Detta är inte vad vi önskar. Det orsakas inte av föroreningar, det orsakas av överutnyttjande av det energifält som är tillgängligt på denna nivå. Elektriska apparater, störningar i det allmänna fältet, skapar disharmoni inom det naturliga fält som måste omge denna nivå och vara intakt, om du så vill. Överutnyttjande, vilket är fenomenet här och nu, skapar revor i det andliga fältet som omger detta plan. För att det inte ska orsaka alltför mycket skada kommer det att ske en nedsläckning, eller en tids mörker, så att nätet kan återhämta sig.

D. Kommer det att ske snart?

O. Inom en tidsram av 20 år, om det fortsätter i denna takt, med ett ökande antal apparater som skadar fältet kring detta plan, vilket inte nödvändigtvis är detsamma som de dimensioner vi talade om tidigare. Detta handlar om det skyddande skiktet runt denna planet, denna himlakropp, som är unikt för detta plan.

D. Vad är den primära källan till denna störning?

O. Elektronisk användning av mobiltelefoner, mobilmaster, satelliter. Man försöker återskapa något som kan liknas vid en andlig länk, från den första dimensionen till den tionde. Det skulle vara som att individen, som i det här fallet kan liknas vid den första dimensionen, skulle kommunicera med en satellit. När allt fler tonar in på externa källor som inte är placerade där från ett andligt perspektiv, störs energifältet som omger planeten. Det är en konstgjord anslutning, istället för en andligt ren koppling, från den första till den tionde dimensionen. Skikten är inte på plats för att något sådant ska fungera. Satelliter kommer att tas bort, stängas av om du så vill.

D. Det kan få saker att förändras.

O. Detta kommer att diskuteras och utvecklas vidare av andra Råd när du fortsätter din resa. Det är viktigt för människan, för gemene man, att förstå att överutnyttjande av teknologi kan bara ske om det görs med rätt avsikt och rätt substans. Här och nu skapar det helt enkelt en urladdning av oriktad energi som ansluter till satelliter som inte är fullt utrustade att hantera hur allt påverkas av det de mottar och sänder ut.

D. Det är säkert en mycket allvarlig fråga.

O. Resultatet är det som kallas global uppvärmning. Det är ett sätt för oss att göra er medvetna om att inte överkonsumera resurserna i allmänhet på detta plan. Men allt skapar inte störningar i jordmassan och under haven. De mest negativa är de elektriska vågorna, eftersom de inte fungerar optimalt. Inkommande själar kommer att arbeta med att skapa en medvetenhet inom det området. Forskare kommer göra förändringar i hur de sänder energivågor via sina apparater i framtiden. För att det ska kunna ske, kan skiftet...det kan komma att ske en kort nedsläckning, för att ni ska inse er sårbarhet när det gäller dessa mikrovågor. Nya typer av vågor kommer att anpassas och fungera på samma sätt utan att skada miljön. Du ser också resultat i väderfenomen och moln. Det är resultatet av överutnyttjande av energifrekvenser som inte fungerar helt som de borde. Så min vän, detta är ett bekymmer, och det är något för dig att bära och förmedla i framtiden.

Helig Design

Jag hade ursprungligen inte tänkt ta med Ophelias varning om hur den elektromagnetiska strålningen förstör det skyddande lagret runt Jorden, men hon talade om det i en av våra offentliga kanaliseringsdemonstrationer, så vi vet att det är viktigt för andevärlden att vi börjar förstå problemet. Jag antar att de kommer att ha mer att säga om detta i framtiden.

O. Andevärlden rör sig närmare just nu. Vi har ett elektriskt fält som omger planeten, som är i behov av reparation. Detta är vad vissa forskare kallar global uppvärmning. Det är inte nödvändigtvis helt korrekt. Men det som är korrekt är att ni överutnyttjar energi. Det innebär att satelliterna som omger detta plan och er atmosfär, överutnyttjas med elektromagnetiska vågor. Detta skapar störningar i fältet som omger denna planet. Här nere ser ni effekten genom olika klimatförändringar såväl som i utbrott på ytan och i haven. Det är en effekt av vad som händer i atmosfären. Den globala uppvärmningen orsakas på många sätt av missbruk av energi och av magnetfält som överexponeras. Det har nämnts att vi kan behöva göra justeringar. När detta sker kan människan tyckas vara i mörker. Det är naturligtvis ett konstgjort mörker, men ni har varit för beroende av elektricitet och teknik. Inte nödvändigtvis till er fördel. Vad kan ni göra? Det ni kan göra är att använda mindre energi när det inte behövs. Vissa städer i detta land (*USA*) känner faktiskt till det och försöker använda mindre energi. Mindre städer mitt i landet. Glöm inte de mindre städerna i mitten av landet. Mycket fokus ligger bara på kusterna. Upplysta varelser verkar i mitten av detta land, fullt medvetna, indianerna. Hmm. När vi går in i en ny tid, som inte nödvändigtvis ligger runt hörnet, sett ur mänskligt perspektiv, kommer det att vara viktigt att ni använder energin på ett mer effektivt sätt. De som är medvetna om tidigare civilisationer som missbrukade energier kommer att förvånas över att det sker igen. Karmiska cykler som inte nödvändigtvis har rensats. Karma hänför sig till detta plan, både vad det gäller platser, liksom vad du själv samlar in när du inkarnerar. Det finns en karmisk händelse som är kopplad till energimissbruk i ett förflutet skede, en tidigare existerande civilisation. Vi ser att det har en tendens att inträffa igen. Detta är också något som några av er kommer att ha förmågan att hjälpa detta plan med. Allt handlar inte om arbete med individer, utan det gäller också för vetenskapens del att utvecklas vidare till en ny tid, där ni inte missbrukar resurserna på det här planet.

Bob har berättat om många av de projekt han arbetar med, sånt han funderar över och hur han uppfattar de olika verkligheterna runt honom. Vi är så lyckligt lottade att kunna få ta del av den ström av kunskap och medvetande som han delger oss och vi gör bara ytterst små redigeringar, vanligtvis när han kämpar för att hitta ett ord som matchar hans idé.

D. Du har nämnt att du arbetar mycket med växter och träd, men arbetar du med djur också?

B. Jaa. Det är roligare. Det är som att skapa nått som du ser fungerar riktigt bra. Men du blir ledsen om det sen inte riktigt kan anpassa sig till miljön och elementen. Så du vet, många av dom fungerade inte här, och då blir man besviken, men samtidigt lär man sig och man kan skapa nått annat, som tål elementen, förhållandena, bättre. Men vi vet ju aldrig riktigt om miljön kommer att förändras. Så vi kanske skapar nått som ser riktigt bra ut och placerar det nånstans, och sen är det nått som förändras, och det är sorgligt. För det är inte precis som att nån ringer och säger, "Ta bort dina lurviga små varelser för vi kommer att flytta på, och ändra, saker så det kommer att regna jättemycket, och dom kan ju inte simma!" Så ibland händer saker bara. Men jag arbetar faktiskt med djur. Vet du, en del vill aldrig lära sig nått nytt utan bara jobba med växter och träd, men jag vill vidga mina horisonter.

D. Ja, du är väldigt nyfiken!

B. Jaa, det är jag! Verkligen! Jag vill verkligen lära mig och jag vill se hur man kan skapa livsformer som är lika levande som en fysisk fisk.

D. Så arbetar du med oss på den sjätte dimensionen?

B. Ja, precis. Jag lyssnar. Jag är uppmärksam. Men där lär jag mig om dom geometriska formerna. Jag lär mig hur man blandar vissa färger och toner för att dom ska vara i harmoni i en fysisk vibration så att det kan skapa en form.

Den mest ultimata formen som man kan se här, och som inte rör sig, det är pyramiden. Eftersom den har en färgkarta som vibrerar i en massa färger, typ. Det är den ultimata formen.

D. När byggdes de?

B. Hmm, det var länge sen. Dom som var här då, och det är egentligen ingen hemlighet, men det var innan människan hade en större hjärna. Dom är inte från...när man säger att det var slavar, så är det på sätt vis sant, eftersom människan hjälpte till och dom betraktades som slavar, men dom var inte dom egentliga arbetarna, eftersom många av dessa jätteblock faktiskt flyttades genom vibrerande toner. Det är ett stort geometriskt mysterium att lösa det, och för att lösa det...

D. Vet du hur man flyttar föremål med vibrerande toner?

B. Faktiskt! (*Ler stolt*)

D. Kan du lära mig?

B. Hmm, OH, Ooohhh!!! (*Bob börjar plötsligt skratta väldigt högt och skakar på huvudet*) OH, NEJ NEJ NEJ NEJ NEJ!!! Ophelia log och visade ett finger så här (*viftar med pekfingret mot mig*) Ohhh, hon skrattar, så FINGRET ÄR ÅT DIG, inte mig!!! Hahaha, oh, kan jag säga något, vad får jag säga? (*Bob vänder sig till Ophelia, som kontrollerar all information. Han kommunicerar ofta med henne under sessionerna. I det här fallet är tydligen diskussioner om den här typen av teknik utanför det tillåtna*). Hon sa att du har pratat om den sjunde och åttonde nivån och att dom bär på tonerna, men det var ett kombinerat verk mellan den sjätte och sjunde dimensionen när pyramiderna byggdes. Punkt, slut!! Det var det om detta.

D. Det var lustigt.

B. Det är den sjunde och sjätte dimensionen, det är deras verk. Ophelia säger att vi ska prata om mitt arbete istället.

D. Ja, vi kan prata om det arbete du gör på den sjätte då.

B. Oh, ja, ja. Jag besöker dig på den sjätte dimensionen. Jag lär mig om modeller och former. Formen med sex, sex uddar, som liksom är nått viktigt för alla livsformer. Det är en typ av sexuddig stjärna. Sex uddar, sex hörn, sex uddar och hörn.

D. Kan du förklara vad du menar med det?

B. Det är, oh...jag kan rita det åt dig.

D. Är det sex särdrag?

B. Det ser ut som en diamant, sex, sex...det är ...

D. Som två pyramider som pekar i motsatta riktningar, ovanpå varandra?

B. Så är det. Och när den roterar så skapar den motorn som får den fasta formen att röra sig. Det är den matematiska formen av sex. (*Bob visade formen för Christine, och det är som en tredimensionell hexagon, kanske som en kuboktaeder som omger ett kors med fyra punkter. Jag antar att det här är den energiformen som skapar och underhåller det vi ser som DNA*).

D. Finns den också i himlakroppar?

B. Ja, precis. I den större formen, som finns i den första dimensionen, är den faktiskt en av dom.

D. Är det som en roterande kristall av något slag?

B. På sätt och vis, ja, precis. Men det är samma form, ohhh... kan jag säga det här? (*Till Ophelia*). Ja, det kan jag, ja det kan jag! Den här lilla modellen, dom sex uddarna, det är samma struktur som finns i kärnan i en himlakropp, som en planet, men det är också samma form som är ... när en själ kommer in i en kropp är det den punkten som själen ansluter till. Den finns i området kring solar plexus, och det är där som själen liksom smälter samman med den fysiska kroppen. Så det är som ett vibrerande centrum, kan man säga, och det finns i allt och alla, även i växter, den har som en liten sändaren eller avsändaren. MOTTAGARE. Mottagare.

D. Jag har en fråga om det.

B. (*Suckar*) Oh, få se om hon accepterar dessa frågor. Så ja, Okej. (*Ophelia måste ha gett sitt godkännande*)

D. Jag tror att du kan svara på det här.

B. Okej.

D. Själen, den inkarnerande själen, kommunicerar den med varje cell i den kropp som den befinner sig i?

B. Alla celler, är det vad du undrar? Så, om du tänker på cellerna så är en frisk cell vit och glittrande som en stjärna. Men på grund av bland annat det ni äter plus miljön och elektriska vågor, gör det att vissa av dessa celler inte längre är vita, och själen drar sig undan dom cellerna. Så om alla cellerna var vita, som dom borde vara, skulle själen vara helt kopplad till den fysiska varelsen. Men eftersom kroppen innehåller föroreningar som skapar dom celler som är lite gråa så avvisar själen dom, nästan knuffar bort dom. Så du kan se att det är ett problem, för dom kan inte riktigt knyta an till sin själ heller. Det är som ett gap mellan själen och kroppen. Om fler av cellerna blir vita och rena och klara...och ett sätt är att äta ekologisk mat, men ni måste också göra förändringar i atmosfären. Molnen ovanför er påverkar också människan, det skapar dom grå cellerna som själen avvisar. (*Här kan han eventuellt hänvisa till "chemtrails", gifter som sprayas i atmosfären bl.a för att påverka vädret, eller till elektromagnetiska föroreningar*).

D. Mycket intressant. Tack.

B. Det finns mycket skit inuti er som måste ändras. Och saken är den, du kanske tänker, jamen, ett litet barn det borde ju vara helt vitt inuti, och du vet det är det, det är mer vitt. Men på grund av påverkan från mamman kan ett barn födas med grå celler, även när det är helt nytt och det är tänkt att ha en helt ny start. För det är inte bara alkohol och sånt som finns i omgivningen, utan om mamma äter dålig mat kan barnet i magen också få grå celler. Det är inte rättvist.

D. Ja, celler har alltid en livslängd. De lever och dör.

B. Ja, dom alstrar nått, dom lever och dör. Det är som popcorn eller som små druvor. En druva blir ett russin, den dör. Haha, men det är inte som att dom kommer ut genom bakdörren, dom liksom löses upp inuti. Det är en väldigt unik konstruktion som rör den fysiska kroppen, för det finns många lager som tydligen arbetar tillsammans. Men det påverkas starkt av sin omgivning, du vet, ämnen i omgivningen och maten. På andra ställen är dom levande livsformerna inte lika känsliga.

D. Den mänskliga kroppen är ganska slitstark, när man tänker rätt på det.

B. Nej, nej. Inte när man jämför hur det är på andra platser.

D. Jag menar, när man tänker på allt dåligt i miljön?

B. Tror du? Det tror inte jag. Bara för att ni lever längre nu än för 500 år sen betyder det inte att....oh...nu har ni det bra. Det är inte så bra som det är tänkt. Det fanns faktiskt tider långt tillbaka i historien, en annan cykel här, där dom fysiska människorna, individerna, inte påverkades av....dom kunde leva sina liv mer i fred, eftersom omgivningarna var rena. Dom åt inte kött, dom åt en massa blad och en slags grönsaker, och det fanns också en vätska, som var lite mera matig. Den såg nästan ut som vatten, men den var mer som ett tjockare vatten. Så det fungerade både som vatten, vätska och som mat. Så människor var inte utsatta...oh, Okej, det var förmodligen allt för idag. (*Ophelia måste ha avbrutit honom, så att han inte skulle vidareutveckla ämnet*).

Bob ger regelbundet råd om hur vi ska ta hand om våra kroppar. Matsmältningssystemet, eller som han kallar det, motorn, ses som en av kroppens viktigaste delar. Han gillar inte alla de tillsatser och utfyllnader som läggs i mat, som inte har något synbart näringsvärde, och endast skadar våra matsmältningssystem. Dessutom känner han en viss oro när det gäller rött kött. De prioner som orsakar Alzheimers kan vara mycket vanligare hos nötkreatur och andra djur än det korrupta USDA (*Amerikanska Jordbruksverket*) offentligt medger, eftersom de inte tillåter oberoende tester av "galna ko-sjukan", av uppenbara skäl. Jag kunde inte låta bli att lägga till kommentaren han gjorde när det gäller diet, eftersom det kan verka lite konstigt ur ett västerländskt perspektiv. Bob har talat om många typer av insekter som ljusbärare från den andra dimensionen, så det kan vara så att vissa av dem är ganska nyttiga att äta.

B. Du måste ta hand om din motor. På samma sätt som du tar hand om motorn på din motorcykel, när den hackar måste du göra justeringar. Din egen motor måste också tas om hand så att den går jämnt. Jag har gjort anteckningar om vad folk äter i olika områden, olika kulturer. I Asien äter dom konstiga saker från ett västerländskt perspektiv, men det är nått dom har ätit i århundraden och det har fungerat bra. Asiaterna, det dom äter gör faktiskt att dom lever längre. Det västerländska samhället har så mycket som inte kommer från jorden...det är som konstgjord mat. Tyvärr ser det ut att öka, ersättningarna för riktig mat. Det kommer att få många motorer att krascha. Var medveten om det. Det finns upplysta varelser här som arbetar mot dom krafter som byter ut flera av dom naturliga ingredienserna mot konstgjorda, eller fabriksframställda, ingredienser, som ser ut som plastkulor.

D. Nämn något av det de äter som är mest fördelaktigt?

B. Insekter faktiskt. Syrsor till exempel innehåller mycket näring och protein och det har gjort att deras fysiska fordon bättre har bibehållits under många århundraden. Insekter är faktiskt en tillgång för... hahaha det kommer aldrig att få vingar här, så att säga. En insekt flyger, jag skojade till det lite där, såg du? Men det är inte vad ni västerlänningar vill ha på tallriken. Och det är egentligen rätt förståeligt. Det ser ju lite konstigt ut. Men igen, vill du hellre äta plastkulor? Vad är mer extremt, egentligen? Det är nått ni behöver fundera på. För jag jämför faktiskt mina anteckningar. Det finns också folkstammar i Australien där ingen nånsin varit inne och petat i vad dom äter under så många epoker och århundraden. Dom är naturligtvis lite isolerade och har inte påverkats av dom så kallade progressiva samhällena, nått dom alla inte nödvändigtvis är. Så jag gör anteckningar, jag antecknar om motorerna.

D. Vad sägs om kött?

B. Hmmm. Kött. Om köttet har behandlats väl när det var i djurform, kommer det inte att orsaka nån skada om du äter köttet. Känn inte att vi kritiserar dig om du äter kött. Men djuret måste behandlas väl, annars tar kroppen upp deras rädsla och dom kemikalier som getts till djuret. Det är bra om du inte måste äta kött. Men jag dömer dig inte om du gör det, bara att det måste vara...jag vill egentligen inte komma med pekpinnar om vad ni ska och inte ska göra. Men jag vill att folk ska vara uppmärksamma på vad dom stoppar i munnen.

D. Är kött bra för min motor eller skadar jag den?

B. Det är nått med rött kött. Det vita köttet gör varken det ena eller det andra nödvändigtvis. Rött kött...Jag skulle sluta ett tag med det röda köttet. Sedan kan du ta upp det igen. Du måste först ta hand om din motor på nått vis innan du fortsätter. Men rött kött, det är nånting här. Hmm, nötkött, vad är det med nötkött? Jag är inte riktigt säker när det gäller nötkött. Det är inte nödvändigtvis nått jag skulle rekommendera dig. (*Även om vi inte vet exakt vad problemet är, har Bob vid flera tillfällen uttryckt en oro över att blodet från nötkreatur innehåller något som kan vara skadligt för oss människor*).

D. Hur stor del av din tid är du borta från ditt labb, när du är i Ophelias eller i vårt labb, eller ...

B. (*Avbryter*) Jag går på många föreläsningar! Det gör jag. Jag tillbringar inte så mycket tid i mitt labb längre. Nu är det mer en tid när jag lär mig andra saker. Det var därför jag sa att jag tycker om att resa, men jag kommer tillbaka främst för att besöka mina vänner.

D. Vem tar hand om dina elever när du är borta?

B. Jo men jag undervisar fortfarande, fast inte i labbet utan i ett litet klassrum som vi har. Men många gånger går jag tillbaka till labbet bara för att träffa vänner, för det är ett så muntert ställe, så fullt av skoj och glädje.

D. Kommer din lärare, Gergen, ofta till labbet?

B. Nej, nej. Ibland gör han det, men han är för det mesta upptagen, han arbetar tillsammans med andra rådsmedlemmar från olika platser, så han är upptagen. Jag har inte heller så många tillfällen längre att träffa honom. Jag antar att det är en del av processen. För jag har ju fortsatt i min egen utveckling, och jag är nu vid en punkt där jag inte ska tillbringa så mycket tid med såna som jag själv. Jag ska vara mer för mig själv och med andra nu. Och det är vad jag gör. När jag går tillbaka till labbet är det först och främst bara för att säga hej och berätta om mina resor. Så jag är mer för mig själv nu. I början, när vi är som små själar, så är vi beroende av våra vänner och grupper. Men, i och för sig, när jag besöker klassrummet där Ophelia finns, då tar jag faktiskt också med mina elever.

D. Ah, Okej, det uppskattar de förmodligen.

B. Det gör dom! Jag har en grupp, som är mer intresserad av sånt som jag gör, så jag har en grupp på sex.

I den nästa uppsättningen frågor försökte Bob få mig att förstå begreppet 'kärnan' som finns i allt, från stjärnor och planeter ner till de minsta bakterierna. Jag förstår fortfarande inte riktigt idén, men kanske kommer någon annan att göra det, så jag framför det på samma sätt som han gav det till oss. Det verkar som att denna kärna är den ursprungliga DNA-strukturen, och sedan bildar sig organismen eller planeten runt den centrala punkten. Inom människor ligger den strax ovanför solar plexus och blir så småningom till den plats där den inkarnerande själen kommer att knyta an vid kroppen. Eftersom det är en universell beståndsdel kan det mycket väl dyka upp i framtida diskussioner, för det är verkligen lite för komplicerat för att förstå, åtminstone för mig. Det närmaste vi kunde komma till bilden, var antingen en ikosaeder eller en kuboktaeder, men det kan också handla om en annan form. Han räknade hörnen när han roterade föremålet, så det verkade som en hexagon med sex uddar, oavsett åt vilket håll den vänds. Det är inom denna struktur, uppenbarligen, som vi kan finna DNA.

D. Jag har en fråga till dig, som jag alltid har.

B. (Skrattar) Det är så du lär dig.

D. Du har pratat om något som jag skulle vilja följa upp. Den sexuddiga formationen, är den grunden för skapelsen, på något vis?

B. Finns i snöflingor också.

D. Jaha. Den är tredimensionell, eller hur?

B. Jag tror det blir bättre om jag försöker beskriva det för dig. Det är sex uddar. Om du vänder den är det fortfarande sex uddar. Den övre delen är platt, botten är platt, men mittpunkten, om du ser det som tredimensionellt, så sticker det ut uddar. Det är platt, platt, en, två, tre, fyra, fem, sex. Vänd, en, två, tre, fyra, fem, sex. En annan sak med det här är också ... det är grunden till den motor som får saker att röra sig. Det här är faktiskt grundkonstruktionen av den plats där du kan komma och gå, in och ut. Det är mer som en liten maskin, som ett hjärta, liksom motorn i alla fasta former.

D. Och på molekylnivå?

B. Oh, oh, det är nått annat med det här också. Okej, jag ger henne en annan bild som hon kan rita åt dig. Det ser ut som en stjärna, en, två, tre, fyra, som ett kors och på utsidan finns det små cirklar. Oh, ser ut som ett DNA, en, två, tre, fyra. Och det finns inuti den med sex uddar.

D. Är det för komplext att föreställa sig?

B. Jag tror att det är bättre att vi ritar det här och du kan forska vidare på det. Jag vill bara överföra den här bilden. Nåja, låt oss bara säga så här, inuti den där lilla kristallsaken som vi pratade om, den med dom sex uddarna, så finns den här som ser ut som en DNA-sträng, men den har en struktur av ett kors med fyra uddar, vi ska rita den åt dig, men det är grunden inom sexpunktsmodellen.

D. Är det så att den tredje dimensionen uppstår genom just denna modell?

B. Okej, den där lilla saken vi pratade om med sex uddar, den är faktiskt motorn, alltså inuti själva planeten, för att få den att överhuvudtaget fungera. Den placeras i planetens kärna för att också utstråla tyngdkraft till dom på ytan. Varje liten kärna i, låt oss säga ett planetsystem, eller till och med i stjärnorna på himlen eller andra saker, har den här lilla motorn inuti sig. Så, du vet, det är samma sak här. Låt oss säga att vi vill skapa en Ferrari, vi måste ha rätt motor inuti för att den ska köra som en Ferrari, så det är samma sak här. När Jorden kom till, motorn inuti, som ser ut som den här modellen med sex uddar, den är faktiskt anpassad så att dom som går på Jorden inte ska studsa omkring, men också för att få sånt som träd att bli kvar där dom är. Så det är hela kedjan som måste fungera, och allt regleras från den här centrumkärnan.

D. Genererar den här formen det vi kallar gravitation?

B. Mmm. Den skapar grunden till vilken slags gravitation och inställningar som ska gälla för det som är tänkt ske på ytan. Ta till exempel en stjärna. Det är inte tänkt att nån ska gå omkring på den, men den har samma lilla modell inuti, fast den fungerar annorlunda. Så i så fall är den bara gjord för att utstråla ljus. Du kan se skillnaden. Den finns inom varje form. Så i en mänsklig form implementeras den i den fysiska kroppen som en slags grund för hur den kroppen kommer att se ut och anpassas. När förändringar har gjorts över tid, det som ni pratar om som nån typ av evolution, och hur ni menar att vissa individer kom in och bara sparkade igång evolutionen, då är det faktiskt den där lilla kristallen som har förändrats. När du vill göra justeringar och ändringar i nånting, görs ALLT i den där lilla varelsen, den där modellen, den sexuddiga modellen.

D. Arbetar du med det här i ditt labb?

B. Mmm. Fast i en miniatyrversion så klart. Jag studerar det tillsammans med dom på andra nivåer. På dom högre nivåerna finns det ingen fast form, så jag vet inte hur den här kristallen fungerar där. Jag kommer få veta det senare, antar jag.

D. Jag antar att om du ska hjälpa Gergen att bestämma vart manualerna ska ta vägen, så måste du veta det.

B. Och han jobbar mycket med dom där spagettisträngarna, DNA-strängarna. För du vet, det kommer en manual från molnet om hur du skapar ett nytt organ. MEN det finns manualer för Gergen också, om hur man skapar nya prickar, det är så det ser ut som, i DNA-strängarna, molekyler. Så han har annorlunda recept som han arbetar med. Så nån ger honom manualer också. Alla har en handbok, men man kan inte ta nån annans manual! (*Skrattar*) Det är som att gå till posten, du kan inte plocka upp nån annans post som inte är adresserad till dig. Jag kan inte hämta Gergens post och säga, "Oh, Gergen och jag ska träffas senare i eftermiddag, så jag kan ge det till honom." Så fungerar det inte ALLS.

D. Nåja, du kommer nog att kunna hjälpa honom i framtiden, efter lite mera egenstudier?

B. Aah. Han jobbar mer med pytte pyttesmå saker. Jag tycker bättre om att jobba med sånt som syns på en gång. Men Gergens arbete, och DNA-strängarna, dom är grunden för att alla organ, vilket som helst, ska fungera överhuvudtaget. Jag borde tala om, att det finns några slags liknande strängar i kärnan i det du skapar också (*planeterna*). Jag kan se det, och det ser ut på samma sätt. Ser likadant ut. Du gör nått med kärnorna, du byter ut kärnor. Jag kan se att det finns strängar inuti kärnorna som liknar dom DNA-strängar som Gergen jobbar med. (*Det finns ett litet museum i vårt labb på den sjätte dimensionen, där han studerar, som innehåller planetkärnor*).

D. Det är ett levande väsen.

B. Precis. Det är det. Så det är grunden till allt; ljus och ljud. Strängarna, grunden för att dom ska fungera ordentligt, består faktiskt av ljus, även om dom är liksom inneslutna av ljudvibrationer. Insidan, och nu går vi ner på riktigt små partiklar här, men insidan av strängen består av ljus. Och sedan hålls det på sin plats av ljud. Ljus och ljud, i olika modaliteter och strukturer.

D. Läggs det in någon form av gravitation i människor och andra livsformer?

B. I vissa delar av kroppen finns en slags vakuumenergi. Den omsluter på nått vis alla organ, faktiskt. Det är ett skikt som håller saker och ting på plats, liksom gravitationen, som vi pratade om. Hur planeterna hålls på plats i sina banor, hur dom ska röra sig och i vilken bana dom ska gå. Så den håller faktiskt allt på plats på insidan också, på ett annat sätt eller i en annan struktur, men det är samma princip i allt. För du vill ju inte att motorn plötsligt ska hoppa uppe i halsen eller att levern av misstag skulle rutscha ner i benen när du nyser! Det vore inte bra! (*Skrattar åt sin kommentar*). Så det är utformat för att hålla formen, inom en viss annan form, i det här fallet.

D. Är allt detta på något vis programmerat inom DNA-strukturen? Ljus- och ljudmönstren?

B. Jag vet inte, jag jobbar inte med det. Kanske Gergen vet mer om det. Jag vet bara att gravitationsfältet upprätthåller formen, oavsett om det är ute i ett solsystem eller att det håller organen på plats i kroppen. Det upprätthåller all form i sin avsedda position. Det är naturligtvis utformat för att fungera korrekt.

D. Efter att du tränat på sjätte och sjunde, kommer du så småningom att ändra typen av det arbete du gör?

B. (*Nickar ivrigt*) Det är just det, det är det som är grejen. Det man HAR BERÄTTAT är att jag tränas för nånting som ska komma i framtiden. Men för att det ska kunna BLI den där nya bilen (*människokroppen*), från min fabrik, så måste jag förstå konstruktionen bakom den. Det gäller uppgraderingen av människokroppen, så det är därför som jag lär mig mer om form och ljus, och motorn. Okej, du vet, vi pratade om mittpunkten i människokroppen?

D. Ja, den sexuddiga stjärnan?

B. Ja, precis, i området kring solar plexus. Den kommer att ändras. Varje gång det sker en förändring i evolutionen, så sker en förändring i det centrumet, i den kristallen, den sexuddiga modellen i centrumområdet, och det är faktiskt det som Ophelias grupp jobbar med, för att göra ändringar där inne. Men när skiftet äger rum i det området kommer själva FORMEN också att förändras. Så du kanske, eller kanske inte, kommer att se annorlunda ut, vem vet, men det är den formen som kommer att innehålla detta nya fordon. Sen kommer jag att jobba med den helt nya bilen.

D. Vad sägs om de andra livsformerna på Jorden, kommer de att uppgraderas samtidigt?

B. Nej, det vet jag inte, för det här handlar om människan. Nån form av justering. Det är det som vi pratade om tidigare, om uppgradering från Windows 10 till Windows 12. Så för att göra det måste vissa justeringar ske inom den fysiska kroppen. Det är också nått med hjärnan, jag tror att det här kommer från den nionde dimensionen i kombination med den sjätte. Det är nånting med hjärnan.

D. Människor kan behöva en uppgradering.

B. Det är nått i hjärnan, du vet, ljus- och ljudvibrationerna kommer att vara annorlunda. Förändringar i hjärnan.

D. Den nya modellen för en människa som det arbetas med, är de enskilda bebisarna specifikt utformade av individer från din grupp, var och en efter egen mall, eller är de en slags biprodukt av...

B. (Avbryter) Vi skapar inte mallen, det ursprungliga mönstret. Det är mönstret som är behållaren. Alltså den fysiska mallen är behållaren som rymmer det andliga mönstret, det vill säga den där saken i solar plexus området. Så den fysiska mallen måste förändras, och när den har förändrats, så förändras alla våra förutsättningar med den.

D. Min fråga var egentligen, har du hand om, eller är du på något vis involverad i utformningen av mönstren eller någon specifik design av enskilda barn?

B. Nej. Nej. Men det är det som jag på nått vis håller på att lära mig, att kombinera form och ljus. Ljud och ljus, eftersom dom hör ihop och är kopplade till det nya fordonet som ska komma. För vi skapar inte nödvändigtvis den nya mänskliga formen, utan vi lägger liksom sista handen vid den.

D. Men det är inte individuellt specifikt, det är bara en allmän modell?

B. Exakt. Så, vem skapar den stora formen? Jag har ingen aning, men det laddas ner i och från molnet och vi kommer att lägga sista handen vid den. Få se om jag kan förklara det bättre. Så, om vi tar skiftet som ägde rum från apa till nått lite mindre aplikt. Vi fick, typ, ett samtal, ja för att göra det enkelt för dig, att det skulle ske förändringar. Vi hade skapat apformen. Förhållandena som skulle komma med en större hjärna och en högre intelligens krävde förskjutningar på ytan hos den enskilda individen, denna ap-person. Så grupper inom min grupp, lärare om du så vill, dom var involverade i hur den här nya varelsen bäst skulle fungera på ytan. Så vi gjorde justeringar i pälsen, alltså vi tog bort lite, näsan ändrades, eftersom andningsapparaten är kopplad till hur stor hjärna du har. Det visste du inte, va?

D. Det gjorde jag inte.

B. Nä det gjorde du inte. Du kanske tänker, oh, du har en stor näsa och kan andas in hur mycket syre som helst med den och mata hjärnan. Så fungerar det inte riktigt. Det är inte detsamma, det är egentligen en del av hela kroppsbyggnaden som är kopplat till det. Storleken på näsan och hjärnstorleken har förändrats tillsammans över tid. Så låt oss säga att vi har en ny individ som ska komma in. Justering sker i huden, i olika organ inuti fordonet, motorn och vad den här individen ska äta, eller i det här fallet *inte* äta, så det är det vi håller på med. Vi får ramen, om du så vill, och vi lägger till detaljerna, organen inuti. Du ska veta att organen under loppet av människans utveckling också har förändrats. Det var inte bara att hjärnan blev lite mer av en större dator, utan på insidan ändrades njurarna, levern och motorn på grund av dom olika sakerna dom skulle äta. Så vi jobbar mycket med den slutliga touchen, med detaljerna.

D. Jag har en annan fråga om den sexsidiga stjärnan som finns i alla levande varelser. Kommer själen tillsammans med den stjärnan, är det på så vis som själen kopplar an till kroppen? Eller är den en del av kroppen, som själen sedan använder för att ansluta?

B. Det är en anslutning, och det är en ingång och en utgång. Det är också där du alltid känner dig kopplad till ditt hem. Det är vad unga själar lär sig, när dom ska färdas första gången och känner sig lite rädda för hur dom ska hitta utgången. Dom får se på stora skärmar, att man kommer in, och man går ut, på den platsen i området kring solar plexus. Det är på samma sätt som när mina elever känner sig osäkra på att smälta samman med fasta föremål som träd, eftersom dom inte riktigt ser hur dom ska komma ut. Till och med blommor har såna här ingångar och utgångar.

D. Och när en själ väl är inne, sprider den sig då genom hela varelsen?

B. Du ansluter till den delen av dig, som du planerade att jobba med under just det livet. Som i ditt fall har du mycket av din själsenergi uppdelad i dina fysiska och mentala verkligheter. Så man portionerar ut delar av sig själv, inne i behållaren och matchar det med dom uppdrag, läxor, man kom hit för att fullgöra. Det är inte så komplicerat som det låter. Men det är ibland lättare att se en bild än att beskriva det med ord. Men det fysiska är bara behållaren, sen kan du välja ett liv där du helt vill engagera dig och förstå den fysiska verkligheten. Såna själar tar normalt på sig olika sjukdomar för att dom ska kunna rapportera om hur dom upplevde det.

D. Det var intressant.

B. Dom själar som kommer för att lära sig mycket om den mentala världen kan utveckla ett hyperaktivt sinne, som ibland kan gränsa till psykiska problem, och det är inte roligt. Men allt är en del av den rapporteringen, liksom också av att uppleva det. Så ni har alla upplevt dom olika fysiska verkligheter som finns tillgängliga i containern, fordonet. Dom fysiska problemen, den mentala såväl som den emotionella upplevelsen. Den emotionella individen var mer utbredd under en upplyst tidsålder, skulle jag säga. Då var det inte så mycket fysiska problem. Men när den utvecklades vidare ville det Mästerliga Medvetandet att även fysiska upplevelser skulle ingå. Och det la grunden till förändringarna över tid i dom fysiska fordonen. Så för att nånting ska utvecklas eller förändras, måste upplevelsen ske inifrån. Så just nu vill vi till exempel gradvis ändra motorerna och göra det fysiska fordonet lite annorlunda. Det är därför många själar tar på sig vissa sjukdomar och upplevelser inom motorn och dom fysiska lagren, så att dom kan återrapportera om vilka justeringar som måste göras. Motorn kommer att bli mindre med tiden antar jag. Den är för stor, för klumpig och komplex för det ni kommer att äta. Hmm, den blir mindre.

D. När du tar en mall från molnet, så ändrar du den lite, eller hur?

B. Ja, först följer vi strikt procedurerna, men hela lösningen kommer inte in från molnet. Så först följer vi mallen, och vi kollar ner i vår skål där vi skapat allt och sen säger vi - nää, och så lägger vi till lite av varje. Det är typ som att få ett ramverk, och sen lägger vi till dom små detaljerna. Dom från dom högre dimensionerna, när dom lägger in nya mönster i molnet, så vet dom inte hur slutresultatet kommer att bli. Om dom till exempel vill skapa en bil, skulle den förmodligen komma utan hjul, och så lägger vi till hjulen. Vi får formen, efter att idén har färdats genom flera olika destinationer, gissningsvis från nån form av ursprung till där den först, POFF, skapades som en idé, och sedan färdades vidare genom olika verkligheter där alla tar sig en titt och kommer med nån typ av bidrag, antar jag, innan det kommer in i molnet till oss. Sen kommer vårt folk, våra Råd av lärare att meddela oss att det har kommit nya manualer. Och sedan tittar vi på dom, och dom delas upp, allt efter vilka uppgifter vi har tilldelats på vår nivå.

D. Ska de gå till olika destinationer samtidigt, både till Jorden och andra platser?

B. Precis, vissa gör det. Men du vet, vi har olika specialiteter inom min grupp. Somliga arbetar i andra verkligheter, andra arbetar med Jorden. Mitt labb är jordrelaterat, men vissa manualer eller recept, som kommer genom molnet, hör till andra platser. Men för att det inte ska uppstå nån förvirring för oss på nivån där jag jobbar, stannar man liksom i sitt eget fack. Men Gergen, han kan kolla och han kan gå emellan dom olika verkligheterna och titta, och han vet EXAKT vart recepten ska nånstans. Han är nått av en...som en BREVBÄRARE! Här kommer posten! Och sen kan han säga, "Det här är inte till dig, Bob, det här är till nån annan".

D. Tror du att du med tiden kommer att överta några av hans uppgifter?

B. Det tror jag. Jag är väldigt angelägen om att få följa med honom till styrelserummet, där våra äldste vistas och få bolla olika nya idéer. För det är ett enormt åtagande att veta, och förstå, vilken form som ska gå vart nånstans. Och det är därför jag lär mig om form och dom högre verkligheterna, och olika energiförhållanden tillsammans med dig och Ophelia. Jag hoppas att min slutgiltiga examen ska vara att få tillämpa det i min verklighet, så att jag, liksom Gergen, kan veta var jag ska placera olika saker. Jag är också intresserad av att förstå hur man skapar stjärnor, för du vet, dom lyser och det är lite spännande eftersom man vet att där finns nån slags livsform, inuti eller omkring den, och det är lite spännande att se. Så, det är sånt som jag studerar.

D. Studerade Gergen samma typ av saker som du?

B. Nej, han studerade inte stjärnorna. Han har verkligen fokuserat på, och han är som en riktig mästare när det gäller växter och DNA i växter. Han kan manipulera och skapa nya DNA-strängar. Han är en mästare inom formlabbet, för han vet exakt hur han kan anpassa växter så att dom matchar vissa atmosfäriska förhållanden. Och det är en stor egenskap, hans största skicklighet, skulle jag säga. Men han har alla slags DNA i sin bank, i sitt Bibliotek.

D. Så när du modifierar organismer, till exempel en människa, förändrar du också DNA...är det en del av mönstret?

B. Mmm. Ja, eftersom du kan lägga till eller ta bort. Det gör att olika förhållanden kommer att dyka upp på ytan. Det är tekniken, DNA-tekniken inom levande livsformer, det är Gergens huvudsakliga färdighet, även om han främst arbetar med växter. Jag försöker faktiskt också göra förändringar i mobila livsformer, som en människa, men jag kan inte ta åt mig äran för människan, när det gäller det, för jag sysslar egentligen bara med motorn. Men Gergen och hans folk jobbar med att konstruera DNA-strängarna. Det började med bara några få strängar, sedan la dom till fler. Men med tiden, kom det till nått slags uppror, det blev för mycket. Kombinationen med den mänskliga hjärnan matchade inte. Så Gergen och hans vänner, dom justerade det över tid. Han är som en DNA-forskare, nästan. Jag är inte så fascinerad av det, för det ser bara ut som spaghetti för mig. Jag är mer intresserad av att få lära mig olika sätt att skapa nått, som är baserat på dom förhållanden som finns och hur man kan få det att rör sig! Och hur det blir till från första början. Jag vet lite om det för Ophelia visade stjärnan, och sedan vet jag att du sätter saker i rörelse runt den. Så på SITT VIS vet jag, för jag har min modell i ditt labb och vi jobbar med den. Så jag vet DET, men jag vet bara inte VAD som är grunden i varje fysisk himlakropp, som kretsar kring stjärnorna och varför dom placeras i en viss ordning. Vad är det med ordningsföljden, hur kan du veta det? Det FASCINERAR mig!

D. Jag är också nyfiken på att hon här (*Christine*) nämnde att det fanns en liten fröken som liknade dig i valvet. (*Bob började le och såg väldigt glad ut*).

B. Mmm.

D. Du tycker rätt mycket om henne, va?

B. Mmm.

D. Är hon en vän?

B. Mmm.

D. Vad kallar du henne, vad heter hon?

B. Ia.

D. Var kommer hon ifrån, är hon också från den andra dimensionen?

B. Aah.

D. Är hon också i labbet där?

B. Jag träffar henne i labbet. Hon är väldigt kärleksfull, vet du, omtänksam, hon är nästan som Ophelia, fast i min verklighet. Hon hjälper många av dom små, så hon är som en dagisfröken. Hon är väldigt omtänksam, och hon har många elever som lyssnar på henne, och hon uppmärksammar dom alla och hon hjälper dom individuellt, och hon jobbar mycket med healing och energier. Så hon ger väldigt mycket ljus, liksom syre och ljus. Och hon lär dom vikten av att alltid ge och tjäna i ljuset. Så när man smälter samman med ett visst föremål, måste man gå in i en ljuskapsel. Det liknar lite grann hur din själsenergi, som också är en slags ljusform, går in i din kropp. När vi på den andra dimensionen lär oss hur vi smälter samman med saker, omsluter vi oss liksom med en ljuskapsel. Och hon berättar om det, så att dom små inte ska vara så rädda för att kliva in och smälta samman med vissa föremål. Så hon undervisar om den här ljuskapseln och vikten av att ständigt uppdatera och sköta om den. Det är din egen kapsel. När man smälter samman måste man gå in i den här...det är inte precis som nått man stiger in i, som i ett fordon, men det är ett sätt som man förflyttar sin medvetenhet på för att man ska bli kapseln, om du så vill. Och det är det som hon lär ut, hur du kan bli din kapsel och att den inte finns att köpa i en butik och inte kan hittas upphängd i en garderob. Så det undervisar hon om.

D. Hur länge stannar de små när de smälter samman med något?

B. Först går dom bara in och ut, in-ut, riktigt snabbt, för dom vill inte bli instängda. Men efter ett tag stannar dom kvar lite längre. Det finns faktiskt kurser här nere som du kan delta i som hjälper dig att avgöra hur du ska göra när du smälter samman med nått. Somliga stannar längre, dom kan stanna i träd, som i hundratals människoår. Ibland när du ser dom där stora träden, som en riktigt stor gammal ek till exempel, då kan det finnas flera stycken därinne som liksom bara har parkerat sig där.

D. Spelar det någon roll hur gamla träden är som de går in i?

B. Oh, dom går inte in när det bara är en liten buske, så dom väntar ett tag. Dom går normalt in, när trädet är som en ung tonåring. Först ska det gå igenom sin egen tillväxt och utveckling, för man vill ju inte alls störa nån annans framsteg. Så trädet måste liksom också utvecklas först. Ia är väldigt duktig när det gäller att berätta var dom kan finna dom bästa platserna för att smälta samman, och du kan också ta kurser med andra lärare. Dom flesta av eleverna vill vara med träd, eftersom träden har bladen vända uppåt, så det får mer syre än i en sten. (*De använder syre för att upprätthålla sin ljuskapsel*) Men Ia kan ibland säga, "Vi kan sätta mossa på stenen om ni vill, för då kommer det att kännas som om ni är i ett träd". Så hon pratar om det. Och då kan vissa klasser säga, "Okej, vi vill vara i en ek". Och då säger Ia, "Okej, det finns ekar här", och dom små kan se på en karta och dom kan säga, "Oh, det där ser intressant ut". Normalt går dom i grupp. Så det är vad dom gör.

D. De kommer att vara tillsammans i en skog någonstans?

B. Ja, precis. Och i dom stora ekarna som du ibland kan se, dom som är hundratals år gamla och riktigt stora och riktigt gamla, då kan det finnas flera stycken där inne. Så det är som en liten själsfamilj från den andra dimensionen, om du så vill. Och om du går runt det kan du ibland se olika saker, och ibland är det småttingar därinne. Normalt, när en grupp går in i ett sånt objekt, finns det vanligtvis en som är lite äldre som följer med. Ia går inte. Men dom vill att hon ska komma, för dom tycker så mycket om henne.

D. Kan de kommunicera med varandra när de har smält samman på det viset?

B. Inuti, ja, det kan dom. Och dom kan liksom också kommunicera med det kollektiva molnet. Så på sätt och vis kan dom kommunicera, ja, det kan dom faktiskt. Dom är inte bara kvarlämnade i en trädstam. Dom kan röra sig lite också. Till exempel, när du ser en stor ek eller en stor sten, och när du sen kommer tillbaka, låt oss säga, en vecka senare, då ser du nått helt annat. Det beror på att dom har flyttat på sig. När en grupp går ihop in i ett sådant stort föremål, har dom normalt en äldre med sig, för dom vill kunna fortsätta sin utbildning, men inifrån. Och det kollektiva molnet, det kollektiva sinnet, kommunicerar normalt med den äldre, för dom små hör inte alltid. Den äldre är alltid med dom. Det är som en storebror i gruppen, nån som har hållit på ett tag och smält samman. Se det som, Okej, tioåringarna kommer, och dom tar med sig nån som är typ sjutton, och som är äldst i gruppen. Nu har du fått en bild av vad som händer. Ia går inte.

D. Jag antar att du också har gjort det tidigare, så nu gör du inte det längre?

B. Ja det har jag, jag behöver inte göra det igen.

D. Fick du dina elever från henne? De sex som du har?

B. Gergen gav dom till mig. Han sa, "Det här är små forskare, dom vill vara med dig". Jag berättade för dom om det du gör och dom är helt fascinerade av det. Så jag har sagt, att jag inte kan berätta allt på en gång, vi måste ta det lite pö om pö, för det skulle bara bli förvirrande om man inte är beredd på dom större mysterierna. Och sen sa Gergen, "Ge dom det lite allt efter som, kopp för kopp". Så det gör jag. Jag tycker om att bara sitta och prata med dom och berätta historier om vad jag gör, och om jättarna, och vad dom kan förvänta sig när dom växer upp.

D. Jag är säker på att det är fascinerande för dem. Det är fascinerande för mig!

B. Precis! Jag besöker henne och eleverna. Ia och Gergen, på nått vis är deras arbete lite lika. På grund av ljuset som hon ger till kapslarna, så arbetar hon riktigt nära spagettisträngarna som Gergen jobbar med. Gergen är faktiskt som en far för oss båda. Så vi har varit med Gergen länge. Men eftersom jag flyttade till ett annat expertområde så kommunicerar dom oftare. Jag kommunicerar med dig, Ophelia och Zachariah. Så Gergen och Ia är mer från den ursprungliga gruppen, och hon jobbar på samma sätt som han, så jag antar att det är logiskt.

GMO: s och kommersiellt jordbruk

Vid ett annat tillfälle var jag nyfiken på andevärldens inställning till stympningen av DNA som de multinationella företagen sysslar med och som förstör våra livsmedel och grödor. Jag blev ganska förvånad över att han kopplade problemet till fiatpengar (*valuta som saknar myntfot och endast har begränsad täckning av till exempel en guldreserv*) som är orsaken till mycket elände i världen. De internationella bankfamiljerna mutade tillräckligt många kongressledamöter i början av 1900-talet för att kunna upprätta

The Federal Reserve Bank, som varken är en del av den federala regeringen, och inte heller har några reserver. Det är ett privatägt företag, tillsammans med IMF, BIS och Världsbanken, som berikar sina ägare på bekostnad av alla andra människor i de samhällen som de har förslavat. En gång motsvarade en dollar ett uns silver och ett gram guld var 20 dollar. Inom några decennier lyckades de konfiskera allt guld och ersätta pengarna med krediter. På 1960-talet togs silver ut ur cirkulationen. Nu är nästan alla "pengar" som finns lån som lånas ut med en ränta, digitalt skapat med några få knapptryckningar. Hela det västerländska banksystemet är som ett barnkalas, där alla låtsas ha något av värde, men allt är helt värdelöst. Det skulle behövas mycket mer än några få sidor för att diskutera de olika sätt som det fraktionerade reservbankssystemet, och olika företag, har tagit över det som en gång var ett fritt samhälle och ersatt det med en modern form av kleptokratiskt styre.

Bortsett från penningfrågan är andevärlden mycket bestört över hur våra smarta vetenskapsmän har använt sina nyfunna kunskaper till att förstöra deras noggrant utformade växter. Det är en enorm skillnad mellan korsavel och GMO-praxis där främmande bitar av icke-relaterat DNA fogas samman, och som kan ge förödande resultat när det släppts ut i naturen.

> D. Det väcker en fråga. Som du förmodligen är medveten om har vi diskuterat genetiskt modifierade växter, vad tänker du om det?

> B. Det är som att spruta gift i ett växthus. Oh, få se. Det hör ihop med starka intressen, och som vi redan förstår och vet, så hör "intresse" på nått vis ihop med pengar. Men på sätt och vis är det också skapat som ett sätt att sända ett budskap, som att du skulle göra nått bra, att du så att säga tillfredsställer världens livsmedelsbehov. Så det är nog lite mer det som är problemet, faktiskt. Ni skulle fortfarande tjäna pengar, även om ni inte besprutade saker, så det är dumt att säga, att utan giftbesprutning, eller om du inte gör mat av plast, att du inte skulle kunna försörja dig eller göra bra affärer eller tjäna pengar. Det förstår vi inte riktigt, för förr i världen bytte ni saker. Så dom där pappersprylarna som rör sig fram och tillbaka, varför skulle ni vilja ha det? Det är inget som kan värma dig, såvida du inte sätter eld på dom, då kan dom hålla dig varm.

D. Kommer det systemet att kollapsa?

B. Det är väldigt unikt för den här platsen, skulle jag vilja säga. Det implementerades för att orsaka en viss splittring inom den här gruppen, för att se om det skulle infogas i systemet, eller om det skulle...oh, du ska se det som ett test. För länge sen, när papperspengarna kom in, var det bara till för att lura dom som tidigare typ hade fått nått i sin hand som glänste, och sen var det nån som sa att.... oh, jamen det här är samma sak, men det är det egentligen inte. Det var ett test för att se hur människan skulle reagera och olika intressen var också inblandade. Från mitt perspektiv förstod jag aldrig vem som införde det där, eftersom ni redan hade ett bra system där ni bytte koppar och guld och silver, gjutna i som små kulor och mynt. Det fanns inget behov av att ändra det till papper. Papper kommer ju också från träd, så jag förstår inte varför det måste ske. Det är väldigt unikt för den här platsen, för alla typer av handel, i det avseendet. Hur ni driver handel här är väldigt annorlunda än på andra platser, lite förvirrande måste jag säga. Det är bättre om du har nått jag vill ha, och jag har nått du vill, så byter vi det bara. Och sånt som människor tar betalt för på det här planet är faktiskt GRATIS. Så jag förstår det inte riktigt, varför tar ni betalt för sånt som det här planet fick som en gåva?

D. Det beror på girighet och själviska intressen.

B. Ja, och tillsammans med papperspengarna. Mycket av det skapades när papperspengarna kom.

Bob fortsätter att vidareutveckla hur livsmedelsindustrin utnyttjar de visuella sinnena för att skapa en önskan om saker som faktiskt är skadliga för människokroppen. Människor har möjligheten att välja den mest naturliga, ekologiska och hälsosamma maten, men dras till de färgglada livsmedel som ofta är fulla av kemikalier och kan vara genetiskt modifierade och mycket giftiga, sånt som Bob kallar plastmat. Om alla väljer att lära sig och ta reda på mera, och allvarligt funderar över vad de äter, kan de avsevärt förbättra hur deras motor fungerar. Trots att jag har ätit ekologiskt under de senaste 25 åren har Bob rått mig att helt undvika allt som innehåller vete, rött kött, alkohol, socker, vissa kryddor och alla mjölkprodukter inklusive yoghurt, ost och filmjölk. Jag fick i uppdrag att dricka minst 2 liter vatten om dagen, med pressade citroner och med tillsatt mineralsalt. Han gav också ett recept på ett hopkok av citron, grönkål, morot och vinäger som jag ska dricka på morgonen. Jag måste erkänna att min motor fungerar mycket bättre och att min kropp har börjat avgiftas efter att ha varit något försummad under flera år. Jeshua uppmanade oss båda också att tänka på att våra kroppar måste vara mycket rena för att kunna uppnå den vibration som är nödvändig för att få kontakt med de andliga varelser som kommer in under senare vågor av kunskap. Han betonade en fullständig avhållsamhet från alkohol och socker i alla dess former. Eftersom jag är lite av en gottegris, antar jag att det är det sista som går.

Det huvudsakliga problemet med det moderna jordbruket verkar vara massdödandet av maskar, mikrober, insekter, bin, fjärilar och andra varelser som är nödvändiga för att jord och växter ska förbli friska. Nästan alla kommersiella frön, majs och de flesta sojabönor är belagda med Neonikotinoida bekämpningsmedel och andra gifter av giriga jordbruksföretag. FDA (*Amerikanska Livsmedelsverket*) och regeringar vägrar att reglera dessa gifter, men skadan de gör för alla små varelser som håller naturen i balans är förödande. Införandet av GMO har gjort det möjligt för jordbrukare att plantera utsäde och efter en månad eller så komma tillbaka till fältet och spraya glyfosat och annat gift direkt på den växande grödan. Grödan överlever, men allt annat dör, inklusive alla små varelser som gör marken bördig och balanserad. Jordbrukarna har också börjat spraya detta gift på många icke-GMO-grödor några veckor innan skörd, eftersom när växten dör producerar den ytterligare korn, vilket ökar skörden, och det torkar också ut, vilket påskyndar skörden. Alla typer av växter får denna torkmedelsbehandlingen, inklusive vete, havre, ärter, linser osv. Som ett resultat därav är mycket av den kommersiella maten vi äter, särskilt allt som innehåller vete, full av glyfosat och olika gifter som dödar mikroberna i tarmarna, eller din motor, som Bob skulle säga. Många allvarliga åkommor och sjukdomar, såsom celiaki, härrör från problem i motorn. Vi rekommenderar att du undersöker dessa ämnen och ändra din diet till en som är mer ekologisk och som innehåller mindre gifter.

Alla livsformer har cykler. Till och med solsystemen och galaxerna är födda med ett syfte och en cykel av erfarenhet som de ska genomgå. På grund av den oavbrutna lusten och strävan mot större vinster, görs stora ansträngningar för att producera djur och grödor som växer mycket snabbare och har en större massa, eller avkastning än det våra vänner i den andra dimensionen avsåg eller designade. När dessa sluga naturmanipulatorer pressar kycklingar, nötkreatur, vete, majs, tomater, spannmål eller grönsaker för att ge dem mer och mer, måste något gå förlorat i processen. Som en riklig mängd forskning visar, är det mineral- och vitamininnehållet som går förlorat i de gåvor som djur eller växter erbjuder oss människor. Våra moderna grönsaker, till exempel, som odlas i en kemisk soppa, har bara en liten bråkdel av näringsvärdet jämfört med grönsaker som odlas i humusrik jord, rika på organiska ämnen, mikrober och daggmaskar.

B. Girighet är en del av det mänskliga medvetandet på nått vis, för när ni kommer in i den här verkligheten så har ni ett val att handla antingen på det eller det sättet. För att göra det enkelt, låt oss säga att du sitter vid ett bord och kan välja mellan två måltider. Det finns en rätt som bara består av ärtor. Den andra är gjord av alla möjliga färgglada godsaker. Så här har du ett val. Du kan välja den som verkar göra dig lyckligare på flera nivåer, den med glada färger och alla dessa förklädda godsaker, som är söta. Det gäller för människor att göra ett val där mindre ger mer, som vi pratade om. Så skålen med bara gröna ärtor kan faktiskt vara mer välgörande för er än den med många olika färger som tilltalar flera sinnen. Det gäller att förstå balansen. Jag säger inte att flera färger är dåligt, det är bara att du kan relatera till det på olika sätt. På ena sidan kan du se en färg, oh, det är brunt, och på andra sidan, oh, alla möjliga färger.

D. Tja, jag gillar grönt och brunt.

B. Jag vet att du gör det. Men dom flesta människor följer sina första sinnesförnimmelser och känslor, istället för att inse att deras själ kanske säger nått annat. Det är som allt annat här, bilder av framgång och lycka tränger sig in i ert undermedvetna för att ni ska agera på ett sätt som leder er bort från er äkta känsla och den sanna vägen. Det är därför vi på den här nivån har implementerat det här dramat att ni har val. Det är så som ni lär er, att välja, och att också vara lite ifrågasättande. Varför undersöker inte människor? Dom bara sväljer alla dessa färger, utan nån som helst tvekan. Vilket är lite konstigt, vet du, man bara sätter nått framför näsan på en människa, och om det är väldigt färgglatt, så äter den det bara. Men vad var det egentligen ni åt? Varför undersöker ni inte lite och frågar er själva, varför är det så färgrikt? Och sen kommer vi tillbaka till det här med GMO, eftersom det ofta har en tendens att vara mer tilltalande för ögonen. Färger är modifierade för att utlösa en känsla av lycka, och det är där ni kan behöva använda hjärnan lite. Människor tilltalas så mycket av färger, men ifrågasätter inte varför det är så färgrikt. Varför är en tomat extra röd, varför är den så blank, varför skrumpnar den inte, och hur kommer sig att den ser exakt likadan ut efter tre veckor? Men det är rött och blankt, så då måste det vara bra! Om ni förstår processen med CYKLER, så vet ni att nånting föds och det är blankt och vackert, och sen skrumpnar det, som ett russin. Av nån anledning har ni kommit fram till att, oh, det är så mycket bättre att det håller länge, att det ser likadant ut. Men varför är det så? Det är inte naturligt. Saker är inte tänkta att se ut så i två, tre veckor, det ska dom inte! Det borde höja en varningsflagga, skulle man kunna tycka! Och att ni sen undersökte det, men ICKE DÅ! Återigen är vi tillbaka till det faktum att det utlöser en känsla av lycka. Och individen uppfattar det som att dom inte behöver köpa en ny tomat, för den som dom köpte för tre veckor sedan ser exakt likadan ut. Så i deras mening tror dom att dom sparar, men på bekostnad av vad, kan man undra? Jag förstår inte varför människor inte undersöker det här. Det är det första som människor borde skrämmas av, att ett äpple ser exakt likadant ut efter en månad. Det är samma sak, om du går in i en butik och ser frukterna. Dom lägger på nått glänsande (*vax*), och, ohh, ni tycker det ser riktigt läckert ut eftersom det är blankt. Dom placeras också på ett sätt, i butikerna, så att det ska utlösa en känsla av lycka och behov. Så, grönt och rött ser du normalt tillsammans, eftersom det är nått som det mänskliga sinnet svarar an på som en slags känsla av lycka. Människor känner en upprymdhet, ungefär som känslan när ni åker på semester. Grönt och rött och gult utlöser det. Så om ni hade varit UPPMÄRKSAM, så skulle ni ha sett flera röda och gula saker nu, än vad det var tidigare. Det är faktiskt sant. Även druvorna har börjat bli mer gula. Om ni hade varit uppmärksam på hur en druva såg ut förut så var den faktiskt mer grön. Nu kan ni hitta druvor som är mer gulaktiga, och vem vet hur det här kommer att fortsätta. Kanske kommer den att se ut som en citron! MEN FORTFARANDE, är det ingen som reagerar! Det är som att, ohh, det här måste vara en helt ny och okänd sort, som kommer från den ursprungliga gröna druvan. Ni borde verkligen undra varför den är så gul. Människor som äter dom här GMO-sakerna ska veta att det inte är bra för systemet. Det orsakar oordning, i synnerhet i motorerna, och även sjukdomar i blodkärlen. Det täpper igen cirkulationen i kroppen, så det är inte nödvändigtvis bara motorn, utan det handlar också om det vaskulära systemet och rörligheten i lederna. Motorerna är en sak, men det är också skadligt för rörligheten. Människor är mindre rörliga nu och dom skadar sig lättare. Som armar och knän. Dom blir stela, det är vad dom är. Människor är stelare nu och dom försöker kompensera det genom att gå på gym. Musklerna kanske blir lite spänstigare, men det förbättrar inte rörligheten i kroppen.

Bob låter ibland förtvivlad när det gäller hur vi människor beter oss, men han var särskilt ledsen, när han talade om hur giftbesprutning av åkrar dödar daggmaskar och insekter som är så välgörande för jorden. Den andra dimensionen bryr sig djupt om denna planet, medan vi, som skulle betraktas som lite mer upplysta, blint förstör så många av de livsformer som de tillbringade eoner med att utveckla.

D. Och det orsakas av maten?

B. Precis. Så en aspekt är naturligtvis signalerna i det fysiska fordonet, som orsakas av GMO-sakerna. Men också, när dom besprutar fälten så går det även ner i tunnlarna där maskarna finns och maskar är nödvändiga. Dom är VÅRA SMÅ HJÄLPARE för att hålla jorden frisk. När man sprayar, så går det ner i jorden, in i tunnlarna och till maskarna. Maskar är faktiskt små gudomliga varelser!

D. Ah, ja, daggmaskar är fantastiskt välgörande för jorden.

B. Ja, och hur tror du att dom kom dit? Jag kan inte själv ta åt mig hela äran för masken, det var en gruppinsats. Men maskar är ett tecken för människorna att det är en hälsosam miljö man vistas i, att jorden är frisk. Om det inte finns några maskar, är det nått fel. Grönsakernas rötter, även om dom kan se fina ut på ytan, under jorden, är dom inte det. När en växt och en vegetation inte mår bra, andas den inte ut eller utstrålar fritt syre, och det resonerar inte så bra med atmosfären. Det vore bättre om ni inte skulle ställa till den här oredan, för det är faktiskt en kedjereaktion. Och tänk inte bara på problemen inom det fysiska, rörligheten i lederna och med motorn och cirkulationen. Det är också cirkulationen ute i naturen, eftersom det är en kombinerad kedjereaktion faktiskt, från maskarna, till växterna, till dom atmosfäriska förändringarna. Ingen vill vara i närheten av den där besprutningen. Mina insekter vill faktiskt inte sitta på dom växterna. Det är nått som människorna borde vara uppmärksamma på. Dom är som, oh vad bra, jag har inga kryp på mina växter, men krypen är ibland ljusbärare. Alla kryp är inte dåliga.

D. Vi kan bara hoppas att dessa stora företag hålls ansvariga för deras destruktiva handlingar.

B. Mmm. Dom borde bara lämna det i fred, det är som att gå in i nåns växthus och bara döda saker där inne. Vi godtar inte det! Och maskarna, våra hjälpare i tunnlarna, dom ger sig av. Och vi säger till dom, "Ni behöver inte vara kvar där, för ni kommer inte att må bra". För dom frågor oss, "Måste vi vara här?" Och då säger vi, "Nej, inte just nu vid den här tidpunkten". Så dom ger sig av, eller vi tar bort dom. Och när vi tar bort maskarna och insekterna, det som finns kvar är bara nått som typ är skapat, en tillverkad vattenmelon, som på ytan kommer att se exakt likadan ut, men på insidan är den inte det. Så vi tar bort våra vänner, maskarna också. (*Suckar djupt*).

D. Jag vet inte vad man kan göra åt det.

B. Ett sätt är att börja odla era egna saker, så ni inte stödjer butikerna. Gör era egna grönsaker.

D. Tack för det rådet. Så vad har dina vänner på den andra dimensionen jobbat på nyligen?

B. Oh, jag vet att några av mina vänner arbetar med en slags frukt, det är som en persika, men det är en blandning av en persika och ett äpple, så den håller bättre än en vanlig persika. Eftersom en vanlig persika har en kortare livslängd än ett äpple. Så jag vet att dom håller på att göra en blandning av en persika och ett äpple. Den kommer att smaka som en persika; Men den kommer att hålla som ett äpple. Den kommer att lanseras i ... oh, jag vet att dom skulle vilja göra det nånstans i södra Europa, och även nånstans i Sydamerika, norra delen av Sydamerika.

D. Arbetar de med människor för att göra detta?

B. Mmm. Dom arbetar med personer i den norra delen av Sydamerika. Ekologiskt sinnade människor.

D. Det är inte genetiskt modifierat?

B. Nej, nej. Mina vänner ger idéerna till människor i den norra delen av Sydamerika. Venezuela, Brasilien. Det finns ett kombinerat team från två länder som jobbar med att försöka ta fram detta.

Senare gav Bob råd om hur människor alltid behöver bevis på vissa saker innan de accepterar det som en sanning, men helt förbiser sånt som borde väcka frågor. Han sa att människor ifrågasätter den visdom som andevärlden ger oss, men lägger inte ens märke till de tvivelaktiga saker som de äter.

B. Folk kommer att ifrågasätta och testa dig, när du går ut och talar om det vi har tagit upp här, för människan är så benägen till att tvunget ha bevis på allt dom har omkring sig. MEN, tomaten som inte förändras det ringaste, den bara ACCEPTERAS! Det är kanske nått ni borde tänka lite på! Oh, ni ifrågasätter väsen med högre visdom i den andra dimensionen, "Oh, jag vet inte vad DET är", MEN, jag accepterar helt och hållet den tillverkade maten som har sett exakt likadan ut i veckor! Så var finns logiken i det, kan man undra? Jag är inte nån som ska döma, men det är fortfarande ett faktum att vissa saker bara sväljs utan några som helst frågor, medan andra saker är som, "Ohh, jag behöver bevis på det, jag måste se det". Och här är vi faktiskt tillbaka till det faktum att ni har ett val. Om ni ifrågasätter andevärlden och andliga guider, dom högre varelserna och den medvetenheten, men ändå accepterar sånt som ser väldigt onaturligt ut, så borde det väl väcka frågor, skulle man kunna tycka. Hela poängen är egentligen att börja ifrågasätta det ni ser framför er. Om du är uppmärksam, säger ditt egna medvetna eller logiska sinne kanske dig "det här verkar konstigt". Ibland finns det mer sanning i sånt som du inte kan se, än i det som finns rakt framför dig. Det som är osynligt kan vara mycket mer äkta.

D. Det var en riktigt bra poäng.

B. Det borde finnas ett PLING, nånstans i ert medvetande. Alla möjliga olika pling borde egentligen komma därifrån.

Eftersom Bob alltid är generös med hälsoråd, kommer vi att här delge hans kommentarer angående blåbär och citroner.

B. Så jag tycker JÄTTEMYCKET om frukt och bär, och en av mina favoriter är blåbär. Blåbär är läkande eftersom dom faktiskt har en egenskap som kan läka flera sjukdomar. Dom sjukdomar till exempel som attackerar celler kan faktiskt bli hjälpta av vissa sätt att tillreda och hantera blåbär, liksom citron. Blåbär och citron, ibland var för sig och ibland tillsammans.

D. Färska blåbär?

B. Va?

D. Färska, liksom just plockade?

B. Jaa. (*Fnissar till*) Ja, inte från frysen direkt, det är inte där dom bor! Dom växer i naturen, normalt sett, för det är där dom ska vara, det är där vi placerade dom från början. Inte på fält, eller nått, vi placerade dom på platser, strategiskt, så dom skulle lämnas ifred.

D. Ja, de är lite känsliga, man kan inte odla dem överallt.

B. Dom är känsliga, var så säker! Men dom är väldigt starka i sin struktur, inom varje enzym, och dom innehåller vissa ingredienser, som har förmågan att döda bakterier. Men om du gör sylt eller nått annat av dom, då försvinner mystiken. Det smakar bara bra, men mystiken har gått förlorad. Så det är inte som, oh, jag äter pannkakor med blåbärssylt, hälsosamt! Så är det inte alls. Dom måste också tillredas på ett visst sätt tillsammans med citronsaft. Blåbär och citron, verkligt STARKA ingredienser, om dom används korrekt.

D. Mixas de tillsammans?

B. Mixa dom, och du använder det för olika åkommor, det är som en dryck, så det blir som en vätska. Det är riktigt bra för er. DET BRÄNNS i magen, men det läker skit, SKIT som ni stoppar i magen här. SKIT! Tvi...tvi (*ser ut som att han spottar*). Tycker inte alls om det, förstör motorn! Förstår ni egentligen hur lång tid det tog att göra motorn? Det är inte som nått som bara gjordes över en natt. Just nu verkar det som att allt möjligt skapar oreda i motorn. Det är som att ha en bil som går på bensin, och sen får nån för sig att tanka den med juice istället. Det skulle inte fungera så bra, eller hur? Så sköt om motorn, lär dig om allt som redan finns i naturen. Det är en gåva till dig och det är gratis. Dom är inte alltid till för att man ska ta och göra nått nytt av dom. Det är vad många gör, vet du, dom tar dom fina sakerna som vi skapar och gör nått helt nytt av det, när dom inte har en aning om hur dom ska göra. Dom lägger bara till socker och lite annat som gör det till ett klet. (*Han använder ofta ordet "klet" och antyder något som täpper igen systemet*) Hela syftet och alla egenskaper går förlorat. Tvi, Tvi!! Får mig att nysa, nästan. Verkligen nysa. Du vet, en stor grupp av mina vänner arbetade med blåbäret och gav er nått riktigt bra, så försök att hålla alla dom här sakerna rena. Annars är det bara bortkastat.

D. Kan någon av oss dra nytta av blåbär och citron?

B. Båda, båda två, faktiskt, för ni går nu in i en fas, där ni behöver städa upp lite inom era egna kroppar. Aah, små saker, lite olika inom er båda, men det måste ändå rengöras. Du kan också lägga dom i vatten och dricka. Lägg lite blåbär i vatten, som du gör med citron, men du måste öppna dom lite först.

D. Krossar man dem?

B. Ja. Krossa så att dom blir mjuka, annars är det bara nått blått som flyter runt och det är inte så meningsfullt. Blåbärsvatten, ingen dricker det egentligen längre, men det var en stor hit när det lanserades, vet du, hos civilisationerna på den tiden.

D. När var det?

B. Första gången var faktiskt under det som är känt som den Lemuriska tiden. På den tiden var man mer benägen att använda den här typen av kunskap än tidigare civilisationer. Dom använde många frukter och bär och gjorde drycker som dom drack varje dag. Blåbäret fanns faktiskt långt innan kaffebönan kom. Större projekt som är fina minnen av hur man har skapat saker. Jag skapade kaffebönan, många fina minnen, du vet sena kvällar! (*Skrattar åt sitt eget skämt, eftersom det inte finns någon dag och natt i hans dimension*) Hahahaha! Olika personer gör olika saker, så klart, utformar, jobbar tillsammans. Plockar ner saker från molnet. Oh, här kommer nånting som dom vill att vi ska skapa. Det är alltid lika fascinerande när man hör ett "pling" i molnet och man vet att det kommer nånting helt nytt. Du vet, man får en signal från det lilla Rådet, du skulle förmodligen inte kalla det ett Råd, men det är det, i min hemmavärld. Min mentor, Gergen, sitter med i det Rådet, och han berättar när nya recept har kommit, så att säga. Så det är vad vi ser.

Dimensionerna i Detalj

Vid det här laget är jag säker på att du har börjat inse att vi inte riktigt kan förstå, utom på ett rent generellt plan, hur dimensionerna fungerar och arbetar tillsammans för att skapa det vi ser som vår verklighet. Våra andliga vänner har gjort sitt bästa för att ge oss beskrivningar som pekar på vad det är som sker. Anledningen till att vi först nu presenterar de dialoger som handlar om dimensionerna, var att du först skulle få en möjlighet att fundera över några av de andra ämnena. Det här avsnittet kommer att handla mer om hur dimensionerna arbetar med ljus och ljud för att skapa föremål och livsformer i vårt universum, vårt kosmiska akvarium. Principerna gäller naturligtvis också för andra kosmiska akvarier, där samma energi används för att skapa strukturer som, till skillnad mot vad som gäller i vårt universum, inte är solida. De högre dimensionerna är som ett stort paraply, under vars vägledning alla olika manifestationer sker, oavsett hur solida de kan verka ur vårt perspektiv.

Jag har lärt mig under det gångna året att lyssna på våra andliga vänner när de talar om sitt arbete, att allt, och jag menar allt, skapas på ett liknande sätt och har både ett syfte och ett ändamål. En blomma och en avlägsen galax tillverkas för att göra den världslig med hjälp av en gemensam process. Stjärnan har en struktur som är en komplex version av blommans DNA. Det våra vänner kallar kärnan är planetens eller stjärnans DNA, och kärnan innehåller ett energimönster som resonerar med varje element och väsen som finns på planeten. Precis som vårt DNA är ett specifikt mönster som bygger upp vår kropp av element och grundämnen, fastställer planetens energimönster vilka element, grundämnen och liv som den är avsedd att manifestera i den tredje dimensionen. Kärnan är också utformad för att hålla planeten på sin plats inom solsystemets mönster. Naturligtvis är inte det här principer som vi kan bevisa, men alla som seriöst studerat livets mysterier, eller universum, vet att det finns en ordning. Om det finns en ordning så finns det också en organisatör, och om vi börjar med den tankegången, så är ingenting i den här boken bortom trovärdighet.

Låt oss säga att en jordliknande planet har skapats i ett avlägset solsystem. Allt material i den planeten är en del av vibrationen inom den första dimensionen. Det skulle inkludera elementen, grundämnena, tyngdkraften, elektromagnetismen och atmosfären, om den har någon. Om det är tänkt att det ska finnas livsformer på planeten involveras andra andliga grupper. De grundläggande elementen kan organiseras till något som lever genom att ett energimönster skapas, ett mönster som vi på den tredje dimensionen ser som DNA. DNA skapas av specialister som arbetar inom den andra dimensionen, men de får också hjälp av vetenskapsmän som arbetar på sjunde och åttonde. Du kan se det så här; den första och andra dimensionen är som filmprojektorer, och bilderna som de skickar mot väggen representerar den tredje dimensionen. Oavsett hur nära väggen du än står och studerar bilderna, kommer de inte att avslöja något om projektorn eller elen som driver projektorn. Det är det dilemmat som kvantfysiker står inför, när de metaforiskt stirrar på väggen och funderar över hur saker och ting dyker upp i vår verklighet. Energikraften och mönstren som får kvarkar, protoner och neutroner att bli synliga och kombinerade i grundämnen och element kommer alltid att förbli ett mysterium. Vi kan se mönstren i allt omkring oss och vet att de innehåller en obestridlig matematisk komplexitet, men hur det kom till ligger helt i det fördolda. För att återvända till vår imaginära planet är de enskilda elementen fortfarande medvetna om sig själva, men de är också medvetna om att de fungerar inom en organisation. DNA är den plan som de följer, och varje element och grundämne känner en viss lycka och glädje över att vara en del av gruppprojektet, när det går med i det för att bli en del av en molekyl eller cell. Du kanske tycker att det låter konstigt att ett grundämne skulle kunna känna någonting, men kom ihåg att det som främst kännetecknar Skaparen är just medvetande. Inget, någonstans, i någon dimension, inom något universum, i någon värld, existerar utan en del av ett medvetande. Det finns inga döda föremål som svävar omkring i rymden, eftersom elementen, som de är gjorda av, är en del av Skaparen. Inom alla andliga områden har detta medvetande en komponent som manifesteras som en vibrationsenergi, som vi upplever och känner, och som är en ren form av det vi kallar kärlek. Det är en egenskap för allt som finns, invävt i skapelsens tyg, om du så vill. Så ja, även de fundamentala delarna av materien är levande och medvetna, bara inte på ett sätt som vi kan förstå.

De flesta människor medger att en människa har en själ, men kan vara motvilliga att erkänna att annat levande också innehåller andlig energi. När något som innehåller DNA börjar växa, vare sig det är ett ekollon som gror, ett grodyngel i en damm eller en ofödd valp, vid någon tidpunkt i sin tidiga utveckling finns det lite andlig energi som läggs in i den växande formen. Det som ger dessa mönster liv är en infusion av en högre form av andligt medvetande. Det finns ett moln av ande i hela naturen, som vibrerar inom den andra dimensionen. Lite av detta medvetande läggs in i varje levande mönster, utan vilket det inte kan komma till uttryck. Du kan tänka på det som en liten kamera i allt som lever. Detta andliga moln är direkt kopplat till dimensioner över den nionde, som är mycket nära Skaparen. Allt som lever på Jorden, från ett grässtrå till en åsna, besjälas av olika mängd gudomlig ande. Vad är syftet, kanske du undrar, för det Mästerliga Medvetandet att placera medvetande i en levande varelse? Det är helt enkelt den rena glädjen i att uppleva hur vi, skapelsens barn, interagerar med varandra. Det är ett gudomligt spel av stora proportioner. I anden vet vi att det Mästerliga Medvetandet är författaren och regissören, men när vi inkarnerar glömmer vi att livet bara är ett skådespel, vilket även Shakespeare på sin tid förkunnade.

Fasta föremål är bara olika sammansättningar av ljus- och ljudfrekvenser, som är osynliga för de fysiska sinnena. Människor som har en UKU, när deras själ tillfälligt skiljer sig från sin kropp, observerar ibland denna matris av energi som håller ihop allt. Väggarna i ditt hus kan till exempel se ut som en mörkgrön, blåaktig dimma eller dis i form av ett rum, och det som en gång var solitt, ser nu ut som buntar av ljusstrådar. Den andliga kroppen kan se i alla riktningar på en gång, röra sig lika snabbt som en tanke och kommunicera telepatiskt med andra andliga varelser. Denna mentala verklighet är den fjärde dimensionen. Din själ sänder ut tankar och får information inom denna energimatris, även om du normalt inte är medveten om dess existens. Världen verkar solid och bekant för vårt medvetna sinne endast när din själ tittar ut genom mänskliga ögon. DET är den stora illusionen. Kärnan i din varelse är inget annat än medvetande, om du så vill. Din fysiska kropp, som är av Jorden, befinner sig på den tredje dimensionen, men ditt sinne tar emot och skickar information på en något högre vibration inom den fjärde dimensionen. Hjärnan är bara ett elektriskt-till-andligt gränsskikt mellan själsenergin och den massiva kroppen.

I nästa serie dialoger ger Ophelia och Zachariah oss en uppfattning om hur de olika dimensionerna fungerar.

D. Jag har en fråga. Du har tidigare talat om energinivåer. Vibrerar denna dimension helt och hållet inom ett visst andligt band av energi, så att vi inte kan se andra dimensioner från detta perspektiv?

O. Det mänskliga ögat, cellstrukturen i människans ögon, kan inte se alla vibrationer. De som är i harmoni med sin egen själ kan känna dem. Det finns dock inget sätt för det mänskliga ögat att upptäcka vibrationerna från de högre nivåerna, från nivå fem och uppåt. Fyra kan manifesteras. Nivå fyra är som en bro mellan det fysiska och de andliga vibrationerna. På detta plan, som omger olika himlakroppar där evolution och livsformer är belägna, finns lager, eller frekvenser, där fysiska manifestationer är synliga för individer på just den specifika himlakroppen.

D. Är det den fjärde dimensionen du talar om?

O. Det är den fjärde dimensionen som bär en blandning av fysisk manifestation såväl som en blandning som tillåter de andliga nivåerna att gå ner. Detta innebär att vissa faktiskt kan manifesteras och ses med blotta ögat. De som fysiskt ser andar, eller till och med händelser från tidigare liv när de rör sig genom olika rutnät på detta plan, tonar faktiskt in på den fjärde. Det är här som karma lagras. Indianerna är medvetna om denna nivå, de kan ganska enkelt tona in på den fjärde. De amerikanska indianerna och indianer i Peru.

D. Så är den tredje dimensionen inom alla andliga skapande nivåer, är det den enda som vi som en människa kan se?

O. Så är det.

D. Och den fjärde dimensionen är...?

O. Är bron till det andliga, icke-formens vibration. I den fjärde dimensionen är det en blandning av form och icke-form.

D. Och den femte dimensionen?

Dimensionerna i Detalj 239

O. I den femte dimensionen rör du dig genom de högre emotionella vibrationerna. Den fjärde bär faktiskt på alla vibrationer på något vis, och vissa kan manifesteras. De högre vibrationerna från den femte, de högre känslorna, kan manifesteras och förstås av dem som är i harmoni med sina känslomässiga vibrationer på den tredje nivån. Så den tredje dimensionen är där formen är innesluten. I den fjärde upplöses formen, men kan ibland ses. I den femte rör vi oss in i hjärtcentrat, de högre känslorna, de högre vibrationerna i den emotionella sfären.

D. I denna dimension (*den femte*) finns inte de emotionella sidorna av Jorden, eller hur?

O. Rädsla lämnar aldrig den fjärde dimensionen. När du går in i den femte, är energierna, känslorna helt rena.

D. Den fjärde dimensionen, är det den mentala världen som omger Jorden?

O. Precis.

D. Är det en del av den?

O. Precis.

D. Och sedan finns det högre aspekter som är mer andligt orienterade?

O. Precis. Detta liknar de lager runt andra himlakroppar som är en bro mellan en verklighet till en annan. På något vis existerar en slags förvirring i den bron, och det är en blandning av ett flertal impulser.

D. Så den femte dimensionen skulle inte omsluta Jorden, eller hur?

O. Inte nödvändigtvis, men i detta fall omsluter faktiskt flera lager denna planet.

D. Kan du beskriva dem?

O. Den första är kärnan, den centrala punkten som finns i hela skapelsen. Det är den stationära punkten som kommer att diskuteras senare i olika kommande böcker. Denna stationära punkt har olika vibrationer. Där en håller ett objekt på sin plats, medan en annan har en vibration som skapar portaler som ni kan färdas eller navigera igenom. Det finns en stationär punkt i alla levande väsen (*Jorden och andra himlakroppar betraktas som levande väsen*). Beroende på densitet och massa skapas olika scenarier. Det är den första dimensionen, grunden till allt. Den andra rör sig in i skiktet av partiklar, såväl som att vara den första nivån av skapelse. Det är här olika mineraler och partiklar kan kombineras och struktureras till en fysisk form, som kommer att manifestera sig på den tredje nivån. Den fjärde är, som nämnts, en bro mellan den fysiska verkligheten och den andliga, en himmelsk verklighet som omger just denna planet. Den fjärde är bron. Den femte bär på minnen från tidsepoker på detta plan när den emotionella verkligheten var mer....där tonvikten, under en kort tid, låg mer på den femte dimensionen. Och den sjätte dimensionen, som bär på en högre form, varifrån de geometriska lärorna härstammar, hade också sitt inflytande på detta plan. (*Ophelia hänvisar till att vissa dimensioner nu är något inaktiva. Det fanns en tid i det förflutna då de högre vibrationerna verkade på Jorden, kanske i de Lemuriska eller Atlantiska epokerna, i kroppar utformade att bära dessa vibrationer*). Alla dessa lager har förmågan att gå ner till detta plan och manifestera sig inom den tredje och den fjärde verkligheten. Dock, om inte den andra skapar dess form, finns det inget sätt för den femte och den sjätte att manifestera sig på den tredje. Den sjunde bär på ljudvibrationer. Det är här som frekvenser, och musik, manifesteras. Och individer som har befunnit sig på detta plan, musiker kända i historien, skapades av den andra dimensionen som potentiella bärare av den sjunde vibrationen. Så den sjunde vibrationen är ljudvibrationen, ljudet som bär tankar genom hela detta universum. Den åttonde är kopplingen till andra galaxer. Det är här du finner nästa nivå av kommunikatörer, de som kommer in från åttonde och nionde. De bär...hmmm, låt oss lämna det för ögonblicket. Detta är vad som kommer i framtiden, de som kommer att kommunicera från åttonde och nionde.

D. På vilken nivå vistas du?

Dimensionerna i Detalj 241

O. Jag tillhör den sjunde. Vi arbetar med toner, eftersom toner har en vibration som är ostoppbar och har förmågan att genom vågor röra sig som en partikel genom universum utan att ändra sin struktur. Det kommer alltid att manifesteras på det vis som det ursprungligen sändes. Det är skillnaden. (*Baserat på andra samtal med Ophelia är min uppfattning att ljus och ljud kombineras till en färgkarta för varje specifik skapelse, och denna färgkarta har också en motsvarande tonvibration som andar förstår. Varje ande har också en unik färgkarta och ton, vilket är ett sätt som vi kan identifiera varandra i andevärlden*).

D. Väldigt intressant.

O. Fåglar är i harmoni med denna nivå. De bär på vibrationer från den sjunde och åttonde. Medan den nionde tillhör den galaktiska strukturen för allt. Den sjätte och den nionde fungerar tillsammans. Den tionde är strukturen som förbinder dem alla och kommunicerar direkt till den första om du så vill. Vi har givit er bilden.

D. Bär Jorden dessa vibrationer?

O. Den är omsluten av dem. Men inte alla kan manifestera sig på den tredje. För att lämna dig med denna modell, så resonerar den högsta vibrationen, som du kan se med blotta ögat, med den sjunde dimensionen, det vill säga fåglarna. Det är den högsta som kan manifesteras så att du kan se det med blotta ögat. Ditt öga är inte fullt utrustat för att upptäcka verkligheten som du är omgiven av. Om dina ögon hade varit annorlunda uppbygga, haft en annan struktur, skulle du kunna se alla lager. Men det skulle vara förvirrande, eftersom ditt sinne inte är tillräckligt utrustat.

D. Ah, jag förstår.

(*Ophelia lämnade och Zachariah steg in för att avsluta idéerna*).

Z. Så visdomen från den sjätte dimensionen handlar om modeller och former som skapar verkligheter. Det handlar om att förstå begreppet matematik och fysik. Den sjätte dimensionen handlar om hur alla nivåer och världar samverkar i en verklighet som kombinerar dem alla. Detta är känt som den heliga geometrin, där nycklar till hur man manövrerar och rör sig mellan dimensionerna finns.

D. Är den kunskapen tillgänglig för människan, eller ligger den bortom mänskliga förmågor?

Z. Vissa kan bruka delar av den och minnas det arbete som görs på denna nivå. Det finns ett Råd som arbetar med att koppla samman andra världar. Ni har båda arbetat i detta Råd...(*lång paus*) Låt oss se vad vi kan avslöja om detta...Den sjätte och den tredje dimensionen är faktiskt inte så annorlunda, eftersom de båda har fysisk materia. Den sjätte dimensionen ansvarar för att skapa planeter, och strukturer på dem, där livsformer ska äga rum. Så de som arbetar på den sjätte dimensionen känner sig väl hemma på Jorden, eftersom den sjätte också har en viss nivå av fysisk materia.

D. Fysisk, som på Jorden fysisk?

Z. Ja, det är här ni båda fungerar som fysiska inkarnationer på ett annat plan. Den sjätte dimensionen lär om var fysisk materia finns, och vilken typ av strukturer och former som behövs för att skapa en fysisk form på olika plan. Det är därför vissa världar endast är av energi eller mentala former. Den sjätte dimensionen handlar om den fasta formen och kunskapen om hur man skapar den fasta formen, tillsammans med himlakroppar.

D. När vi tittar ut i universum och ser stjärnorna, är allt inom den tredje dimensionen?

Z. Med blotta ögat kan du bara se detta kosmiska akvarium, ditt universum.

Dimensionerna ska inte ses som en stege, eftersom de endast har olika funktioner inom skapandet. För att ge ett exempel; om vi ska tillverka en bil, är det någon som designar den, en annan grupp bygger chassit och karossen, medan ännu en utarbetar motorn, och några andra specialister bygger vägarna där bilen körs. När en själ föds, eller skapas, tilldelas den en av dessa grupper och kommer alltid att vara en del av den dimensionen. De själar som arbetar i designgruppen börjar som små praktikanter, tittar och lär sig, och blir sedan mer specialiserade och utvecklas inom designavdelningen tills de sitter i ett Råd som tänker ut någon ny design. De går inte in till grannen och försöker leka expert och ta över gruppen som bygger motorer eller vägar. Varje själ och varje del av skapelsen är lika viktig. Skaparen gav just din själ en specifik design för att tjäna i en roll inom en av dessa dimensioner, och som en del av din utbildning beslutade du att komma till Jorden för att lära dig vissa saker av egen erfarenhet. Det är faktiskt nästan så enkelt.

D. Kan du svara på en fråga?

O. Ja, min vän.

D. Är de högre numren relaterade till en ökande andlig vibration? Som, är den femte dimensionen en högre vibration än den fjärde?

O. Precis. Dock, den fjärde är som nämnts en bro, så den fjärde fungerar på ett något unikt sätt. Det är emellertid ett faktum att de högre nivåerna, som vi refererar till, alla har en högre andlig vibration än den därunder, däremot har bara vissa möjligheten att skapa form. Jag arbetar på den sjunde och där finns ingen form. Med form menar jag, vad som betraktas som form ur den sjätte dimensionens perspektiv. Du kan se det som en kon och hur alla energier och nivåer rör sig in i konen, ner till den fasta formen på Jorden. Först är det en gnista som går in från den tionde dimensionen, skapelsen. Skapandet av hur något är tänkt bli, själva idén, om du så vill. Idén kommer från Källan, som vi kan kalla det Mästerliga Medvetandet. Det passerar genom den nionde, formens Råd, där din vän Jeshua och andra högtstående varelser, skapare, designmästare finns. Nivå åtta har en vibration som är fundamentet för att all form ska ta gestalt. Det är också en emotionell värld, närmare den sjunde. Det finns ingen logik mellan nivåerna, bli inte förvirrad av siffrorna. Åttonde och sjunde arbetar faktiskt tillsammans.

D. Är det olika typer av energi?

O. Oh ja. Om du vill hänvisa till dem som, låt oss säga feminin och maskulin, så är sju och åtta faktiskt en blandning, mer av en feminin-maskulin energinivå.

D. Skulle sju betraktas som feminin?

O. Precis. Den sjätte är där formen tar gestalt.

D. Från den sjunde och åttonde?

O. Precis. Idén landar först på den nionde, där konstruktörerna, om du så vill, får idén på sitt bord och låter den gå vidare till den åttonde. Den åttonde är involverad i DNA, strukturen och molekylerna, liksom även var denna form ska placeras. Allt har en ton, ni alla vibrerar, och det är nyckeln från den sjunde dimensionen. Efter att alla dessa nivåer är färdiga med sina arbeten, tar den sjätte dimensionen över. Det är ett kombinerat projekt, och är inte bara relaterat till detta plan. Det bär samma typ av struktur, från Skaparen genom olika nivåer av kunskaper. Det kan dock variera beroende på slutresultatet. Slutresultatet från denna nivå skulle betyda Jorden.

D. Är den tionde och högre närmare Skaparen?

O. Precis. Det är den plats hon (*Christine*) har sett i visioner, den som hon kallar stjärnan. Det har ingen form, det utstrålar helt enkelt bara ljus.

D. Det var väldigt intressant. Jag har en annan fråga också, om du inte har något emot det. Vår vän, Bob, i den andra dimensionen, är han också en själ som vi?

O. Javisst. Vi är alla själar, men på de olika nivåerna, inom vilka vi vibrerar, är formen ibland bara lite lättare (*mindre tät*). Det är därför du, när du ser mig, tycker att jag liksom svävar, eftersom från den sjunde nivån finns ingen form, men ändå är livsformen lika hög som om du vibrerar fysiskt. Det är helt enkelt en övergång mellan livsformer, på samma sätt som när du lämnar den fysiska världen och rör dig in i andevärlden. Det är likadant mellan de olika andliga nivåerna, det är helt enkelt bara en skillnad i vibration om den manifesteras fysiskt eller ej. Du kan dock inte röra dig fritt mellan dem. Vissa gör, men det sker inte i början. (*Ophelia menar att själen inte kan röra sig fritt mellan de olika dimensionerna efter att den först har skapats som en ljusgnista, men kan det möjligtvis senare, efter en viss utveckling).*

D. Så du, som en själ, kom till den sjunde nivån, varifrån?

O. Från Källan. Jag gick aldrig in...det är inte som att gå in i den andra och flyttas upp till den tredje, det är inte en stege. Så från Källan skapas och placeras du där du ska resonera och vibrera. Vem som bestämmer ligger i det stora mysteriet, i Skaparen. Vi skapas var och en för att arbeta och vibrera inom vissa dimensioner och verkligheter. Men det är lättare för dem som inte vibrerar i fast form att förmedla, eller till och med stiga ned i fysisk form. De, som likt vår vän Bob, på något vis existerande i en fysisk verklighet, kan inte på samma sätt upplösas in i den sjunde, eller ens den femte.

Ophelia, som min guide, känner mig väldigt väl och är medveten om att jag alltid har kämpat lite med olika frågor som har sitt ursprung i rädsla. Hon råder mig att fokusera och tona in på den femte dimensionen, den andliga verklighet där högre känslor finns. Ur det perspektivet försvinner rädslan som är kopplad till detta plan.

D. Har du något annat du vill dela med dig av idag?

O. Just nu känner vi att ni arbetar individuellt, och tillsammans, i den takt vi planerade för er. Trots att du från ett mänskligt perspektiv kanske möter rädsla i din process. Men vet att det inte finns någonting att frukta, när du välkomnar de nya möjligheterna som ligger i ditt knä. Möjligheter går hand i hand med rädsla. De orädda öppnar sina fönster. De som väljer att stanna kvar, eller följa sin rädsla, deras fönster kommer att förbli stängda. Det är det som definierar en gammal själ kontra en yngre. Men det mänskliga sinnet kan spela ett spratt. De som är mer i linje med sina fysiska vibrationer, följer ibland de mer primitiva signalerna, som är relaterade till den fysiska varelsen. Det finns ingen rädsla när du vibrerar från din själs kapacitet. Tona in på den femte dimensionen, så kommer du att se det ovanifrån, inte bara detta plan, utan även din roll inom det planet. Du behöver inte gå längre än till den femte. Men för att du ska nå den femte måste du navigera igenom den fjärde, där alla möjliga olika upplevelser kan manifesteras. Det är här du låser dig, min vän. På något sätt, mellan den tredje och den femte, ligger dina rädslor. Vem skapade dem? Du skapade din egen verklighet i den fjärde dimensionen. Tona in på den femte och du kommer att få klarhet.

D. Jag ska försöka göra det.

O. (*Röst blir mjuk*) Vi vet att du kommer att göra det. Vet bara att när du har full insikt om vem du är, då har du lämnat både den tredje och fjärde verkligheten och du navigerar i de högre andliga vibrationerna. Du kan fortfarande manifestera dem alla på den tredje. Den fjärde spelar dig och ditt sinne ett litet spratt.

Här är ett bra ställe att beskriva de två aspekter som finns i alla andliga dimensioner. Den femte, sjätte, sjunde och åttonde har vardera en andlig sida som är energi och utan form, och en annan sida som innehåller form. Själar som, likt Ophelia, är födda i den sjunde dimensionen, har tillträde till den sjunde dimensionens andliga sida, eftersom det är deras hemfrekvens. Det är här som själar liknar små bollar av ljusenergi, och där själsgrupper och lärare vistas och studerar. Alla dimensioner har denna sida, dit bara de som resonerar med den vibrationen har tillträde. Den sjunde har också en annan sida som innehåller form, där labben och andra arbetsområden existerar. Om Christine eller Bob, vars hem finns i andra dimensioner (*sjätte och andra*), besöker den sjunde, kommer de bara kunna få tillträde till formsidan av denna verklighet. Bob har fått resa, det han beskriver som att han projicerar en del av sin energi, till den femte, sjätte och sjunde dimensionen, men han kan bara se formsidan av dessa nivåer. Hans sätt att resa är annorlunda än det sätt som Ophelia eller Zachariah färdas, för de ändrar sina inre vibrationer och rekonstruerar sedan sin form med en densitet som matchar den vibrationen. Nästa konversation skedde på ett tidigt stadium av deras avslöjanden om de olika dimensionerna, så jag var lite osäker på några av ämnena.

D. Du har sagt att den femte och den sjunde går tillsammans. Är den andra relaterad till någon av de andra dimensionerna?

O. Den andra är alltid kopplad till den tredje, oavsett vilken verklighet vi talar om. Manifestationen äger rum på den tredje. Idén kommer från det tionde och rör sig, som vi sa, in genom den där konen och överförs på ett vis till den andra, för att den ska kunna skapa ett resultat på den tredje. Jag förstår att det kan vara svårt att förstå, och detta är inte nödvändigtvis något som människan just nu kommer att förstå fullt ut. Så, skapa inte mer förvirring. Det är inte därför ni är här.

D. Det var bara en personlig nyfikenhet kring själarnas framsteg.

O. För att formen slutligen ska ta gestalt på den tredje dimensionen är den andra dimensionen alltid involverad. Skapelserna, oavsett om det gäller växter eller människor, måste geografiskt resonera med där de är placerade. Låt oss säga att vi vill skapa en palm. De på den andra dimensionen är involverade i att förstå var denna palm över huvud taget har möjlighet att växa. Det är därför de kopplas in. Den första dimensionen fungerar helt enkelt som en motor. Det är kärnan och hjärtat i varje himlakropp. Den är som ett värmeelement och en motor, den är en levande livsform.

D. Och idéerna till nya former kommer alla från det Mästerliga Medvetandet, Skaparen?

O. Ja. Ja. Det du skulle kalla arbetsgrupperna börjar med individerna på den nionde dimensionen. Nionde är Rådet där ny design beslutas, om du så vill. För att förtydliga. Så från den nionde landar idén, den är konstruerad för att gå vidare till den sjätte dimensionen. Emellertid kan ingenting passera utan att gå igenom åtta och sju, som bär på toner och vibrationer (*färgkartor*), för att det ens ska kunna bli en fast form.

D. Sätter de på något vis mönster på idén och omvandlar den till en design eller form?

O. Ja. Åttonde och sjunde.

D. Och därifrån går det ner till den sjätte?

O. Ja. Låt oss kalla den sjätte för fabriken. Så ja.

D. Och det projiceras i slutändan till den tredje, om det ska bli till en fast form?

O. Precis.

D. Tack för all den informationen.

O. Eftersom färger också har en ton, och det är det som vår vän Bob lär sig, kombinationen av färger och toner för att en ny livsform ska bli till. Färger resonerar med toner. Bilden ser ut som ett kalejdoskop.

D. Inom vilken dimension finns dessa färger och toner?

O. Alla nivåer resonerar med olika färger.

D. Så arbetar Bob med dessa färger och toner?

O. Javisst. Han är väldigt ivrig att lära sig. Han går som lärling på den sjätte och den sjunde dimensionen. Den femte, det är här Biblioteket finns, där han studerar och hjälper till i valven.

D. Vilket Bibliotek?

O. Valvet och Biblioteket. De finns på den femte.

D. Okej, jag tror att jag förstår. Tack.

Bob underhåller oss ofta med berättelser om saker han gör på olika platser dit han får resa. Han var på en föreläsning i den sjunde dimensionen och lärde sig att kombinera ljus- och ljudvibrationer för att bilda en pytteliten stjärna och gav oss en förstahandsinblick i hur det lärdes ut. Vår andliga familj ger oss aldrig någon information av misstag, så även om det beskrevs på ett humoristiskt sätt, pekar den underliggande processen, som han beskriver, på hur alla synliga stjärnor skapas.

D. Ophelia nämnde att du ibland kommer till den sjunde för att lära dig.

B. Jag lär mig om energi och vibrationer, hur du blandar ihop dom för att göra ett nytt recept, en ny maträtt. (*Bob skrattar åt jämförelsen mellan stjärnor och mat*).

D. Arbetar du med Ophelia eller någon annan på den sjunde dimensionen?

B. Oh, det finns små hjälpredor, du vet hon är väldigt upptagen, antar jag. Det finns dom som är yngre, som små assistenter i det labbet. Det är väldigt ljust där inne. Så få se nu om jag får förklara det för dig...kanske hon inte vill att jag ska göra det (*tystnar medans han lyssnar till Ophelia som skickar honom en tankebubbla*).

D. Är ni flera från den andra dimensionen där inne också, eller är du där själv?

B. Alltså, vi utvecklas inom vår egen grupp, precis som du gör. Men vissa personer (*vilket betyder andar i hans labb*) fortsätter att jobba med vatten eller med växter och djur. Jag vill hellre lära mig förstå mer om hur man skapar nya livsformer, och även dom livsformer som inte är helt manifesterade. Så det är ett långsiktigt projekt som jag arbetar på med Ophelia och dom i hennes skola. Visste du att hon har en skola?

D. Ah, nej det visste jag inte.

B. Nej, det gjorde du inte, för du gick ju inte där!

D. Går du i den skolan?

B. Ja, det gör jag. Man kan gå på olika lektioner där.

D. Hur många är ni i din klass?

B. Oh, vi är många i den klassen. Det är som en stor...det är som en arena nästan, det är jättemånga som lyssnar. Efter lektionerna kan man gå med sin lärare till ett separat rum och sedan öva på det man just har lärt sig. Så först lyssnar du och sen övar du. Det är faktiskt föreläsningar, lektioner som du kan delta i, för att förstå ljus.

D. Är det när du arbetar med ljus och ljud?

B. Oooh, när du har lärt dig att bemästra ljus- och ljudvågorna blandar du dom så att dom snurrar! Och DÅ skapas en stjärna! På nått vis...

D. När sätts den sexuddiga strukturen in?

B. Det här är det som händer först, det är det första, eftersom för att nånting ska kunna röra sig måste det ha en kärna. Det här är för att skapa kärnan i mitten av precis allt.

D. Är Ophelia som en slags rektor för hela skolan, eller bara för den klassen?

B. Oh, det finns ett slags lärarråd, på nått vis, men hon går omkring och övervakar lite, men det finns assistenter också, som nog är lika kvalificerade antar jag, för du lämnas inte ensam. Du kan inte bara (*göra ett pustande ljud*) pffft, pfffttt, stoppa in alla möjliga slags ljus- och ljudvibrationer i akvariet, för du vill absolut INTE att det ska explodera! Du måste vara väldigt försiktig med mängderna du stoppar in. (*I detta fall är akvariet, som han talar om, en liten labbutrustning där de blandar ljus och ljudenergier och skapar små ljusbollar, som liknar en liten stjärna. Det är som en glasbehållare, så de kan se vad som sker där inne*). Dom ser ut som Ophelia, men jag föredrar att prata med henne, för hon känner till min utveckling och mitt arbete fram till nu. Jag har en HEL MASSA frågor, men hon bara ler och nickar, och ibland säger hon, "Allt kommer inom sinom tid". Men jag vet inte vad det egentligen betyder. Vilken tid är det, om tiden inte finns? När kommer det att ske? (*Bob skrattar högt åt sin fråga som är omöjlig att besvara*).

B. Men det här labbet där Ophelia är, jag är väldigt tacksam för att jag fick prata om det, för jag visste inte riktigt. Men allt är, hela grunden till allt är blandningen av ljus kontra ljud. Och när dom två blandas, verkar allt möjligt kunna dyka upp. Om du ser det som en fabrik igen, med bilen, så är jag mer i det sista steget där den ska lackeras och rulla ut från fabriken. Jag sätter på däcken så att den kan röra sig! Men hela designen, hela bilens konstruktion görs långt innan den ens kommer till mig. Det är samma sak.

D. Du får den att se snygg ut.

B. Ah. Men för att det ens ska bli nått som rör sig, så har nån fått idén att skapa alla slangar och rör för att det ens ska kunna bli nått. Sen kommer din grupp in och skapar formen på bilen, och sen sätter jag på däcken, så att säga, så att den faktiskt kan rulla. Annars blir det lite oklart, varför man ens skulle göra den i första hand, om den inte kan köra nånstans, kan man tycka. Så nu har du på nått vis fått en bild av hur skapelsen går till. (*Bob jämför skapandet av solsystem och livsformer med en fabrik och konstaterar att utan något uttryck för liv finns det ingen anledning för andevärlden att skapa någonting*).

D. Riktigt intressant! Tack för den beskrivningen.

B. Jag tycker verkligen om den klassen, jag tycker om att gå i skolan. Du träffar på alla möjliga nya varelser här. För det är inte bara min grupp som går, du träffar alla typer av nya, olika, intressanta...verkligen fascinerande individer, såna som du aldrig ens hade en aning om att fanns!

D. Är detta strikt den sjunde dimensionen, eller är den här klassen också en del av den sjätte?

B. Lärarna kommer från den sjunde, skulle jag säga, men den åttonde och den nionde deltar också. Det är ett kombinerat verk, eftersom element och grundämnen är involverade och dom hör till den åttonde, och den nionde är också en del av det hela. Men för att göra det enkelt, låt oss säga att lärarna är från den sjunde dimensionen, men eleverna kan komma från alla möjliga olika platser. Vissa är småttingar, småstjärnor från den sjunde dimensionen och andra är från andra platser. Sen är det min grupp, vi kommer tillsammans, men jag skulle inte säga att vi är i majoritet i den här församlingen. (*Bob tar också ibland med sina sex små elever till föreläsningarna*). Du kanske tror att alla som kommer hit ser ut som andar, som energier, men vi är här i våra kroppar. Vissa här ser lite udda ut! Jag vet inte var dom kommer ifrån, men dom ser lite konstiga ut! Dom sitter långt ut åt sidan.

D. De är inga du blir vän med, va?

B. Jag vet inte om det är tänkt att jag ska det! Det är inte som att vi sitter där som andar, för det gör vi inte, vi är faktiskt där precis som vi är! Och dom som sitter där på sidan, jag är inte säker på var dom kommer ifrån, men dom är fascinerande! Fascinerande individer, helt klart! Men dom pratar inte så mycket.

D. Hur ser de ut?

B. En grupp ser ut som små...öronen ser ut som små trattar, jag vet inte varför dom ser ut så? Jag antar att dom har bra hörsel, men dom pratar inte så bra. (*Skrattar högt*) Oh, Ophelia säger, "Stirra inte!" Jag försöker vara lite diskret, men alla slags olika varelser, från alla möjliga verkligheter och världar och planeter kan komma hit och lyssna. Alla i hörsalen går inte till labbet och jobbar med det här efteråt, men dom kan komma och lyssna! Så det är vad dom gör, för dom har stora öron, så jag antar att dom förstår och kan höra det. Det finns alla slags individer, och dom här måste komma från nån väldigt avlägsen galax. Jag önskar att jag kunde få dig att förstå. På nått sätt är det naturligtvis en andlig nivå, men det är också en mötesplats där alla typer av varelser kan träffas för att lära sig.

D. Har du undervisning på den sjätte dimensionen också?

B. Ja, det har jag. Det är ett annat klassrum.

D. Är det en liknande typ av struktur, föreläsningar och labb?

B. Det är stort, det är inte som en arena, som det här, det är lite mindre. Jag kan rita det åt dig, om du vill. Det är likadant när jag är på den sjätte dimensionen, jag går på lektioner.

D. Ställer du många frågor?

B. Det gör jag, för jag gör anteckningar. Och det beror också på att vissa i min grupp inte är särskilt verbala, dom är mer lagda åt att arbeta i det tysta i vårt labb, så ibland skickar dom mig små lappar för att jag ska ställa frågor, och sen pratar vi om det efteråt. Det är också lite för att, du vet, min personlighet är lite annorlunda.

D. Trevligt unik skulle jag säga!

B. Jag är helt fascinerad av dom som studerar här, eftersom det är alla möjliga olika individer. Det är som att besöka det där som är liksom en union, alla olika grupper som kommer från alla möjliga olika länder (*som EU*). Då blir det som, du vet...."oh, jag undrar vad dom kommer att säga, jag undrar vad dom kommer att tillägga, vilka är dom?".

Det är rätt likt, men det är bara så att här SER dom annorlunda ut. Som en stor sammankomst, en hearing, kan man säga. (*Bob blev riktigt högljudd och upphetsad medan han beskrev de konstiga varelserna han såg på föreläsningarna på den sjunde dimensionen*).

Fjärde Dimensionen

När någon dör, lämnar deras själ kroppen och deras medvetenhet flyttas helt in i den mentala världen, den fjärde dimensionen. Inom denna dimension återspeglas människors föreställningar och allt som de tror på omkring dem. I alla andliga dimensioner blir tankar verklighet. Andar kan i grunden, genom sina tankar, få föremål eller omgivningar att komma till existens. På Jorden ger inte tankar omedelbart upphov till fysiska manifestationer på grund av dess täthet. Inom den mentala världen sker det dock snabbt. Därför kan religiösa övertygelser och andra idéer bli övergående verkligheter för själar efter deras fysiska död. Människor som har nära-döden-upplevelser färdas ofta bara omkring i den fjärde dimensionen, vilket skulle förklara varför deras berättelser är så varierade, eftersom alla dras mot de energier som resonerar med det de tror på. De andliga verkligheterna är mer strukturerade och många platser, som Biblioteket i den femte dimensionen, har skapats och befästs i sin form genom grupper av högre varelser. När vi är i vår andliga kropp verkar dessa platser lika solida och verkliga som alla platser vi kan besöka på Jorden. Zachariah beskriver hur den mentala världen kan förväxlas som en andlig verklighet av vissa själar, vilket kan få dem att hålla sig kvar i denna vibration.

D. Kan du beskriva vad någon möter efter döden, men innan de går in i den femte dimensionen?

Z. Oh, det kan vara vad som helst. Det här är bara en nivå innan du når din destination. Det är där du kan stanna och begrunda det du har gjort, antingen ensam eller tillsammans med en guide. Den existerar inte på riktigt, men det är en nivå innan du lämnar detta energifält. Det är som sagt inte en befintlig plats. Det är en värld som du antagligen skulle betrakta som en andlig plats, men det är den inte. Den kan se ut precis hur som helst, som det medvetna sinnet väljer att den ska vara. Hon här (*Christine*) skapade en marmorbänk med utsikt över havet från en klippa. Vi tänker alla olika, och vi kan skapa en plats i den världen helt enligt våra egna preferenser. Det är inte en befintlig värld, det är mer som en bas för kontemplation innan du går vidare. Du kan på denna nivå välja att kommunicera med guider som hör till Jorden. Jag vill att du ska förstå att denna nivå finns, och den kan skapas i ditt medvetna sinne. Vissa ser detta som en andlig värld, var medvetna om det och döm inte hur människor uppfattar detta fält. Låt dem känna och se det som himlen, om det är så de väljer att göra det. Vissa stannar kvar här ett tag, för att det känns tryggt, eftersom det medvetna sinnet har skapat det enligt deras önskemål. Det är här som religiösa ikoner kan visa sig, eftersom de skapas från det medvetna sinnet. Det är verkligen inte ett stort fält, men yngre själar ser det som sådant. Låt dem göra det. Alla behöver inte veta att man kan lämna denna plats. Det är inte deras tid att utforska vad som finns bortom det.

D. Så säger du att vissa yngre själar kan stanna här innan de återvänder för att förenas med sin ande?

Z. Det är bara så att de kan bestämma sig för att stanna här ett tag, eftersom de tror att det är andevärlden. Låt dem tro det. Detta är ett fält kopplat till Kristus-energin. Oavsett om de väljer att se det som individer från kristendomen eller andra religioner, så är det här som dessa individer dyker upp. Så låt folk behålla sin tro på denna värld. Inte alla behöver utforska vad som finns bortom. Det är här som det medvetna sinnet skapar, det är inte en sann verklighet, men för många är det.

D. Jag förstår. Om en själ kommer hit och tänker att detta är den högsta världen, kan den reinkarnera tillbaka till Jorden härifrån, eller går den vidare?

Z. Ja, oh, detta är en nivå där vissa kan stanna kvar, inte alla lämnar denna värld, så i vissa avseenden är det en andlig värld. Men det är den som ligger närmast den här planeten, den förkroppsligar nästan jordplanet, vilket gör den riktigt enkelt att nå. Högre varelser kan stiga ner i detta fält och det är då människor på Jorden kan ansluta sig. *(Från Christines arbete med livet-mellan-liven-regressioner rapporterar ett fåtal klienter att de snabbt hoppar in i en ny inkarnation. Det verkar finnas två kategorier av själar som kan studsa från en kropp, upp till den fjärde dimensionen och sedan tillbaka in i en ny kropp. De första är väldigt avancerade själar som inte känner behov av att rapportera hemma, och de andra är mindre utvecklade själar som kan fastna i den mentala världen på grund av destruktiva handlingar eller starka trosuppfattningar i det förra livet).*

D. Så görs anslutningen genom att skifta sin medvetenhet eller genom att öka vibrationerna?

Z. Det handlar om vibrationer, det är en ton. Allt är relaterat till toner. När du ökar eller minskar, kopplas din vibration till en ton, som gör de högre världarna medvetna om vem de ska kommunicera med. Ni resonerar alla i en ton.

D. Hur är det bästa sättet för en person att höja sin ton så att de kan få kontakt med dessa andar? Är det något du ständig arbetar på, eller är det en biprodukt av en speciell procedur?

Z. Det är en komplex fråga, men ändå bra. Det är ett yttre inflytande som slås samman med själsvibrationen, själens unika vibration.

D. Är det en fråga om avsikt från den inkarnerade personen?

Z. Den måste förstå att ta emot signalen, och vissa är programmerade att ta emot den tidigt, och andra är faktiskt inte avsedda att ta emot den alls. Det är en komplex bild. För att förklara det bäst; om du ser Jorden omgiven av ett fält som signaler passerar igenom. Men på insidan där mottagarna finns, det vill säga inkarnationerna, så måste de vara programmerade för att signalerna ska komma in i deras fält. På Jorden, som jag ser det, utstrålar de som är mottagliga ett ljus, vilket innebär att de yttre världarna lättare kan veta vart de ska skicka sin frekvens, det är som en signal av ljudvågor. Men om man betraktar befolkningen som helhet är cirka tolv till femton procent mottagliga. Vårt mål vid denna tidpunkt skulle vara tjugofem procent.

Moln med Nya Mönster

Bob berättade för oss hur han och alla andra i den andra dimensionen får information och instruktioner om vad man ska arbeta med och bygga. Han förstår också processen, i stort, hur varje dimension är involverad i skapelsen. Andevärlden är väl organiserad och det verkar som om alla får uppdrag, som mestadels filtreras ned från det Mästerliga Medvetandet, eller någon annan mer avancerad andlig varelse. Gergen är Bobs mentor och ger honom vanligtvis hans uppdrag, men Bob får också designplaner direkt från ett moln. Varje ande har en roll som förändras över tid, så nivån på komplexitet och ansvar ökar när andar blir mer avancerade. Vi presenterar Bobs beskrivning av hur han ser skapelsen, ur sitt perspektiv på den andra dimensionen. Han berättar att efter det att den sjätte till och med den nionde dimensionen har avslutat sitt arbete med ramverket och grundstrukturen för en ny skapelse, eller modifieringen av en befintlig livsform, till exempel en ny människa, lägger de "manualen" i vad Bob kallar "molnet". Han beskriver det också som ett postkontor dit han går för att hämta projekt som han har fått i uppdrag att arbeta med.

> D. Kanske kan du övertala Isak att ta dig med på en rundtur i den åttonde för att studera gravitation?
>
> B. Oh, jag är säker på att det kommer att finnas alla möjliga chanser för mig att ställa andra frågor också under dom här sessionerna, vet du. Så om en möjlighet dyker upp så kommer jag att fråga! För du vet, jag vill verkligen lära mig mer om elementen och grundämnena, för jag förstår att det är dom som är basen till allt annat, till och med ända ner till ljuspartiklarna i strängarna, som Gergen jobbar med. Allt härstammar från olika grundämnen från den åttonde, så du är tvungen att på nått vis förstå den åttonde för att kunna skapa nått i dom andra lagren, eller dom andra dimensionerna. Och med tanke på var den är belägen, så kanske du tänker..."oh, det här borde vara närmare kärnan", som kanske kan vara ända uppe i den tolfte dimensionen eller nått, MEN, men så fungerar det inte, för det finns ju det där filtret beträffande syftet och idén, som kommer från nio och tio. Så därifrån filtreras det ner, som ett regn, genom ett filter, genom åtta, och åtta kollar vilka element och grundämnen som är lämpliga för att den specifika idén ska kunna äga rum, och vidarebefordrar den sen ner till sju och sex där ljus- och ljudmönstren blir till olika manualer. Sen från sju och sex, och till och med från

åtta på nått vis, omdirigeras dessa manualer in i molnet, där allt slutligen kommer ner till oss i den andra dimensionen, så vi kan skapa den specifika formen. Den andra dimensionen, där jag hör hemma, tillhör Jorden. Så jag får tillgång till Jordens moln. *(Skrattar)* Se hur lätt jag gör det för dig, så att du kan göra dig en bild i huvudet?

D. Det är mycket tydligt, jag gillar den beskrivningen.

B. Varje plats har ett eget moln. När jag arbetar från den andra dimensionen som rör Jorden, får jag inte tillgång till moln som hör till andra verkligheter, eller andra plan, eller till och med andra planeter. Den andra dimensionen kan bara komma åt manualer från molnet, som är anslutet till den specifika verkligheten som dom jobbar med, och jag kan bara komma åt manualer för sånt som jag jobbar med.

D. Undviker en viss förvirring.

B. Låter vettigt, eller hur? Annars skulle alla säga, "Vilket är mitt moln, ursäkta mig, ursäkta, ursäkta, är det där mitt moln?" "NEJ, det här är mitt". Så du vet, man ska bara fokusera på det som är på ens egen tallrik. Så manualen är nästan som parkerad där man själv befinner sig. Det finns andra verkligheter inom den andra dimensionen som fungerar i andra solsystem också, om dom är skapade och om dom har en atmosfär.

D. Gergen, han har tillgång till det, eller hur?

B. Oh, Gergen, han har tillgång till nått slags molnbibliotek. Molnbiblioteket. Han kan säga, "Det här molnet hör hemma här, och dom här manualerna ska gå hit". Det är som ett valv, där han är, där han studerar, och han har tillgång till ALLA slags moln. Jag såg det en gång, han visade mig några av dom olika molnen.

D. Jag gissar att han tar dig med på små rundturer bland saker han gör?

B. Ia går mer, för hon arbetar mer med molnen. Jag jobbade med ett annat moln som var relaterat till den där växthusplaneten, som jag pratade om en gång, det var ett annat moln. Det var mer passivt, eftersom ingen skulle blanda sig i det som skedde där. Men jag har inte arbetat med så många moln. Så Gergen har mer tillgång till all den kunskapen, på samma sätt som Zachariah i Biblioteket, han ser rapporter som kommer in. Gergen har alla molnen, eller tillgång till dom, om du så vill. Han kan välja att titta i alla olika moln, relaterade till andra områden och livsformer.

D. Låter som ett stort ansvar.

B. Han är som en kunskapsväktare, precis som Zachariah. Dom kan få information från molnen, det Mästerliga Medvetandet som liksom svävar över olika fysiska verkligheter. Men jag vet också, jag vet att det finns andra moln också, för det berättade han för mig, att inte alla moln är kopplade till en fysisk manifestation. Det finns energimanifestationer också, och även dom som är hälften av var. Det blir rätt knepigt, antar jag, för man vill ju inte bara ha ben och sen nått mystiskt som svävar omkring på toppen! Jag förstår egentligen inte hur det skulle fungera. Men han sa, "Ingen anledning att bekymra dig om det, Bob". Men han visade mig att det finns. Hälften av var, intressant!

D. Är det inom det universum som vi är medvetna om?

B. Nää.

D. Annat kosmiskt akvarium?

B. (*Gör ett poppande ljud med läpparna*) Annat kosmiskt akvarium. Annat kosmiskt akvarium, universum. Men Zachariah har mer nertecknat, rapporter och lagrade minnen från alla möjliga hörn och olika universum. Gergen har det också, fast han har bara tillgång till manualerna i olika moln som verkar inom, och flyter omkring i, olika kosmiskt akvarier.

D. Det verkar vara en bra kille att känna, om du vill lära dig något.

B. Ja, men det är inte som ett Bibliotek. Du kan inte bara gå och fråga, "Kan jag få låna manualen från hälften-av-var-molnet?" För då säger dom, "Nej, för du jobbar inte med dom som är hälften av var". Det är inte som ett Bibliotek dit du kan gå och låna en bok och sen lämna tillbaka den. Det är inte så det fungerar, ÖVERHUVUDTAGET. När du har hämtat din manual från molnet, lämnar du inte tillbaka den UPP till molnet igen.

D. Då är den alltså din?

B. Du får behåll den, och arbeta utifrån den och skapa det som är tänkt ska bli enligt den förutbestämda utvecklingen.

D. Så det är som ditt personliga ansvar?

B. Den är ett personligt ansvar och du kan inte bara sätta tillbaka den. Så allt kommer ut från molnet, men ingenting går tillbaka dit. Men du kan få tilläggsinformation från molnet, om det är kopplat till den manual som du använder, och till det du just håller på och skapar. Så ja, visst. Det finns dom som fungerar som nån slags bibliotekarie under molnet, så du kan be dom om ytterligare information. Oh, det här kan vara knepigt för dig, men det är så här; du får din manual och du börjar skapa nått. Du ifrågasätter inte den manualen, men det är bara ett ramverk, den kommer inte med alla olika detaljer, det är det som är vårt jobb. Man får ramen från det Mästerliga Medvetandet i molnet, och baserat på allt det du har lärt dig så gör du dig en bild av det du ska skapa. Men om du behöver ytterligare information kan du faktiskt gå tillbaka, och via olika typer av underhållsfolk och väktare, som slags bibliotekarier, så kan du säga typ, "Oh, jag har en karta här över Europa, men jag vill ha lite mer information om Italien". Och då går dom och hämtar en ny bok som bara handlar om Italien. Förstår du vad jag menar? Det är så det fungerar.

D. Läggs manualen in där i molnet genom åttonde, sjunde och sjätte?

B. Ja. Idén kommer från nionde, kanske tio, jag vet inte, men jag ser att idén kommer uppifrån, ner till nio, men jag vet inte varifrån och vilka dom är. Men nio skapar idén till det som ska bli ett nytt projekt, låt säga, och dom skickar det nya projektet ner till åtta, så att dom kan omge det med dom element och grundämnen som behövs för det specifika projektet, för att det över huvud taget ska kunna bli nått. Sen går det vidare ner till sju och sex som tillför ljus och ljud, och när allt det är gjort, så leds det på nått vis om, inte ner, utan till molnen med manualer.

D. Och är det några andra som distribuerar arbetet?

B. Oh, jag kan inte se dom för molnet är liksom stängt.

D. Elementen och grundämnena i sig, de består av ljus- och ljudenergi, eller hur? De är en del av det som utgör en färgkarta?

B. Dom skapar en färgkarta. Det är riktigt. För att en färgkarta ens ska kunna bli nånting, måste du behärska vissa element och deras sammantagna resonans med varandra. Dom använder i första hand tre och fem beståndsdelar på olika sätt.

D. Kan du tala om för mig hur de där komponenterna delas upp i tre och fem?

B. Tre och fem. Jag såg faktiskt på det här med Ophelia en gång, och det är nånting på det här planet, på Jorden, med komponenter i olika varianter av tre och fem, och dom rör sig på nått vis in i en ljusverklighet, där dom blir till ljusgnistan i DNA: t. Du kan lägga till fler kombinationer än tre och fem, men på det här specifika planet...fast när jag säger tre och fem vill jag visa dig en bild av det, för det är som att det roterar åt olika håll, och smälter ihop genom olika processer på nått vis. Så även om jag säger tre och fem, finns det MILLIONER olika varianter av lösningar, även om dom bara är tre och fem i sin struktur. (*Han visar Christine att dessa buntar med tre och fem element är staplade i en kedja, i olika ordning, för att skapa DNA-strukturer*). Det här är hemligheten bakom talet åtta. Jag vet inte riktigt, men det jag vet är att Ophelia sa att färgkartorna på det här planet inte innehåller mer än tre och fem komponenter av dom åtta. Men dom matchas i flera miljoner olika varianter innan dom går in i formerna av ljus i allt det som är skapat. Sedan tillkommer ljud som håller det på plats. Så här görs DNA. Det är lite rörigt; det är det, men det beskriver i stort den bilden som jag såg när

Ophelia pratade om det. Men det resonerar med ljud också på nått vis.

D. Jag är säker på att det kommer att beskrivas mer i senare vågor, hoppas jag. Men låt oss säga att du arbetar på en motor i en människa, är det en hel manual eller en bit av en manual?

B. Ahh, Ohhh, först kommer en stor manual, låt oss säga, nummer ett, och det är som hela ramen; vi ska skapa en motor, och det är så här den ska fungera! Du får information om varför du skapar detta, och vilken funktion det ska ha, den primära funktionen för organet och vad tanken är med det. Och du får den här manualen, ramverket, för hur just det här specifika organet ska fungera, och platsen nämns också normalt i nummer ett. Så du tar ner manualen och börjar arbeta med den utifrån din expertis. Normalt arbetar du tillsammans med en grupp och diskuterar lite hur du kan skapa det så att det ska fungera. Men sen kan du behöva ytterligare information, särskilt när det gäller hur det ska startas. För den första delen är liksom bara ett dött föremål, typ i dvala. Och då behöver du ytterligare information, som kommer från nya manualer så att det kan bli nått. Färgkartan kommer in, och efter det följer hur allt ska startas upp. Så du arbetar med det i en viss ordning. Det tar lite tid.

D. Jag förstår det.

B. Grupperna som jobbar med blodcirkulationen involveras också och dom har sina manualer. Så jag får manualerna, Okej, det här är formen och det här är motorns primära funktion, och sedan säger cirkulationsgrupperna, "Okej, vi har fått information om platsen för det här specifika organet och hur vår cirkulation ska gå genom det, eller också omge det", och sen sammanställer du det på nått vis. Och du måste ha en tydlig bild innan du får informationen, så det är därför du inte får hela bilden på en gång, eftersom du bygger nånting. (*Detta visar igen gruppens skaparinsats och hur vi alla på något sätt är medskapare*).

D. Ah. Så när det så småningom är gjort är handboken din, och du ansvarar för att underhålla den?

B. Ja, den lagras, liksom i ett valv. Men så länge som vi bygger på den är det min manual, ja.

D. Och om de beslutar att avbryta en modell, tar du då alla dina anteckningar och lägger dem i ett valv?

B. Ja. Och jag ... om nått verkligen inte skulle fungera, så lagrar jag det också för framtida projekt, så jag inte gör om samma misstag igen.

D. Du måste ha en massa referensmaterial där inne.

B. Jaa, verkligen.

D. Hur kategoriserar du det? Päls, ingen päls?

B. Hehehehe! Oh, jag gillar att skapa saker med päls. Organ är bra, men det är inte lika roligt att observera dom, eftersom dom inte går nånstans, dom upplever inte så mycket på det viset.

D. När du gör något med päls, får du då utforma färgmönstren, är allt det upp till dig?

B. Nja, du vet, om det var upp till var och en, skulle det finnas alla möjliga olika färger som inte smälter in i naturen. Så du får inte så mycket att välja bland här, för den måste smälta in. Du vill inte att den ska exponeras för mycket, du vill inte ha nån som är rosa, för den skulle verkligen ha svårt att överleva. Även vit, du vill heller inte ha för mycket vitt där det inte finns snö. Du vill att den ska vara lite kamouflerad.

D. Så, hur uppfattar djur sin omgivning? De flesta av dem är färgblinda, eller hur?

B. Nej, det är inte riktigt sant.

D. Kan de se energifält?

B. Ja, det kan dom. Och dom ser det som vågor, så dom kan upptäcka färger, för det finns faktiskt också information som kommer genom olika färger. Så dom ser faktiskt vibrationslager i färger, och dom är programmerade att förstå vissa färger, som utlöser olika känslor inom dom. Det Mästerliga Medvetandet kommunicerar med dom genom vibrationsvågor som har färgkoder, så jag förstår inte varför dom säger att djur bara uppfattar svart och vitt, för dom kommunicerar faktiskt med färger. Det finns en annan grupp på min nivå som jobbar med det här. Låt oss säga att rött betyder fara. Så om dom sniffar upp en växt som dom inte ska äta, då kommer den specifika växten att utstråla färgen rött till det djuret, så att det inte äter den växten, eftersom dom är programmerade att förstå och undvika just den vibrationen. Men det betyder inte nödvändigtvis att dom ser en färg, men dom förstår. Det skickas till dom i färger.

D. Jag förstår, det låter väldigt logiskt. Kan djur läsa varandras sinne?

B. På samma sätt.

D. Som en tankebubbla?

B. Inte som en bubbla, det är mer som vågor. Det är som vågor mellan dom. Men om dom inte är programmerade att förstå...låt oss säga att dom har tillgång till 10 olika färger som resonerar med viss information. Om en har tillgång till tio, och den andra individen bara fem, så förstår dom inte varandra. Så det är baserat på vad det Mästerliga Medvetandet har programmerat att just den individen ska ha inom sin medvetenhet.

D. Det verkar väldigt komplicerat.

B. Inte direkt. Det är som om ni bara skulle ha ett språk aktiverat i er (*han skrattar högt åt det här eftersom jag endast pratar mitt modersmål*) ...och du vet, ni pratar bara det! Så, i det här fallet skulle det vara som att ni bara förstår och ser färgen blå, men andra som förstår och talar flera språk, dom kanske har fem färger programmerade i sig! Så du vet, det är samma sak. Ditt djur (*hänvisar till mig*) har bara ett, och dom andra kanske har fem. Så du ser, det är samma sak.

D. Kan människor också känna vibrationsenergi på det viset?

B. Nej, inte dom människor som lever nu, nej. Tidigare civilisationer, dom som bodde i grottor, långt långt långt tillbaka i tiden, dom som hade päls, dom kunde det på sätt och vis. Eftersom dom formgavs liksom precis efter djuren, hade dom fortfarande medvetenheten att förstå, det är det som ni kallar telepati, men det betyder egentligen att förstå vissa frekvenser, som finns som en medvetenhet inom individen. Den moderna människan utvecklades bara för att kopplas upp till en dator. Dom förlorade därigenom dom andra frekvenserna för att kommunicera med både träd, djur, och växter, i deras omgivningar. Så på sätt och vis har dom mer kapacitet i datorn än ett djur, men dom har skurits av från det kollektiva Mästerliga Medvetandet som finns i djur och träd. Människan har blivit färgblind, kan man säga.

D. Det var en riktigt bra förklaring.

B. Så nu vet du det.

D. Jag läste om en fågelart på en ö där blommorna de brukade äta försvann.

B. Sen slumrade dom in, dom togs bort?

D. Nja, längden på näbben ändrades, så att de kunde äta annan blomnektar, och det på mycket kort tid, som en generation eller så. Är det något som den andra dimensionen skulle ha arbetat på?

B. Det kommer genom molnen. Alla dessa förändringar, som, typ att få nått att sova, som vi pratade om, där Ia kan ta bort kapseln (*De sa att alla levande varelser är inneslutna i en ljuskapsel*). Om du vill ta bort nått, så får du kapseln att sova och sen försvinner den. Men om du, som i det här fallet, vill att fågeln ska fortsätta sin utveckling, då kommer det direkt in nånting annat.

D. Och då skulle alla nya fåglar som föds förändras?

B. Olika färgkartor. Om det är så det har beslutats, om det är valet på just den specifika ön, ja, då skulle det vara på det viset, när nått sånt där händer. Nånting kan hända snabbt eller så kan det gå igenom en utveckling. Så du kan se var det verkar ha varit en evolution, för man ser, "oh, här finns en tidslinje". Och sen finns dom här specifika platserna där nått sånt där inträffade, till exempel, då är det en omedelbar utveckling, det är en kickstart, en omstart. Och då blir det genast lite knivigt för vetenskapen, för i deras värld har evolutionen samma tidslinje. Men så är det egentligen inte.

D. Det är bra att veta. Jag antog att det var så det fungerade.

B. Det är bara lite annorlunda, och det är designat så. Det kommer inte från den enskilda individen i den andra dimensionen. Det är utformat på samma sätt, det kommer från en idé och går igenom dimensionerna till oss, det går bara lite snabbare för att det ska utvecklas. Men än en gång, det finns ingen tid på dom här nivåerna, så det tar samma "tid" för en idé att bli nånting, men från det här planet ser det ut som en omstart och att det inte följer den allmänna tidslinjen för evolutionen.

D. Eftersom det Mästerliga Medvetandet finns i alla dessa små fåglar, är det medvetet om att försörjningen försvinner och så bara justerar den sig själv?

B. Eftersom det Mästerliga Medvetandet var den som stängde av och fick kapseln att sova (*blommorna som fåglarna åt av*), men om det vill att fåglarna ska fortsätta sin existens kommer det omedelbart att förvandla antingen fågeln själv, eller ta in en ny växt som den kan livnära sig på. I det här fallet verkar det som om dom ändrade själva fågeln.

D. Det är helt fantastiskt.

B. Det är bara ett annat sätt att utvecklas. Allt följer inte, 10 år, 20 år, 500 år, du vet, allt har en förutbestämd utveckling planerad. MEN det Mästerliga Medvetandet kan ändra det när det gäller växter och djur, om du så vill, eftersom dom inte har en själ på samma sätt. Det är lite svårare när det gäller inkarnationer. Men det är mer som att det görs inifrån, nästan som en ingjutning.

D. Så jag antar att vid nästan all skapelse så gör inte det Mästerliga Medvetandet riktigt allt själv utan det sänds genom alla olika nivåer av själsenergier?

B. Precis! Det fungerar som den som dirigerar det hela, utifrån vad som har beslutats i nio, åtta, sju och sex.

D. Och alla dessa andliga varelser har skapats av det Mästerliga Medvetandet. Är de som vice ordförande?

B. Ja, det kan man säga, eller kanske hellre direktörer, för det är dom som verkställer orderna. (*Skrattar åt sin liknelse*). Du kan inte se dom, du kan inte gå till molnet eller till det Mästerliga Medvetandet, det kan du inte. Jag frågade om det, för jag ville prata om varför min favoritvarelse togs bort. (*Bob hade själv skapat ett litet björnliknande djur som bar stort andligt medvetande. Han har pratat om denna lilla pälsklädda varelse i många sessioner och hur den togs bort från jordplanet innan introduktionen av de första hominiderna*). Jag ville gå dit och diskutera, men det är det tydligen ingen som gör. Jag frågade dig, jag frågade alla, jag frågade Ophelia, jag frågade Gergen och sa, "Går ni dit?". Jag försökte snoka runt i ämnet och försökte se om jag på nått vis kunde gå till det Mästerliga Medvetandet. Du vet, kanske det finns typ Mästerliga Medvetande-möten som vi kan gå på. Men det verkar inte riktigt som att nån går till den platsen.

D. Men det måste veta vad du tänker, ibland?

B. Joo, jag är säker på att det gör det, för det svävar över allting. Nåväl, jag tror att det är nog bra för idag. Och jag känner att du har fått en större bild här om hur saker och ting fungerar och hänger ihop. Men djur läser faktiskt nivåer av färger, eftersom varje färg från det Mästerliga Medvetandet innehåller olika typer av information eller medvetande. Så det kan till exempel vara "ät inte mig." Det kan också vara "ge dig iväg". Det kan också vara "kom närmare". Så det innehåller olika instruktioner. Det är därför du ibland kan se, till exempel, ett djur som normalt skulle attackera ett annat, men gör det inte, för den andra individen skickar ut en frekvens som rovdjuret tolkar som, "Ät inte det här, ta hand om det istället". Så antingen stannar det och skyddar det, eller så går det bara sin väg. Du vet dom där naturfilmerna när du ser en björn, och så ser du som ett litet får eller nått, och plötsligt tänker du, "Oohh, den kommer att äta upp det", men så gör den inte det. Det beror på att fåret har skickat ut en frekvens som björnen tolkar som "det här är ingen mat."

D. Och det kommer från det Mästerliga Medvetandet?

B. Ah.

D. Det är helt fascinerande.

B. Så om ni observerar alla dessa små saker i naturen kan ni se var det Mästerliga Medvetandet ingriper. Du vet, ni har ögon. Ta er en titt! Se er omkring, lägg märke till saker! Människan har en tendens till att bara se andra människor.

D. Ganska blinda.

B. Verkligen väldigt selektiva. Eftersom vi (*på den andra dimensionen*) arbetar tillsammans med det Mästerliga Medvetandet i djur och så vidare, är vi utbildade i, och lägger stor möda på, att skapa bilder som är lite universella, som ett språk, du vet förmodligen det galaktiska språket antar jag.

D. Så, när djur ser saker, ser de en slags bild i deras sinne?

B. Ja, dom kan se en bild i sitt sinne. Och några bilder resonerar, och det kan helt enkelt vara ... det behöver inte vara som, oh, jag skickar dig en bild av en blomma. Det skickas normalt inte alls så. Utan det skickas som ett mönster, så det ser ut som...det ser inte riktigt ut som nått du skulle tro, typ, det här är en blomma, det här är en bil, utan det är bara som ett mönster som resonerar med en information.

D. Som vi pratade om förra veckan?

B. Ja. Så vanligtvis använder vi binas mönster. Vi sammanfogar det på olika sätt och av olika färger, och det är så vi...för du vet om vi skulle skissa upp allt möjligt, som till exempel att en blomma betyder "äta", och ett hav betyder "gå och bada", då skulle det ta mycket längre tid. Det är bättre att använda ett universellt språk, som kan förstås i alla olika verkligheter. Så det är ett litet knep som den andra dimensionen använder. För om du är på en plats där det till exempel inte finns några blommor, och så skickar du en blomma, då kommer dom som finns på det planet inte att förstå vad det är, men dom förstår det universella språket i dom mönster som vi skickar.

D. Jag undrar, om ett djur verkligen är hungrigt, kan du då tala om var det kan finna mat, eller hur kan de veta?

B. På sätt och vis är det likadant för dig. Vi skickar liksom en sniff-sniff-signal till det. Dom har en mycket högre förmåga i sin näsregion, den apparaturen är faktiskt mer utvecklad än din. Så ibland kan vi skicka en sån signal till dom djur som har en mycket utvecklad andningsapparat, vi kan skicka det till den regionen. Vissa signaler skickas till det mentala, och andra skickas till nosen. Det fungerar inte nödvändigtvis så med människor, så förvänta dig inga såna signaler, för vi jobbar mer med hjärnan här och med själspartikeln. Men till exempel med djur använder vi både mentala och luktsignaler, eftersom luktsignalerna kan säga VAD dom ska leta efter. Men när vi ska tala om VART dom ska gå, då använder vi det mentala inom djuret.

D. Så de får en ingivelse att gå i en viss riktning.

B. Precis. Först kanske vi skickar en luktsignal som gör dom medvetna. Om ett djur är gammalt och lägger sig ner, när det är nära slutet av sin cykel, om du skickar en luktsignal, kan maten behöva vara precis runt hörnet, så att säga. Så vi skickar en luktsignal och det gör att det lever upp lite, och sedan skickar vi till den mentala delen vart det ska gå. Så det är en dubbel signal.

D. Det har alltid varit ett slags mysterium för mig hur djuren vet var de kan hitta mat.

B. Huvudsakligen kommuniceras det till den mentala delen i dom.

D. Så om det finns ett överflöd av mat så ingriper ni egentligen inte.

B. Då behövs det inte. Då behövs inga luktsignaler. Då kan du jobba med annan kommunikation som behövs bättre.

D. Det var riktigt intressant, tack för den förklaringen.

B. Oh, det är egentligen inte så konstigt. Ibland kan det Mästerliga Medvetandet, om det till exempel finns för många av en viss art, då kanske det Mästerliga Medvetandet INTE ingriper och inte alls skicka luktsignaler eller mentala signaler. Det måste vara en balans i naturen.

D. Så, får den andra dimensionen instruktioner från det Mästerliga Medvetandet att hjälpa olika djur eller gör ni det på egen hand?

B. Det Mästerliga Medvetandet jobbar huvudsakligen med signalerna. Den andra dimensionen kan hjälpa till, särskilt när det gäller att ta hand om dom individer som är placerade här. Men om vi till exempel har smält samman med ett djur eller ett träd, så är det en kombinerad insats både från oss och det Mästerliga Medvetandet. Men normalt är det helt enkelt så att vi tar hand om dom när dom har ont nånstans, för dom går ju inte till nån doktor. Så om dom har en skada är det inte det Mästerliga Medvetandet som fixar det, det är vi. Det Mästerliga Medvetandet svävar liksom över och talar om för dom vart dom ska gå eller att dom inte ska gå till vissa platser, eftersom det är överbefolkat. Ibland önskar man att man kunde göra så med människor också.

D. Varför görs inte det?

B. För ni inte är kopplade på det viset till det Mästerliga Medvetandet, det sker på andra nivåer. Det kommer egentligen från en annan källa. Men låt oss säga att det i naturen finns ett ställe som måste komma lite mer till liv igen, att det på nått vis har betats av för mycket, då ingriper det Mästerliga Medvetandet så att djuren på nått sätt antingen försvinner naturligt eller leds om till andra ställen. Om det finns för många älgar eller rådjur, då kan rovdjur placeras i det området så att hjortdjuren omedelbart känner att dom måste flytta på sig. Det görs av det Mästerliga Medvetandet, det görs inte av oss.

D. Är du medveten om vilken avsikt det Mästerliga Medvetandet har med olika saker?

B. Oh, ibland men bara i mindre utsträckning.

D. Om du ska hjälpa ett djur, hur vet du hur du ska göra?

B. Det är bara när en av oss är inne i djuret, som vi på nått vis kan upptäcka det. Annars märker vi det lite senare, och då agerar vi. Men om vi är inne i det, liksom blandat samman med det, så kan vi typ få en liten förhandsvisning, och vi kan agera tidigare. Om det till exempel finns för många älgar på ett ställe, och man vill göra nått åt det, för dom äter upp allt gräs så det inte hinner återhämta sig, och det Mästerliga Medvetandet vill att dom ska försvinna ett tag, så placeras rovdjur i den trakten. Då, om den gruppens kollektiva själ ingriper, och vanligtvis är många av oss närvarande, då hjälper vi dom att förstå att det är dags att röra lite på sig. Det kan vara lite knepigt för dig att förstå, fastna inte i detaljerna, men det är ett kombinerat verk, och det är främst det Mästerliga Medvetandet som är verksam på den nivån och ser till att saker och ting fungerar och är i harmoni i naturen och även mellan djurarter. Vi brukar ta hand om det som sker efteråt, om du så vill, för att göra det enkelt för dig.

D. Det var en mycket bra förklaring.

B. När djur är skadade eller så, då tar vi hand om det.

D. Det finns något annat som jag var nyfiken på. Har grupper av djur liksom en gruppsjäl?

B. Dom kan ha det, om det till exempel är som en stor flock, då kan det vara samma gruppsjäl, som du kallar det.

D. Och när djuren dör, går de tillbaka in i det molnet, den källan, då?

B. Ungefär så.

D. Men som ett husdjur, någons personliga husdjur, det har också samma typ av energi, eller hur?

B. En del husdjur har faktiskt en närvaro av ett väsen från den andra dimensionen i sig. Men för att inte röra till det, när djur eller växter dör, så har dom en kollektiv själ, om du så vill, som återgår till just den källan, kollektivt. Även om, låt oss säga att vi har en flock på tio individer, och även om dom inte dör samtidigt, går dom alla tillbaka till samma partikel.

D. Och den partikeln är alltså skild från det Mästerliga Medvetandet?

B. Ah, det ser lite ut som ett moln, men det är inte detsamma som där manualerna kommer ifrån. Det är liksom en kollektiv själ. Men för mig ser det också ut som ett moln, fast det är inte där du hämtar manualerna. Din själ är en liten partikel som går tillbaka till sin källa. Det här är mer som en stor ljusboll och en bit av den lossnar när den smälter samman med nått här på Jorden, men sen när den dör, går den bara tillbaka igen, upp till den stora bollen. Du går inte tillbaka till den ljusbollen, men den kollektiva själen återgår till en större boll. Så det är lite mer av en koncentrerad andlig medvetenhet, för den är kompakt, och den lossnar på ett annat sätt, än när en människas själ lämnar och återvänder till andevärlden. Dom har inte på samma sätt ett uppdrag att rapportera om, dom ska helt enkelt bara uppleva. Skillnaden är att när ett djur dör, så återvänder den lilla snöflingan till sin källa, dom rapporterar ingenting, eftersom det Mästerliga Medvetandet hela tiden svävar över den kollektiva själen, det vill säga, det vet redan, det har redan upplevt det direkt på plats så att säga. Det behöver inte vänta på att ljusgnistan återvänder hem för att rapportera.

D. Huh, jag förstår det. Jag frågade bara för att jag har hört en del människor säga att vissa djurs själar kan utvecklas till högre och högre nivåer.

B. Det vet jag inget om. Jag tycker inte ni människor ska göra det så komplicerat, för det är tillräckligt komplicerat som det är. Det är komplicerat för mig också!

Skapandet är alltså inte en engångshändelse utan är en kontinuerlig process, under ledning av Skaparen, där var och en av oss är aktivt involverade och har en speciell roll. Ditt medvetande är en bit av din ande, som i sin tur är en bit av det Mästerliga Medvetandet, Skaparen. Du är här ute i en avlägsen del av galaxen i en fjärran otillgänglig del av universum, svävande på en solid värld genom rymden, men du upplever och skapar något, tillsammans med alla dina andliga släktingar, i det majestätiska universum som omger oss. Som en av våra guider sa, "Andevärlden är som en kedja och vi är alla sammankopplade, vi litar alla på och hjälper varandra".

Konsten att Leva

Vad jag äntligen förstod, efter flera månader, är den magnifika strukturen enligt vilken alla de andliga verkligheterna är organiserade. Det Mästerliga Medvetandet överför en idé till Råden, som gör den till ett projekt, och sedan delar vidare arbetet till de övre dimensionerna, där den initiala konstruktionen och planeringen görs, och sedan överlämnas den till olika grupper som alla har mycket olika förmågor, men där var och en är nödvändig för att allt "ska bli nått", som Bob skulle säga. Alla gör det bästa de kan med den kunskap de har, men en design är aldrig perfekt från början, för ingenting är statiskt. Lärande sker kontinuerligt, och detta leder till förbättringar över tid, inte bara hos människor utan även i alla andra skapelser, från stjärnor och planeter, till andra livsformer. Skapandeprocessen har inget slut, eftersom när förhållandena ändras krävs nya konstruktioner för att återställa balansen. Nya andar föds och de växer och lär sig efter den plan som Skaparen gav dem. Till och med andarna från de högre dimensionerna känner inte riktigt till meningen med allt detta, eller det högre syftet som det Mästerliga Medvetandet föreställer sig. Vi är tvungna att följa en viss väg, men vägens slut blir aldrig synlig, för det är inget som vi ska känna till. Vi gör bara det bästa vi kan med den situation vi befinner oss i, och det inkluderar att vara i en mänsklig kropp.

Svårigheten ligger alltid i det vi ska göra. Jag, till exempel, är väldigt mycket en vanemänniska, så att omfamna förändringar känns inte naturligt för mig. Målet med dessa lärdomar är dock att fokusera på vad som är möjligt för oss att nå, och återigen kommer vi tillbaka till det grundläggande när det gäller våra tankar och gärningarna. Även om det är viktigt att vi förstår den stora ramen för andevärlden, så är ändå det som är mest värdefullt, att kunna lämna detta liv med mindre bitterhet och skuld. Så i det här avsnittet kommer vi att försöka sammanfatta huvudpunkterna i deras budskap när det gäller vårt dagliga liv, som främst handlar om det som kallas de inre dimensionerna i de fysiska, emotionella och mentala lagren.

Det Tredje Lagret, den Fysiska Kroppen

Det fysiska fordonet är vår koppling mellan detta plan och vår ande. Kroppen designades och byggdes så att själen skulle kunna samverka med den tredje dimensionen. Eftersom det är både ett verktyg och en gåva, bör vi noga reflektera över hur vi bäst ska använda och behandla kroppen, och det innebär alltid val och beslut. Vi kan gå en promenad, jobba på ett projekt, ligga på soffan, äta en sallad, dricka en flaska vin, klaga på grannen eller något annat du kan komma på. De är alla handlingar som sker när du bestämmer dig för att göra något. Även om du måste gå till jobbet och sitta vid ett skrivbord, kan du välja att sitta rak i ryggen, eller hänga över bordet. Många av de beslut som vi fattar under dagen resulterar faktiskt i att vi misshandlar vår kropp. Till exempel kan en person känna ett sug efter flottig snabbmat och läsk med kolsyra, fosforsyra och mycket fruktos. Om du upprepade gånger ger efter för det suget kan det leda till fetma, diabetes och andra sjukdomar som kommer sig av att kroppen är sur. Att ge efter, eller inte, för en signal antingen från det mentala, emotionella eller fysiska lagret är ett val. Om du äter en stor glass och du får ont i magen i fem timmar, är det kroppens sätt att säga att den inte vill ha en stor glass. Om du dricker en halv flaska vodka och blir sjuk, kanske kroppen menar att den föredrar att inte bli förgiftad. Dessa är uppenbara signaler, men det finns många subtila som, om vi lyssnar på dem, skulle hjälpa oss att undvika alla typer av hälsoproblem. Att vara medveten om det fysiska lagret gör det lättare att välja handlingar som är fördelaktiga för kroppen.

Vårt moderna samhälle har utvecklats tekniskt mycket, mycket snabbare än andligt. Beviset på denna obalans finns runt omkring oss, i maten, vattnet, atmosfären och marken vi går på. Lyckligtvis blir människor alltmer uppmärksamma på hur giftrester i våra livsmedel, som odlas på kommersiella gårdar, kan orsaka neurologiska-, hormonella- och matsmältningssjukdomar och väljer istället att köpa ekologiska produkter. Eftersom vattnet i de flesta städer avsiktligt har spetsats med kemikalier från industrin, som klor och natriumfluorid, och indirekt förorenats av växt- och ogräsbekämpningsmedel, uppmuntrar vi dig att undersöka de ogynnsamma effekterna som kommunalt vatten kan ha på din kropp. Detta gäller inte i samma utsträckning i Sverige som i USA, men om du bor i ett land likt USA, och inte har tillgång till din egen vattenkälla, kanske du ska överväga att använda vatten som har behandlats med aktivt kol och vattenreningssystem med omvänd osmos, som tar bort de flesta gifter. Luften vi andas cirkulerar runt världen och bär med sig alla slags okända partiklar. Det finns några rimliga misstankar om att nanopartiklar av aluminium, barium, litium, kol och andra egendomliga tillsatser i jetbränsle kontinuerligt sprutas i den övre atmosfären som ett sätt att manipulera väderförhållandena. Du ska veta att Alzheimers sjukdom är ett resultat av ett återskapat missbildat protein, kallad prion. Det finns mycket som tyder på att aluminium är en av metallerna som kan göra att proteiner utvecklas onormalt. Aluminium kombineras med fluor för att göra aluminiumfluorid, som sedan kombineras med syre i blodet för att göra aluminiumoxid eller alumina. Aluminiumoxid kan passera in i hjärnan och potentiellt orsaka Alzheimers. Fluor levereras bekvämt till dig i dricksvatten, och aluminium finns det gott om i deodoranter, kastruller och stekjärn, tandkräm, processade livsmedel och antacider (*ett ämne som neutraliserar saltsyran i magsäcken*), som alla bör undvikas som pesten. Som vi nämnde i ett tidigare kapitel orsakar elektromagnetiska föroreningar många problem, såväl hos människor som i miljön. Ditt DNA har strukturen av en fraktalantenn och reagerar starkt mot elektromagnetiska fält. DNA-skador uppstår när EMF (*elektromagnetiska fält*) får DNA-strängarna att splittras, vilket kan leda till tumörer och cancer eftersom cellerna inte replikeras korrekt. Varje generation mobiltelefoner, från 2G, 3G, 4G och nu 5G, blir allt farligare när energin den alstrar ökas. Du bör aldrig hålla en mobiltelefon direkt mot örat när du pratar om du inte vill att din hjärna ska koka. Mobilmasterna och satellitkommunikationen orsakar också hål i det skyddande skiktet runt Jorden, vilket gör att strålning och andra energier negativt kan påverka atmosfären och livet på vår planet.

Vi avrundar vår diskussion om de moderna tekniska misstagen med den förstörelse som jordbrukskemikalier har och har haft på naturen. Detta går till stor del förbi obemärkt, eftersom de flesta bor hoppackade i städer, långt, långt borta från majssilon och GPS-guidade traktorer. Bob är väldigt bedrövad över dödandet av daggmaskar, insekter, fjärilar, honungsbin, grodor, paddor, fåglar, nyckelpigor och mikrobiella väsen som är absolut nödvändiga för en stabil miljö. När olika bakterier och svampar dör, dör också jorden. Många studier har gjorts som visar att vitamin- och mineralinnehållet i ekologiska frukter och grönsaker är mycket högre än i kommersiellt odlade produkter, och det kan spåras tillbaka till den mikrobiella verksamheten i jorden, eftersom den är ansvarig för att tillhandahålla kol, kväve och andra element. Sojabönor, som nästan alla är genetiskt modifierade i USA, innehåller mycket fytinsyra, vilket blockerar upptaget av zink, magnesium, kalcium och järn. Om du är vegetarian och äter mycket tofu, är oddsen ganska höga att du lider av mineralbrist. Om tillräckligt många människor avvisar den manipulerade maten och kräver att deras regeringar ska sluta samverka med tillverkare av kemikalier och det kommersiella jordbruket, kommer kanske rättmätig forskning och studier att göras för att bevisa skadan som många av dessa metoder har på de naturliga balanserna i naturen. Under tiden bör du själv ta det på dig att lära dig så mycket som möjligt om dessa ämnen och vidta åtgärder som minskar mängden gift i det du äter.

Det hade inte varit mycket diskussioner om det fysiska lagret inom de inre dimensionerna, så jag bad Ophelia att lägga till några av sina idéer för att hjälpa till att reda ut begreppen.

D. Det fysiska lagret, jag är lite osäker på vad jag ska säga om det. Gäller det handlingar som kroppen kan utföra?

O. Det handlar också om försummelsen av det fysiska. Du ser det hela tiden. Den fysiska upplevelsen kan handla om, låt oss säga, att äta för mycket. En själ kan komma hit för att uppleva fysiska problem. Det vill säga, en del fall kommer att handla om sjukdomar, andra om till exempel omåttligt ätande.

D. Är det något de är förprogrammerade till?

O. På sätt och vis. Jag skulle säga att den fysiska upplevelsen kan spela spratt och hindra den känslomässiga och mentala verkligheten att fullt blomma ut. En själ väljer normalt en mental eller emotionell resa. Men den resan kan bli svårare eftersom de fysiska upplevelserna kan få vissa att fastna. Så en (*karmisk*) kappa kan för någon vara bunden till det fysiska. Det vill säga, ha en tendens till att vara lite för aggressiv, vilket är relaterat till det fysiska. Även omåttligt ätande, som nämnts, hör till detta. Så det fysiska kan faktiskt ibland spela yngre själar ett spratt, eftersom de bara väljer att komma in i en emotionell eller mental verklighet. Det fysiska kan vara en fälla för vissa.

Men vissa själar väljer specifika läxor, som gäller det fysiska fordonet, som en av era vänner (*en vän i Sverige som har MS*), till exempel. Hon lär om väven inuti sig, impulser, återrapportering, hon undervisar skolmedicinen vad gäller vissa impulser i nerverna och väven, DNA-strukturerna. I det specifika fallet är det lite annorlunda. Den själen är inte bunden till en kappa. Det är ett sätt att rapportera tillbaka och likaså att lära det medicinska etablissemanget om nervsystemet och ljusfrekvenser. Men för det mesta är det fysiska relaterat till handlingar, och det kan på något sätt verka lite förvirrande för dig, eftersom du ser det som en emotionell eller mental källa, medan det fysiska helt enkelt projicerar första instinkten. Återigen, gör det inte för komplicerat.

D. Tack för det.

O. Vill du att jag ska klargöra något?

D. Det är alltid bra.

O. Vad vill du ha klargjort?

D. Det verkar som om de flesta fysiska handlingar kommer efter en tanke, så det verkar som om tanken eller känslorna skulle föregå dem.

O. Precis. Om någon har en kappa som är benägen till fysisk aktivitet, det vill säga att den tar över kontrollen från den känslomässiga eller mentala källan, och till exempel blir ett karma för den specifika själen. Så det är bara...ah, hur kan jag förklara det? Det är ett fordon som kommer att förlänga avsikten som sattes i det emotionella eller mentala området. Till exempel, omåttligt ätande, som jag kommer tillbaka till, det skapas även i det mentala eller emotionella lagret. Men om någon har en karmisk kappa relaterad till fysiska problem, kommer den fysiska verkligheten att kanalisera den impulsen på ett annat sätt. Ni har alla samma ursprung till, låt oss säga, att överdriva vissa saker, men om någon är för mycket i sin fysiska verklighet, kommer han eller hon att kanalisera det på ett sätt som inte nödvändigtvis kommer att vara till dennes absoluta fördel. Du kan se det som en kedjereaktion, det emotionella och mentala arbetar sida vid sida eller hand i hand, men det är i det fysiska som ni förirrar er. En mental handling av, låt oss säga ilska, kan kanaliseras på olika sätt. För någon som inte har ett förflutet, eller karma, med de fysiska verkligheterna, kommer det aldrig att kanaliseras. Men den som bara har varit här någon enstaka gång, kommer att kanalisera ALLA impulser, utan att tänka efter innan handling. Om det är för mycket av det fysiska aktiverat i en själ, vad den ska utforska vill säga, kommer den aldrig att reflektera över, eller analysera, några som helst impulser.

D. Det skulle alltså betyda att det är sinnet, ditt medvetande, som i slutändan styr hur du kontrollerar dessa impulser?

O. Det är ett filter om du så vill. Återigen arbetar de hand i hand. För att göra det enkelt för dig, låt oss säga att en idé härrör från det mentala, som en tanke, då tar det överhanden. Det känslomässiga är overksamt, liksom vilar. Det mentala kommer att skicka ut en impuls genom det fysiska, eller in i det fysiska. Vet att det finns flera väsen (*lager*) som driver de tre verkligheterna. Människokroppen är ett experiment för att se om filtret fungerar, det fysiska vill säga. Jag vet att detta förbryllar dig.

D. Ligger filtret i det fysiska lagret, eller är det mellan dem?

O. Mellan, i detta fall mellan det mentala och det fysiska. Där finns ett filter, en vibration, där ni har möjlighet att göra olika val. Om du ser tillbaka på den tiden när människan inte hade något filter, så snart en impuls uppstod, en tanke eller en känsla, kanaliserades det helt enkelt direkt, omedelbart, som instinkter. Djur fungerar så. Då är filtret tunnare mellan källan till ett uppsåt och till handlingarna.

D. Vad är det som utvecklar filtret?

O. Oh, det är något som ligger långt utanför det vi ska prata om. Men filtret ökar om du så vill. Det är det som är medvetenheten. Om ett filter är alltför tunt, primitivt, skulle ni vara som den forntida människan. När vi skapar en ny hominid, kommer filtret mellan tankar och känslor till handling, relaterat till det fysiska, att utvidgas.

D. Jag förstår. Jag förstår faktiskt vad du menar.

O. Utmärkt. Vi lämnar det nu, innan vi skapar mer förvirring i den här frågan.

Bob ger mig regelbundet hälsoråd, eftersom han är en av mina guider och alltid har följt mig, och han kommunicerar genom att skapa bilder i mitt sinne. Nu, när han kan tala direkt till mig, tar han igen förlorad tid. Han rekommenderar ofta att dricka vatten med pressade citroner och mineralsalt, vilket är intressant för mig, eftersom Edgar Cayce, en av de största transhealers, ofta rekommenderade människor att äta citroner för olika sjukdomar. Ett av Bobs recept är att pressa tre till fyra citroner, och mixa med en massa grönkålsblad, en morot, en handfull blåbär plus lite äppelcidervinäger, apelsinjuice, vatten och ett gram kaliumklorid och havssalt, som ska drickas som ett stärkande medel var morgon. Allt naturligtvis ekologiskt. Några kan kanske tycka att det smakar lite bittert, men jag tycker om smaken. För många år sedan brukade jag få muskelryckningar, och det kan vara ett tecken på magnesium- och kaliumbrist. Jag ersatte jodsalt med kaliumklorid, plus att jag tillsatte magnesiumcitrat i min kost, och det förbättrade situationen direkt. Som en juridisk ansvarsfriskrivning ger vi inte några medicinska råd, och vi rekommenderar heller inte dig, eller någon annan, att äta kaliumklorid, äppelcidervinäger, citroner eller magnesium utan att först kontakta din läkare för att få deras syn på dessa frågor.

Bob kan emellertid inte bry sig mindre om de medicinska etablissemangens behov av referenser, och han ger mig frikostigt hälsoråd, vilket jag uppskattar mycket. Det skulle ändå vara svårt att gripa honom, eftersom han bara kan kliva in i en sten och gömma sig. Här är en av hans kommentarer om att göra yoga och sköta om huden.

> B. Om jag får säga det, skulle jag vilja att du tar 15 minuter eller så på morgonen och stretchar. Det beror på att du är lite öm och stel. Och när du just vaknat är det ännu värre. Så för att få igång systemet för dagen kan du bara sträcka lite på dig. På golvet. Och du kan böja och röra dig och rulla runt. Du vet så där som du sitter som en Buddha och vickar från vänster till höger, fram och tillbaka. Som ett skepp på havet. Det ser nästan så ut, och huvudet som en mast. Vicka och röra dig och rulla, rulla som en båt på vågorna. Det är bra för dig för det stärker också korsryggen. Och på morgonen är du lite extra stel. Så jag föreslår att du

gör det här ca 15 minuter på morgonen. Du kan ha ditt kaffe bredvid dig om du vill. Men det är en morgonprocedur som hjälper dig.

D. Okej, det ska jag göra.

B. En sak du inte har gjort och som du kan göra är att ta ett bad. Bad med olja är bra för din hud.

D. Vilken typ av olja?

B. Lavendelolja är bra, rosolja också. Det finns också oljor som kommer från örter, särskilt rötterna. Anisrötter gör huden mjuk. Du kan till och med använda dom efteråt som en slags lotion. Oljor är bättre än den hudkräm du köper i butiken. Den är inte så bra för dig. Inte för nån av er. Vi skulle vilja att ni ändrar det och använder riktig olja, ekologisk, med olika dofter allt efter vad ni tycker om. Ni behöver inte gå runt och lukta tallbarr eller kottar. Hon här skulle inte vilja det. Du bryr dig inte, men hon skulle inte gilla det. Det finns rosolja som hon kan använda, bara för att göra henne lite glad. Men faktiskt, den hudkräm som ni köper hjälper inte torr hud. Den lägger sig bara som ett skikt ett tag och innehåller kemikalier som inte är bra för kroppen. Så vi vill att ni ska gå till den där ekologiska butiken som du tycker om, där du köper ditt kaffe. Dom har många olika kroppsoljor som du kan använda. Och du kan också ta några droppar i ett bad. Ett bad gör också kroppen varmare, och det kommer du att behöva nu under vintermånaderna.

D. Är det en rutin för morgon eller kväll?

B. Oh, det kan vara på kvällen, tack. Eftermiddag eller kväll. Morgonen är för yoga. Och för ditt kaffe, vi vet att du gillar det. Om vi lägger till mer, som bad och alla möjliga saker, så kommer ingenting att hända. Det är därför som vi väljer nått som är viktigare och det är yogan. Tänk på båten. Sitt som en båt och känn hur du rör dig över vågorna, rullar, rullar och så vidare. Om det är tråkigt kan du tänka på båten. Men det är bra för dig, min vän. Du måste vara medveten om din kropp. När du eller kroppen blir äldre tenderar den att stelna av naturliga skäl och du är redan lite stel. Så vi vill bara att du gör så gott du kan.

De Fjärde (känslomässiga) och Femte (Mentala) Inre Lagren

Bob talar ofta om det mänskliga fordonets utveckling, eftersom han var involverad i att åstadkomma några av dessa modifieringar. Han berättar om hur vi blir alltmer ansvariga för våra handlingar, när hjärnans kapacitet och koppling till själsenergin har expanderat.

D. Människor är fortfarande rätt mycket som sina gamla förfäder, eller hur?

B. Dom första människorna var varelser med större kapacitet att röra sig och agera, men dom hade mindre hjärna. Det var mer en fysisk individ än en emotionell och mental. Så dom kände bara, dom kände bara som, typ hunger, törst, jag behöver eld, värme, kyla och så vidare. Det var mer preciserat och tydligt, det kom inte som olika slags, eller en kedjereaktion av, känslor eller tankar, det bara kom - som så här: Hungrig. Törstig. Om det inte kommer, som att du har olika alternativ att välja bland, så kommer det fysiska bara att agera, eftersom det då hade mer kontroll.

D. Verkar som att det fortfarande finns många av dem.

B. Skillnaden är att nu är det känslomässiga och mentala väldigt aktiverat. Det är bara så att dom ignorerar signalerna som kommer. Tidigare ignorerade dom inte dom, för dom förstod dom helt enkelt inte eftersom signalerna bara kom som en impuls. Nu har alla hela spektrumet, eller hela informationen, MEN dom struntar i att agera på ett visare sätt, eller från ett högre perspektiv. Så dom bara agerar, PRECIS som dom som tog pälsar. Det finns ett helt spektrum som alla kan se i det fysiska. Ni kan agera som en grottmänniska, men det kommer att SES på annorlunda, FÖR NU kommer det inte i form av en impuls. Dom som tidigare agerade på det viset blev inte dömda, eftersom dom inte hade samma filter. Men DET BLIR NI NU. Val kräver att man är uppmärksam och väljer klokt. Nu döms ni mer för dom val som ni gjort i era tankar och handlingar, för själsenergin är större nu än då, när den fungerade mer från ett fysiskt perspektiv, vill säga. Eftersom det fysiska då var mer ansvarigt kom dessa impulser bara som ett litet stänk från dom känslomässiga och mentala lagren, inte som ett helt spektrum av val som nu. Så nu utvärderas och prövas ni på nått sätt för alla era handlingar och alla era tankar, för ni är faktiskt mer i linje med er själ. Och med det kommer också mer ansvar.

D. Det var en väldigt bra beskrivning, Bob.

B. Umm, ni kan fastna som en insekt på lim om ni inte agerar klokt. Om ni hade samma filter, som den forntida personen, skulle inte era handlingar dömas. Men nu när själen kommer in med mer kunskap, och med möjligheten till flera val, så krävs det också att ni agerar på ett visst sätt.

D. Så att alla människor kan kontrollera sig själva?

B. Oh, det finns fortfarande några som agerar som grottmänniskor. Så när man ser det kan man faktiskt bli lite upprörd, eftersom vi vet att insidan inte är lika primitiv som tidigare. Ni har nu mer själsenergi, och också fler alternativ för hur ni kan agera. Vi dömde inte dom tidigare hominiderna, eftersom dom inte hade samma, eller olika, val. Dom kände hunger och dom åt. Dom frös och dom tog nåns päls. Men nu, Okej, jag är hungrig, men ni kan välja att inte döda nått. Ni kan gå till butiken och äta en massa olika saker, ni kan välja nu. Då hade dom inga val, dom hade inget ICA eller Coop som dom kunde gå till. Nu om ni fryser, behöver ni inte bära nåns hud, ni har möjlighet att ta på er nått annat. Det är det jag säger.

D. Ja, det är förståeligt.

B. Med val kommer ansvar. Det är vad jag vill säga om det.

Det Sjätte Inre Lagret av Helande Energier
Inom alla dessa sessioner verkar vissa idéer inte framträda så tydligt som de förtjänar. Det sjätte lagret av de inre dimensionerna, nivån för helande energi, faller kanske inom den kategorin. Det är en vibration över det mentala och emotionella, men under den verkliga anden och fungerar på något sätt som en bro mellan det fysiska och det andliga. Våra vänner har sagt att de som försöker använda energin i det sjätte lagret, men fortfarande behåller band till det fjärde och femte lagret, inte kan fungera som verkligt sanna healers och lärare. För att använda energierna av ren kärlek och empati, för att läka sig själva och andra, krävs att man har kopplat

ifrån de fysiska, emotionella och mentala lagren. Detta kan bäst förklaras med ett exempel. Om någon har en holistisk praktik, vare sig det handlar om en bönegrupp, massage, Reiki, andlig healing, kristallterapi, hypnoterapi, akupunktur eller annat, så blir syftet en avgörande del av förmågan att knyta an till de högre energierna. Om det finns en dold önskan att bli beundrad som en stor healer, till exempel, ska man komma ihåg att söka beundran är en vibration från det fjärde lagret, och närvaron av den energin kommer faktiskt att dämpa eller undertrycka healerns förmåga att kanalisera energier från det sjätte. När de är som bäst, mest effektiva och uppkopplade, ska healern helst inte ha någon anknytning till patienten eller förväntan om resultatet. Till och med en känsla av medlidande, som inte är detsamma som empati, kan störa healerns inre tillstånd. På liknande sätt måste patienten också frigöra sig från banden till det tredje, fjärde och femte lagret för att vibrationerna i sjätte lagret ska ha en stark effekt. Någon som går till en healer och bär på rädsla, ilska, lust, självömkan eller liknande tankar är inte korrekt inställd till de andliga avsikterna som är nödvändiga för att läka. När de utför denna typ av arbete, öppnar healern upp för de högre vibrationerna, men ibland även för andra vibrationer som kan vara närvarande. Vi rekommenderar både healer och patient att skapa en skyddande energibubbla omkring sig själva. Helande energi flyter endast i en riktning; från det högsta, genom healern, till patienten. Som ett exempel utvecklade nyligen en av Christines vänner i Sverige, som är healer, en svår huvudvärk efter att ha arbetat med en klient. Den höll i sig i flera timmar efter behandlingen. Det verkar som om hon hade tagit in vibrationer från klienten som inte resonerade väl med hennes egen energikropp. Ibland är det inte lätt att separera sig från dem du försöker hjälpa, men healern bör alltid blockera dessa vilsegångna energier. Ett sätt är att förbereda sig och betona syftet innan du öppnar upp ditt energifält för yttre påverkan.

Christine och jag renar oss alltid med rökelse, liksom det utrymmet vi använder, innan vi börjar en session. En gång när Bob kom in, hostade han lite. Han berättade för oss att han inte tycker om rökelse, och att andar faktiskt flyr undan den energi som släpps ut när vit salvia bränns. Även om Bob inte gillar energin som frigörs när saker bränns uppmuntrar han oss att ha våra ritualer och sätta vår avsikt för att de ska närma sig.

D. Är det bra att vi använder rökelse i rummet innan vi börjar?

B. Jag är lite känslig för rök och sånt. Det borde du ha tänkt på, innan du blåste det på mig! Jag blir tilltäppt i näsapparaten om det är för mycket rök. Jag undviker det, allt mitt folk undviker det så mycket som möjligt, när det gäller rök. Det är faktiskt inte nått som finns i en andlig verklighet, det är nått som människan här har hittat på för att kommunicera med högre väsen. Men inte alla av oss vill komma när dom där rökelseritualerna äger rum. Det är mer som en signal egentligen att nån vill prata. Det är mer så. Men på nått sätt är det bra, för du sätter upp en avsikt, som Ophelia nämnt, så på nått sätt renar du systemet. Eftersom du vandrar omkring i en rätt snuskig miljö, kan nån faktiskt nästan vara fastklistrad vid dig, så det är riktigt bra att du gör det som en ritual. Men du ska veta att varelser, som jag, kan reagera olika på rök. Alla slags dofter egentligen, vi är känsliga för olika slags dofter, så vissa saker undviker vi och andra dras vi till. Varför tror du att bin och getingar inte kommer, när dom där rökgrejerna används? (*Biodlare använder rök för att få bin ur bikupan innan de öppnar den, något som Christine inte visste*) För dom gillar det inte, dom tycker inte om att bli brända. Så det förstod folk, och skaffade den där lilla spiralsaken och tände på, och den ryker så myggorna inte ska komma, till exempel. Så dom kommer inte, se det som ett tecken för dig. Vet bara att vi accepterar att du gör det, eftersom det sätter avsikten för det arbete ni ska utföra, och det är också ett skydd för rummet, så du vet, att använda rökelse i den meningen är en riktigt bra idé. Det är inte som det är en massa trafik här av andra varelser, men det är ett bra sätt att komma in i ett tillstånd där ni tillåter andliga väsen att kommunicera med er. Jag är bara lite känsligare än andra.

Indianska kulturer har alltid gjort reningsritualer med salvia, cederträ och andra örter, så det som Bob sa är mycket logiskt, eftersom röken faktiskt driver bort andar. Christine och jag utför samma ritualer varje gång vi har våra sessioner, vilket är till stor hjälp för att få sinnet att bli tyst och fokuserat. Vi sätter upp en cirkel av kvartskristaller som vi har hittat i de närliggande bergen. Efter att rummet har renats, använder vi våra tibetanska skålar och uppmanar sedan den Stora Anden, våra skyddsänglar och andra högre varelser att omge och beskydda oss i ett gyllene ljus av kärlek, och att bara tillåta de väsen som ser till vårt allra bästa att komma in i den heliga cirkeln. Ophelia, Zachariah och de andra skapar alltid en skyddande bubbla för oss att arbeta inom. Jag är säker på att de flesta healers har sin egen ritual som sätter avsikterna relaterade till deras arbete.

Det Sjunde Inre Lagret, Kopplingen till Andevärlden (av Christine)

Vad är en andlig guide, har jag en, och hur kan jag arbeta med mina guider? Det här är några vanligt förekommande frågor och det finns många sätt för dig att utöva kommunikationen med ditt eget team av andliga hjälpare. Från min sida vill jag försöka belysa de olika guider som du kan komma i kontakt med, vilka tecken du ska vara uppmärksam på och hur du kan arbeta med ditt eget team. Helt enkelt, vad du kan göra om du vill förbättra länken till andevärlden och framför allt ditt Högre Jag.

Att arbeta med våra andliga guider är en stor glädje och en ständig källa till självförverkligande, trygghet och ett högre lärande. Trots att mina hjälpare har bytts ut under resans gång, så har deras omsorg varit konstant och visdomen gradvis alltmer fascinerande. Det är med en känsla av djup vördnad att få uppleva den enorma omtanke de erbjuder oss då vi välkomnar dem in i våra liv.

När jag först började på min andliga resa visste jag inte så mycket om dessa kloka hjälpare som vi alla har omkring oss. Ja, även om du aldrig upplever, ser, känner eller hör dina guider, kan du vara lika säker som att solen går upp på morgonen, att du har åtminstone en andlig hjälpare. Min första kontakt kom under en guidad meditation i Stockholm, som var utformad just för att möta en guide. Fastän jag inte visste vad jag skulle förvänta mig, hade jag under meditationen en känsla av att se och höra "något", men intalade mig själv att det bara var något ur min egen fantasi. Sex månader senare deltog jag i en kurs för andlig och intuitiv utveckling som varade i åtta veckor. Vid den tidpunkten hade jag i princip glömt bort varelserna jag hade sett och hört i meditationen, men det tog inte lång tid för dem att återigen göra sig påminda. Den här gången gick de inte obemärkt förbi.

Jag var full av iver, för jag kunde inte bara höra och se dem, men jag kunde också känna energiskiftningarna i rummet, och omkring mig, när de närmade sig. Min första guide gav mig namnet Cicero, han visade sig själv som en romersk soldat och var ganska bestämd i sitt framträdande och i sina budskap. Han och jag har delat flera liv tillsammans under Romarrikets era, och i ett av liven hade han rollen som min mentor i att behärska svärdet. Våra guider tar på sig de funktioner, roller och personligheter som de vet att vi troligtvis kommer att känna igen. Även om det kan verka självklart är det ändå värt att nämna att Ciceros själ inte går omkring i andevärlden iklädd full rustning som en romersk soldat. Han visade sig helt enkelt på ett sätt som skulle utlösa en reaktion och aktivera mina cellminnen, och så gör alla våra hjälpare. Cicero stannade med mig i ungefär ett år, varefter vårt arbete denna gång troligen ansågs vara slutfört. Han gick vidare, och i mitt fall kom nya andliga guider in med andra lärdomar.

Som en sökare efter högre visdom och syfte är jag extremt tacksam för stödet och kärleken från mitt andliga team. De har gett mig djupa insikter, de vägledde mig till min man genom att ge detaljerade visioner om oss och vår framtid, och de såg till att jag inte skulle missa honom, när han till slut dök upp två år senare. De hjälpte mig också att knyta an till mitt Högre Jag, och visade glimtar av min vistelseort i andevärlden, vilket gav mig bitarna till mitt eget pussel om vem jag är och anledningen till att jag är här. Andlig utveckling är en livslång process och jag fortsätter att lära mig och finslipa mina färdigheter med ett öppet hjärta och nyfiket sinne. Om du är intresserad av att följa en andlig väg, vet att det är en oändlig resa fylld av möjligheter och lycka. Den kommer att expandera för varje steg du tar, och den kommer hela tiden att överraska och utmana dig.

Vad är en andlig guide? En andlig guide är någon som helt kort eller under en längre tid går med oss på vår resa genom livet. Dessa kloka varelser kan komma i många olika skepnader, men de har alla ett gemensamt mål, och det är att hjälpa oss genom olika händelser i livet. En sak är dock säker, de hänger inte bara omkring och väntar på att vi dödliga ska kontakta dem, men när vi behöver dem kommer de omedelbart att svara. Se dessa hjälpare som dina bästa vänner, som inte bara har ditt allra bästa och största välbefinnande som högsta prioritet, utan som också har den övergripande bilden till hands. De följer dig på nära håll, eller på avstånd, beroende på din personliga utveckling eller vad ni har kommit överens om innan du gick in i detta liv. Deras tillgivenhet är obegränsad. Även om du verkar göra allt fel, kommer de tålmodigt att hjälpa dig tillbaka på rätt spår utan att någonsin säga, "Vad var det jag sa?", även om det var just det de gjorde. Andliga guider är våra osynliga vänner som älskar oss villkorslöst.

Vilka olika andliga guider finns det? Det finns oräkneliga andliga hjälpare, från en mängd olika verkligheter, som tilldelas unika uppdrag baserade på sina egna fotavtryck på skapelsen. De kan bistå oss personligen, ta hand om Jorden och mänskligheten som helhet, eller de kan vara beskyddare av större frågor bortom mänsklig förståelse. Vi kommer här att fokusera på några av de vanligaste guiderna som du kan komma att träffa på när du arbetar med andevärlden.

Den första hjälparen du antagligen kommer att möta är en som du har delat flera liv med här på Jorden. Vi kan kalla denna hjälpare en personlig guide. Detta är vanligtvis inte din huvudguide, utan någon som är väl bekant med dina färdigheter och utmaningar när du inkarnerar.

> Personlig Guide: När du kommer till Jorden kommer ofta någon som du har inkarnerat många gånger med att fungera som en guide. Denna andliga hjälpare kommer att visa sig på ett sätt som speglar hur han, eller hon, såg ut under en tidigare livstid. Normalt bistår denna hjälpare dig i din personliga utveckling och pekar på dina för- och nackdelar, så att säga. Den här guiden hjälper dig att förstå vilka färdigheter du kan förbättra för att du ska kunna ta dig an ditt sanna uppdrag. Han eller hon kommer också att öppna dina ögon för gamla vanor, mönster som kan förhindra att du når de uppsatta målen och vad som kan vara nyttigt för dig att släppa. (*Ophelia i vårt team är Daves personliga guide, som inkarnerades som hans mor i ett avlägset förflutet.*)

> Nära och Kära: Bara för att en kär familjemedlem eller vän har gått bort, betyder det inte att de har lämnat oss. På många sätt har våra nära och kära samma uppdrag som en personlig guide, även om deras huvudsakliga syfte är att ge oss tröst och en kärleksfull närvaro så vi kan veta att de har det bra. Både personliga guider och nära och kära är mycket intresserade av vårt dagliga liv och kommer inte att klaga om vi så att säga ringer upp för en sen pratstund.

> Portvakten: Den här hjälparen kan faktiskt vara din personliga guide eller en älskad vän. Min guide Cicero agerade en tid som portvakt, och jag har en nära vän vars far i andevärlden fungerar som hennes. Din portvakts primära

funktion är att se till att miljön runt dig är trygg när du utövar andlig kommunikation. Se den här guiden som din personliga livvakt, och om du senare väljer att arbeta professionellt som medium kommer portvaktens roll att vara ännu viktigare.

Specialister: Dessa guider hjälper din personliga guide eller din huvudguide med specifika frågor, till exempel din skolgång eller ditt arbete. De skickas för att vässa eller väcka vissa färdigheter, och de ger disciplin och förståelse inför de större stegen du tar i livet. (*Zachariah är specialist när de gäller utbildning för både Dave och mig*).

Huvudguide: Det här är den som känner dig allra bäst, den som tilldelats dig i andevärlden och den som ansvarar för din själs utveckling och framsteg. Det här är ofta faders- eller modersväsendet som ansvarar för din själsgrupp. Den här guiden är med dig genom hela din utvecklingscykel, från när du började inkarnera tills långt efter det att du är färdig med Jorden. Ni har antagligen vid någon tidpunkt inkarnerat tillsammans, men när du själsligt vuxit upp lite tar din huvudguide normalt ett steg tillbaka. Se denna kloka varelse som en förälder, som låter sitt barn pröva sina egna vingar men som ändå alltid är närvarande för att se till att du flyger i rätt riktning. (*Isak är min huvudguide, och Jeshua är Daves*).

Naturandar och Djur: Som vi tidigare har diskuterat är det Mästerliga Medvetandet närvarande i alla levande varelser, i större eller mindre grad. Ibland förenas denna energi med varelser från den andra dimensionen, som kan lägga till en annan nivå av intelligens till allt levande. Denna andliga aktivitet och närvaro i naturen, såsom i träd och växter, i vattnen och stenarna omkring oss, är välkända fenomen för olika ursprungsfolk. Vår käre vän Bob är en av många från den här världen, och han har levererat så många fantastiska insikter under den här bokens tillkomst. Mängden energi från det Mästerliga Medvetandet kan justeras i djur, så vissa husdjur kan ofta få lite mer kärleksfull energi från Skaparen, speciellt avsett för dig. På det viset ledsagar dig det Mästerliga Medvetandet direkt och ger dig insikter om kamratskap, ovillkorlig kärlek och ren lycka. Ditt husdjur kan också innehålla en naturande, som gör dig medveten om vikten att vårda Jorden och att hedra alla livsformer. Om ett visst djur speciellt tilltalar dig, eller ofta dyker upp i dina meditationer eller drömmar, är det förmodligen ditt kraftdjur. Djurens karakteristiska beteenden representerar något inom oss själva som vi bör studera, och det finns många böcker om hur man tolkar djurens symboler. Andar från den andra dimensionen använder ofta djur för att interagera direkt med oss människor.

Healing Guider: Detta är som en personlig läkare, den som tar hand om ditt fysiska, mentala och emotionella välbefinnande. Din healingguide kommer att vaka över dig hela livet och du kan lätt känna av denne när du sitter i ljusets kraft. Vanligtvis jobbar healingguiderna med oss när vi sover, de kan visa sig med bekanta särdrag eller helt enkelt som en ljuspelare. De kan komma från flera dimensioner, men de från den andra dimensionen är förmodligen de som är mest kopplade till den här typ av arbete. Andra dimensioner kan vara till hjälp när det gäller emotionell eller mental disharmoni. (*Bob har flera gånger berättat för oss hur han vakar över och arbetar med Daves kropp när han är inkarnerad, vilket indikerar att han är en healingguide*).

Skyddsänglar: Det här är ett något diffust begrepp, eftersom alla andar som arbetar för dig kan betraktas som beskyddare, även nära och kära. Men det kan finnas en särskild grupp av andar som är mästare i att manipulera fysiska verkligheter och som kan ingripa i vissa händelser på begäran av andra guider. Mirakulösa upplevelser, som att komma helt oskadd ifrån en fruktansvärd olycka, kan vara ett resultat av deras aktivitet. Guider kan visa sig för oss i manlig eller kvinnlig skepnad och med mycket olika personligheter. Änglar, å andra sidan, är androgyna ljusvarelser med en högre vibrerande energifrekvens och de har aldrig vandrat som dödliga här på Jorden. När det gäller fri vilja och de kosmiska lagarna, står ingen andlig varelse över dessa, men varje skyddsängel som kretsar runt dig kommer att göra allt de kan för att skydda dig från skador och styra om dig från att fatta dåliga beslut. Det finns dock gränser för hur mycket de kan ingripa i din själs utvecklingsplan.

Ärkeänglar: Dessa änglar är varelser utöver det vanliga. De är en förlängning av Skaparen själv och de är alla healers. Ärkeänglarna är i huvudsak allas beskyddare, inblandade i nästan varje aspekt av mänsklighetens utveckling och framsteg. Ophelia nämnde en gång att dessa vistas i den tionde dimensionen. De är beskyddare för alla planeter och alla livsformer, och precis som alla änglar har dessa högt vibrerande andliga varelser aldrig inkarnerat på Jorden.

Högre Mästare: Dessa varelser hör till de högre dimensionerna, de är de galaktiska mästarna, medskaparna av stjärnsystem, galaxer och de kosmiska lagarna. De är mästarlärare i alla dimensioner och universum. Vissa är involverade när det gäller Jorden och överföring av kunskap, vetenskapliga läror om helig geometri och fysik, såväl som den andliga vägledning som finns i den här boken. De lägger ofta in idéer i utvalda människors medvetande för att införa ny teknik, vetenskap eller andra progressiva idéer till vår verklighet. (*Jesuha och Zachariah betraktas båda som mästare av högre grad*).

Det Högre Jaget: När du gör andligt och inre arbete, kommer du gradvis att komma mer i kontakt med din egen själ och din andes natur, även känt som ditt Högre Jag. Det här är en process, och beroende på din själs energi kan det först uppfattas som en utomstående guide. Så snart som du har insett din sanna identitet kommer du att arbeta utifrån din egen källa och få direkt vägledning inifrån.

När vi nu har täckt några av de andliga varelserna omkring oss och vilka du kan komma i kontakt med när du arbetar andligt, är det dags att lära dig mer om hur du kan kommunicera med dina guider. Men innan vi gör det, vet att ditt andliga team inte övervakar eller undersöker dina tankar dygnet runt, och de skulle aldrig inkräkta på eller göra intrång i din privata sfär. Det är också värt att nämna att från andevärlden sett ses ingenting någonsin som en hierarki, det finns bara en skillnad i vibrationer och frekvenser. Därför, om någon säger att de bara pratar med ärkeänglarna, aldrig med de *vanliga* änglarna, eller hur de bara sitter och småpratar med de uppstigna mästarna, då bör du dra öronen åt dig och vara lite betänksam. Tänk på att önskan att vara något för mer, eller på en högre nivå än någon annan, bara är en mänsklig uppfattning, inte en andlig.

Vilka är då de olika sätten att utöva andlig kommunikation på? Precis som med allt annat har vi alla olika verktyg i vår verktygslåda, vi är bättre på vissa saker och mindre utrustade på andra. Att utöva andlig kommunikation är som att lära sig ett nytt språk. Det är en dubbelriktad kommunikation, där din guide och du, ni båda, måste ta reda på vilka verktyg som är de vassaste och sedan använda dem.

Till exempel, om du inte är klärvoajant (*klarseende*) av naturen, kommer din guide förmodligen inte att spendera särskilt mycket tid på att försöka överföra bilder till dig. Men låt säga du är clairaudient (*klarhörande*) då kommer din andliga hjälpare att skicka information via ord. Här är några av de vanligaste sätten att tona in på andevärlden och din egen intuition.

<u>Intuitivt Seende</u>: Förmågan att få visuell telepatisk information om ett objekt, person, plats eller fysisk händelse genom dina inre, snarare än dina fysiska, ögon. Denna förmåga kallas klarseende eller klärvoajans (*clairvoyance*).

<u>Intuitivt Hörande</u>: Förmågan att höra ljud eller ord från icke-fysiska varelser, vilka inte är hörbara för det normala örat. Denna upplevelse kallas klarhörande eller kläraudians (*clairaudience*).

<u>Intuitivt Kännande</u>: Vissa människor ser inte bilder eller hör röster alls, men de kan uppleva starka förnimmelser i kroppen. Jag har en känsla av att dessa empatiska färdigheter, eller klarkännande förmågor, är de vanligaste intuitiva gåvorna i vårt samhälle. (*Clairsentience*).

<u>Intuitivt Vetande</u>: Andevärlden tar en direkt kontakt med sinnet. Detta kallas klarvetande (*Clair-cognizance*).

När du har kommit underfund med din starkaste kanal för att lägga märke till din andliga guide, som kan vara fler än en, finns det många val för dig att kommunicera med dina osynliga hjälpare. När du arbetar med de högre världarna rekommenderar vi dig alltid att börja din session med en öppningsbön, där du bara bjuder in dem som skickas för att hjälpa dig på det högsta och mest kärleksfulla sättet. Det markerar avsikten för ditt arbete och fungerar som ett fyrtorn av ljus för andevärlden. När du avslutar din session, glöm inte att tacka dina guider, och viktigast av allt, glöm inte att släcka ner fyrtornet igen, så att du är jordad och helt tillbaka i den mänskliga vibrationen.

Vilka tecken ska jag vara uppmärksam på? Vanliga signaler, när din guide närmar sig, kan vara ett surrande ljud i öronen, eller en stickande känsla i fingertopparna eller runt skalpen. Du kan uppleva blixtar av färger bakom ögonen eller helt enkelt känna energiskiftningar i rummet. Beroende på guidens syfte kan du tona in på det, vilket kan vara en plötslig känsla av; styrka, trygghet, empati, kärlek, klarhet, lekfullhet eller glädje, för att bara nämna några. Det är också vanligt att bli berörd till tårar när du öppnar upp för dessa högre kärleksfulla vibrationer.

Några verktyg när du arbetar andligt. Meditation och drömmar är två kända kanaler för andevärlden att kommunicera med oss, och kan vara både tydliga och kraftfulla budbärare. Med regressionsterapi kan du utforska viktig själsinformation direkt och är ett annat sätt att få insikt om dina själsvänner och guider. Andra hjälpmedel för andliga övningar är; kristaller, tarot-/änglakort, en pendel eller pekare, ljus och rökelse, samt eteriska oljor där bland annat lavendeloljan har en egenskap som kan förstärka din intuition. Och kanske viktigast av allt, skapa dig en andlig dagbok.

Din resa till mediumskap. Det första steget är förmodligen att delta i en workshop eller någon av de kurser som hålls med fokus på andlig utveckling och intuition. Här kommer du att erbjudas ett smörgåsbord av kreativa och andliga övningar och metoder för att öka din inre medvetenhet. Du kommer att lära dig att arbeta med pendlar och tarot, förstå och utöva psykometri, få lära dig mer om våra chakran, samt hur inspiration och kreativitet är två heliga nycklar i ditt andliga uppvaknande. Detta kommer att ge dig den grund som behövs innan du tar steget in i olika typer av healing eller mediumskap, där du inte bara kommer att förbättra dina gåvor ytterligare, utan också förstå etiken och ditt eget ansvar om du senare vill utöva detta offentligt eller arbetar med klienter.

Något annat värdefullt med att delta i dessa kurser är de människor du kommer att träffa. Ofta får du nya vänner för livet, och något som heller inte är ovanligt, är att det är själar som du har träffat flera gånger tidigare, under andra livstider. Något jag nämner i nästan alla föreläsningar, och när jag arbetar privat med människor, är hur utvecklande det är, och hur mycket du kan lära av, att arbeta tillsammans i en privat andlig cirkel, och hur mycket glädje det ger. Jag var en del av ett par olika cirklar tills jag slutligen landade med två andra kvinnor, som jag båda hade träffat under min mediumutbildning i Stockholm. Under ungefär tre års tid träffades vi regelbundet i denna privata cirkel, och det var i den miljön som min kommunikation med andliga guider och andra ljusvarelser ökade. Här lärde jag mig och skapade min egen plattform, särskilt att arbeta med trans, kanalisering och transfiguration.

Jag rekommenderar starkt alla på en väg av själslig utveckling att gå med i, eller starta, en privat cirkel tillsammans med andra som delar intresset av medial och andlig utveckling. Inte bara för att göra egna framsteg, utan det är också gratis och ett bra komplement till de formella utbildningsprogram du kanske vill delta i.

Kort om själslig kanalisering och transmediumskap. Om du vill utveckla transmediumskap, måste du i allmänhet vara beredd på att det kan ta lång tid. Det är önskvärt att du har någon med dig när du tränar och utvecklar trans, inte bara för att dokumentera och hjälpa dig genom att ställa frågor, utan också för att övervaka sessionen och dig. Jag rekommenderar inte att du arbetar ensam. Men som tidigare nämnts, vi har alla olika verktyg i vår verktygslåda, och det finns många andra sätt att utöva andlig kommunikation som kanske passar dig bättre.

Jag önskar dig allt gott på din andliga resa!

- Christine

Ophelia Talar om Guider
Världen styrs inte av kaos och slumpmässiga händelser, som vetenskapsvärlden vill få dig att tro. Andevärlden har en mycket stor kontroll över vad som sker på Jorden. Eftersom det tyvärr är en slags skola, får beslut som fattas av en massa outvecklade själar vanligtvis fritt spelrum, eftersom det handlar om läxor som ska läras om orsak och verkan av alla tankar och handlingar. Du är här för att lära dig och uppleva vissa saker, och allt i ditt liv är organiserat för ditt eget bästa. Tänk hur osannolikt det skulle vara att träffa din själsfrände, till exempel, om det inte fanns någon

samordnad bakomliggande insats. Att veta detta borde inge en känsla av hopp för alla, även inför de mänskliga tragedier som verkar vara ständigt närvarande, för vårt öde styrs alltid av dem som bryr sig djupt om var och en av oss, och om denna värld.

O. Vi är glada över att ni tar upp de många olika sätt som andliga varelser kan ingripa och beblandas sig med dem som vistas på detta plan.

D. Jag tror att det är viktigt för människor att förstå.

O. Det vi önskar är en förklaring i slutet av boken, om vad andliga guider är och hur de kan nyttjas. Det skulle vara till hjälp, och detta inkluderar även nära och kära.

D. Hur skulle du uttrycka det om du skulle hjälpa mig att skriva?

O. Ge bara en handbok om vad en andlig guide är och hur de kan kommunicera med sin motsvarighet på det här planet. Du har fått information om naturen från din lille vän. Nära och kära är ett annat område. Djur ett tredje, husdjur. Änglar, glöm inte änglarna, många människor resonerar med den verkligheten eftersom det får dem att känna sig trygga.

D. Är du från en änglavärld? Skulle du kunna betraktas som en ängel?

O. Sjunde och åttonde är på något sätt relaterade till det som anses vara en änglavärld. Men tio är det också.

D. Vistas de änglar som människor hela tiden talar om, som Gabriel, på din nivå?

O. De vistas på tionde och elfte.

D. Är de verkligen som människor beskriver dem och ser dem?

O. Ta inte den bilden ifrån dem, den är på sätt och vis sann. De uppfattas som stora fåglar med vingar. Det finns varelser inom änglarnas rike som är ren kärlek genom det sätt de omfamnar er. Det är därför de har återspeglats och avbildats som fåglar med stora vingar. Det är just det faktum att de omfamnar er, som tilltalar själar, men de är inte fåglar, de bara återspeglas som sådana. Energin från den tionde dimensionen är en ren kärleksomfamning.

D. Ingriper dessa varelser ibland för människors räkning här på Jorden?

O. Hmm, de som ingriper personligen är från sjunde eller åttonde. Den tionde resonerar med mänskligheten och planeterna som helhet. Skyddsänglar finns i alla världar, på sätt och vis.

D. Stämmer det att människor har en huvudguide som tilldelats dem?

O. Normalt, ja. En som tilldelas för varje destination (*Jorden och andra ställen*). Men förstå att många av dem som ni kommer i kontakt med inte nödvändigtvis färdas till andra destinationer. Så, ja, de har en guide, när de inkarnerar på det här planet. Ni tilldelas en mentor, om du så vill, när ni färdas från er källa. Någon som är bekant med era destinationer och era framsteg på var och en av dem.

D. Vem är min personliga guide när jag inte är inkarnerad?

O. Din personliga guide finns på den nionde. Hans namn är Jeshua. Han är den som har känt dig allra längst.

D. Och du?

O. Jag färdas tillsammans med dig, min vän, särskilt när du reser långt, till fysiska verkligheter, eftersom du inte brukar vilja komma.

D. Så, både du och Zachariah gör det här?

O. Zachariah ansvarar för din utbildning.

D. Och vad gör du, specifikt?

O. Jag får dig att känna dig trygg, jag får dig att känna dig älskad när du färdas. Jag omger dig med en moderlig energi som du längtar efter, när du är på det här planet. Många livstider som föräldralös har satt spår i din själ, och jag önskar att det ska raderas.

D. Tack för det.

O. Trots att du delar denna livstid med syskon, fungerar du fortfarande lite som föräldralös. Inom dig känner du dig fortfarande som föräldralös, många livstider, särskilt från år 800 e.Kr. och framåt. Några på grund av olyckor, men det har skapat ett ärr i ditt känslomässiga väsen. Min närvaro är för att göra dig medveten om att du aldrig är föräldralös, du är alltid en del av din familj.

D. Oh, tack. Och min vän, Bob?

O. Han är till för att sprida ren glädje åt dig. Det är han som är källan när livet har bestått av glädje och skratt. Se tillbaka, de gånger när du helt enkelt bara brast ut i skratt, då kunde du känna av honom. Jag är här för att omge dig med en omfamning av moderlig energi, han är här för att uppmuntra dig att fortsätta, och att se det hela som ett litet skådespel. Det är han. Hans syn på denna verklighet är att det är som en liten teaterpjäs. Han är också här för att se till att du kommer ihåg betydelsen av natur och djurliv. Att inte ta mer än du behöver. Han var lite bekymrad över ditt yrkesval, när det blev aktuellt. Förstod inte riktigt varför du valde det. Han hade önskat att du skulle arbeta med haven.

D. Det kan jag förstå. Verkar avlidna familjemedlemmar på något vis som guider?

O. Ibland. Särskilt far- och morföräldrar. Eftersom föräldrar kan vara lite för nära, men far- och morföräldrar brukar fungera som andliga guider när de går vidare.

D. Kan de göra det från sitt hem i den femte och däröver?

O. De går ner i den fjärde, för att ta emot och ansluta sig med dem på detta plan. Det mötet äger alltid rum inom den fjärde. Vissa har förmågan att överföra sin medvetenhet upp till den femte. Ändå har ni förmågan att kommunicera med dem från ert hem. Se det som ett regn av ljusgnistor från de dimensioner där ni vistas, när ni inte är här. Den som är uppmärksam på dessa signaler, som ni faktiskt är programmerade att vara, möter dem fortfarande i den fjärde verkligheten, men bara vid gränsen av den verkligheten, om du så vill, (*mellan den fjärde och femte*). När ni färdas och verkar ansluta till en högre verklighet, ska ni veta att de har gått ner i det gränsskiktet mellan den fjärde och den femte. Det är därför ni kan komma ihåg vissa verkligheter. Men er mentala kapacitet kan aldrig ansluta och lämna för att besöka, om du så vill, förrän ni helt lämnar detta plan.

D. När människor sover, lämnar deras själ kroppen för att färdas till andra platser?

O. De kan lämna upp till femte. Ni båda har faktiskt färdats längre, men det behöver ni inte ta upp för mycket i er bok. Vissa gör det faktiskt.

D. När människor sover, kan de ha möten med sina guider och andra?

O. Normalt sker det i klassrum på den femte, i bekanta områden för studier, mötesplatser i trädgårdar äger normalt rum inom den femte. Hon här (*Christine*) färdades en gång i sitt sinne till klassrummen på den sjunde, väl medveten om att hon var där som gäst, men tog med sig bilderna från den verkligheten. Hennes vän (*namngav en av Christines vänner i Sverige*) bekräftade dem, och då visste hon att hon hade förmågan, hmm, på samma sätt som din vän (*Bob*), att projicera sig själv. Detta är vad hon gör, hon har förmågan att projicera sig till andra verkligheter, och det är också vad som kommer att fortsätta ske.

D. Är det något som gemene man kan göra?

O. Nej. Vissa har varit kända för att kunna projicera sina inre ögon till yttre destinationer. Detta är vad som kommer, ingen anledning att utforska det vidare just nu.

D. Okej, tack.

O. Oh, ingen orsak. Avsluta din skrift med det faktum att var och en har sällskap av en andlig varelse och hur de kan visa sig i en mängd olika skepnader som är bekant för själen.

D. Är den personliga guiden normalt sett från samma dimension som den inkarnerande själen?

O. Hmm, mycket bra fråga. Nej, inte alltid. Hon här färdas med Isak, som inte är från samma verklighet. Han tilldelades henne på grund av dynamiken och uppdraget över tid, liksom du och jag, inte heller från samma. Kompletterande energier lämpade för uppdraget. Hon här behövde den manliga faderliga energin som projiceras från Isak, medan du behövde en närvaro av den moderliga energin. Allt tillhandahålls baserat på vad ni behöver när ni reser, inte vad ni behöver när ni är hemma. Ganska annorlunda.

D. Ändras huvudguiden, eller guiden som färdas, varje livstid?

O. Nej. Det kan ändras något baserat på vissa mindre detaljer, uppdrag, omvägar, om du så vill. Det är då andra guider kommer, normalt de som tränar för att bli andliga guider. När detta sker kommer huvudguiden normalt att ta ett steg tillbaka, och låter de yngre guiderna helt enkelt ta över ansvaret för utbildning och kommunikation. Det är annorlunda när det gäller någon som kommunicerar från den andra dimensionen.

D. Från ditt perspektiv, när en person på Jorden behöver hjälp eller vägledning, hur vet du när det händer?

O. Det känns helt enkelt som en signal, som en puls. Allt har en ton. Vissa ser det som färger. Vi resonerar med toner. När du stöter på vissa händelser på detta plan överför ni alla toner. Några genom skorstenen. Då tar inte nödvändigtvis de på de övre nivåerna hand om det, men när något inträffar från själspartikeln inuti dig, när signaler skickas från den källan, då svarar vi... normalt. Detta tas om hand av huvudguiden. Det betyder inte att den guiden själv kommer, utan kan skicka en praktikant att verka och kommunicera för att ge tröst, utbildning eller beskydd. Så när ni går genom livet sänder ni alla ut energivågor, som vissa andliga skikt uppfattar som toner eller färger, det spelar egentligen ingen roll vad, eftersom de alla bär på information som de högre nivåerna kommer att uppfatta, och vi svarar. Vid vissa tillfällen svarar vi inte, och om så är fallet, är det förutbestämt att själen vill hantera den händelsen utefter sin egen förmåga.

D. Jag tror att det är viktigt för människor att veta.

O. Oh ja.

D. Annars kanske de ser det som att de är övergivna.

O. Ingen är någonsin övergiven. Men själen kan ha beslutat, innan den lämnade andevärlden, att själv hantera vissa läxor. Om så är fallet, kommer guiderna endast att övervaka tonerna, vibrationerna från själen på detta plan, kontrollera hur själen interagerar med de läxor och händelser som äger rum. Alltid närvarande, men ingriper kanske inte.

D. Så saker som händer med människor under deras liv, saker som skulle anses som traumatiska, är de flesta av dem planerade i förväg?

O. Detta är inte något för er att framföra. Ni är inte ansvariga för själarnas uppdrag. Ändå, förstå att de faktiskt kommer hit för att träna på hur de kommer att reagera på vissa händelser, så i det avseendet, ja, de har valt det. Ändå på detta plan, på grund av tendenserna här till att döma, är det ett lite känsligt fält att beträda.

D. Jag förstår.

O. Ingen vill känna att de har misslyckats, att de straffas. Det är något ni måste hantera varsamt.

D. Jag ser vad du menar och förstår det verkligen.

O. Ni behöver inte ta itu med det. Ni är här för att sprida ljus. Förstå att ljus och mörker uppfattas annorlunda på detta plan än på de högre nivåerna.

D. Ja, det var frågan jag hade tidigare, om människors liv styrs, att det inte finns några misstag.

O. Inga misstag. De stora händelserna är inga misstag och de övervakas ständigt från den högsta källan som är tillgänglig för den specifika själen. Ändå, förstå att, baserat på nivån av själens utveckling, kan de ha valt att arbeta något avskilt, eftersom detta ger tillfälle till ett större växande.

D. Tack.

Andliga Guider i Djur

Den närmaste följeslagaren kan för många människor vara ett älskat husdjur som ger tröst och kamratskap när människor inte gör det. Några av de djur som vi har haft kan ha verkat ovanligt intelligenta eller känsliga. Bob beskriver hur mängden själsenergi i djur kan justeras, så det är mer än troligt att de djur du ansåg vara extra speciella, faktiskt hade mer andlig energi än andra, antingen från det Mästerliga Medvetandet, eller eventuellt i form av ett väsen från den andra dimensionen, som Bob. Han sa också något ganska intressant om hur andliga guider faktiskt kan ansluta till länken mellan det Mästerliga Medvetandet och alla växter, träd eller djur för att få en bild av vår verklighet genom dessa varelsers sinnen. Din guide kan titta på strömmen av data som skickas från hunden tillbaka till molnet. Bob påstod inte att din guide gör det särskilt ofta, men att det är ett annat sätt för dem att samla in information som de kan använda för att hjälpa dig under vissa perioder.

D. Känner du till andra personer på den andra dimensionen som gör detta? (*Jag menade någon som talar via en mänsklig kanal*).

B. Nej. Ah, dom kommunicerar, det gör dom, helt klart, men jag vet inte om nån pratar genom en vän på det här viset, det vet jag inte. Men jag är säker på att det finns såna från min verklighet som också skulle vilja komma in och prata direkt, på samma sätt. För vi går faktiskt in i olika varelser som är designade för att det Mästerliga Medvetandet ska ingripa, så vi kan också ingripa i den individen. Det är som ett möte, mellan oss och det Mästerliga Medvetandet, nånstans mittemellan. Vi kan göra det, men som jag sa, om man väljer att göra det med ett djur så kommunicerar dom ju inte och pratar rakt ut, så att säga, så där är man lite begränsad. Men du kan säkert skriva om det här, eftersom det är ett faktum att människor kan se det i sina egna husdjur. Vissa husdjur är mer en blandning av den andra dimensionens energi och det Mästerliga Medvetandet. Det är en blandning däremellan, men dom pratar ju inte på det här viset.

D. Vad sägs om andra andliga guider?

B. Den andra dimensionen kan fungera som en guide, i ett djur, så det är vad det är, genom ett djur.

D. Om jag hade en hund, kunde Ophelia eller Zachariah också förena sig med den?

B. NEJ!

D. Bara den andra dimensionen?

B. Andra dimensionen, eller det Mästerliga Medvetandet, som också är en slags andlig guide. Men det är inte som en personlig guide, som följer dig från olika inkarnationer, fram och tillbaka, i dom olika verkligheterna som du färdas till. Men, visst, det är en andlig guide.

D. Så kan det Mästerliga Medvetandet...

B. (Avbryter) Ophelia kan det inte, hon smälter aldrig...hon kan inte smälta samman med ett djur.

D. Det är bra att veta.

B. Men hon kan på nått vis...och detta är på en högre nivå, men precis som jag är säker på att Gergen, och Ophelia också...och några från Rådet med, på nått vis kan övervaka och genom det Mästerliga Medvetandet kan se in i en individ. Så i det avseendet är dom närvarande, men inte på det sättet som du menar. Så dom kan ta en titt, men dom går inte IN. Så, om du har en hund, det kan finnas en massa energi från det Mästerliga Medvetandet, eller det kan bara vara en individ från den andra dimensionen som är därinne, eller nån väldigt personlig, till och med nån som du känner riktigt, riktigt väl från den andra dimensionen, nån som jag. Så kan det också vara.

D. Okej, det var fantastisk information. Jag uppskattade att du kom till vår lilla offentliga session häromdagen.

B. Var skulle jag annars vara? (Skrattar) Huhuhuh! Jag är alltid redo!

D. Vill du prata med andra också?

B. Ja, det vill jag! Jag tycker om att titta på dom och se var nånstans dom kan behöva lite korrigering och hjälp, så att dom riktigt kan blomstra. Eftersom vissa är ledsna inuti och när dom går ut, sätter dom på sig den där lilla...som en kapsel nästan, en mask, och vissa vill bara bli sedda. Så du vet, jag känner att det är nånting jag vill göra, att bara få människor att känna sig sedda. För du vet, det är som när nån går nånstans och nån annan frågar, "Hur mår du?" Och alla säger, "Oh, jag mår jättebra". Men det gör dom inte, dom bara sätter på sig den där kapseln, för det är liksom vad man *ska* säga, att man mår jättebra. Men ibland vill människor bara bli sedda. Så, du vet, när jag upptäcker det försöker jag göra det, se dom.

Slutord
Den här boken är skriven för att vår grupp av andliga vänner önskade att deras budskap skulle presenteras för allmänheten. Vi har försökt att troget förmedla både orden och avsikten med det som har sagts under de hundratals timmar av fascinerande diskussioner. Det har varit en ära och ett privilegium för både Christine och mig att vara en del av detta projekt. Vi har fått höra att det finns många ytterligare vågor av kunskap som ska komma under de närmaste åren, så vi ska fortsätta göra vår del i att organisera budskapen i kommande böcker, allt eftersom de tillåts bli tillgängliga. Fram till dess är det bara på sin plats att de får, med sina egna ord, ge dig sina slutliga tankar och uppmuntrande ord.

> Z. Du bör måla upp bilden av en slags stege, för att människor ska förstå hur de, om de vill, kan gå upp och ner för denna stege. Stegen för individuella framsteg på Jorden, och hur ni, när ni går upp en nivå, kan ha problem att förstå ert tidigare jag, så som ni var innan ni tog det steget. Och hur människor bör vara beredda att lämna vissa saker bakom sig, sådant som inte gynnar dem längre. Många människor är tunga. När ni går upp på er egen personliga stege måste ni förstå att vissa saker kommer att lämnas kvar. Idéer, händelser och omständigheter skapade av andra. Människor likaså, och detta är den besvärliga delen för många. Att skiljas från något skapar en form av stress i människors liv har vi sett.

> D. Kan du ge mig ett exempel?

> Z. Den delen av, hmm, när någon närstående går bort, då uppstår det, skulle jag vilja säga, nästan som en vägg som förhindrar den som är kvar att fortsätta sin vandring uppför sin stege, därför att människor kan känna att det skulle betyda att de glömmer det de hade.

D. Jag förstår.

Z. När det sker har de en tendens till att stanna, även om stegen är precis framför dem. Det skapar en slags känsla av att vara en dålig människa, nästan som en slags otrohet. Varför ska jag vara lycklig? Det är många av de frågor som människor har, ska du veta. Många känner att de inte har någon rätt till sin egen lycka. Men man ansvarar bara för sin egen stege, och vi uppmuntrar er alla att fortsätta, att inte fastna på grund av en etikett som man tror att någon, eller något, har klistrat på en. Oftast kan detta uppstå i en partnerrelation, där någon lämnar tidigt, men kan även upptäckas om någon har förlorat ett barn. Att få ett nytt barn kan ibland upplevas som att man skulle ha glömt det första. Du ska ge människor hopp, en gemenskap av lärande, inget dömande. Det är mycket långt ifrån hur många skrifter beskriver detta, de dömer! Och du ska veta att det är något vi inte ser lättvindigt på. Det finns inget dömande från vår nivå. Att släppa taget betyder inte att glömma.

D. Det var väldigt bra, tack. Ophelia nämnde en gång att vi skulle avsluta den första boken med saker att 'göra och inte göra'. Hur skulle du beskriva de ämnen som vi ska diskutera?

Z. Ett av ämnena bör handla om den karmiska kappan, och att era tankar är en skapande kraft. Att låta människor tro...hur kan man säga, att inte sätta sig till doms över andra människors tro. Uppmuntra dem till att förstå att deras egna tankar skapar det de upplever och att de själva besitter kraften till att ändra det. Dömande kommer från dem själva om de misstolkar det. Det är inte upp till någon att döma andras tankar. Själen kommer att göra det ändå. Men ta upp det faktum att de har ett val. Hur villig man är att arbeta med sin karmiska kappa och sina tankar, är en process inom varje område, kopplat till detta plan. Alla vill vika ihop sin kappa, vara färdig med alla sina läxor. Vissa människor har tagit på sig fruktansvärda uppdrag den här gången och är ivriga att få höra budskapet att det ligger inom deras egna val att vika ihop sin kappa, även om det inte nödvändigtvis kommer att ske under denna livstid. Gör dem medvetna om de möjligheter som ligger inom deras egna val. De är själva de enda som tillåts göra förändringar, det är unikt för varje individ. Gör inte bara som grannen, ni har ingen aning om hur er grannes kappa ser ut. Det är lätt att låta mönster och beteenden smitta av sig på er, om ni inte är villig att ha era egna. Det är lättare att vara en följare än att vara unik i ert eget val av idéer, tankar och handlingar. Vi uppmuntrar också att ni släpper sociala bojor. Missuppfattningar om hur man ska handla eller tänka för att bli accepterad. Vi godtar INTE att någon anger en ram för hur man ska uppträda för att bli accepterad. Det finns ett flertal bojor som måste brytas. Tryck på det faktum att det är lättare att följa, eftersom ni har fått lära er att det är så ni ska handla, se ut, bete er eller vad ni borde ha! Säger vem, kan man undra? Detta är något som ni kan ta upp från ett andligt perspektiv, en själ är alltid accepterad. Era handlingar, tankar och beteenden kommer bara att dömas av er själva, men först när ni har lämnat jordelivet. Det är det som är karma. Ni kan själv välja och vraka mellan olika sätt att handla, och se till att nästa gång ni kommer tillbaka så kan er kappa ha en annan färg. En färg som ni, låt oss säga, kanske tycker bättre om. Likaså, tankar ska ni ta upp. Människor fokuserar bara på handlingarna. Tankar är lika starka som en fysisk handling. Sett från andevärlden är det ingen skillnad.

D. Stort tack för den sammanfattningen, Zachariah. Säg mig, vilka fördelar har själar som utexaminerats från Jorden när det gäller deras andliga arbete?

Z. Hmm. Det finns många svar på din fråga (*Lång paus*) Först och främst ser vi inte nödvändigtvis på utvecklingen som en examen. Det är själva upplevelsen som själen tar med sig för att lära andra. Den hopvikta jackan, som kan kopplas till, "YESSS! nu har jag verkligen tagit min examen här!" får på något vis själen att känna det som att den har förstått gränserna på den nivån. Många själar kan gå tillbaka utan att inkarnera, helt enkelt bara återvända mentalt, på energinivå, om du så vill, till den fjärde dimensionen. Helt enkelt bara för att påminnas om sin livsväg. Det är en pågående process, men man har, om du så vill, lärt sig behärska vissa ämnen på detta plan, som är andligt besläktade. Inte allt är andligt relaterat för att ni ska växa. Men vissa saker, som empati, när ni har lärt er behärska det, ja, då tar ni er examen. Empati är lätt i andevärlden, men inte här. Vissa ämnen leder till det du kallar en examen. Att vara empatisk, om alla omkring en agerar i harmoni och med kärlek - inga problem, eller hur? Empati ligger i att förstå och handla i enlighet med ditt hjärta, eller solar plexus området, mot dem som beter sig illa. Det är en av de största läxorna på detta plan.

D. Vissa andar skapas, är födda för att komma specifikt till Jorden, eller hur?

Z. Ja.

D. Har du några råd du vill dela med dig innan vi slutar?

Z. Ni har alla olika uppsättningar av färdigheter, och era andliga guider uppmuntrar er att använda dem klokt och dela er kunskap med andra. Några av er kanske inte känner till att ni har detta specifika verktyg eller denna uppsättning färdigheter. Vet att allt finns precis under ytan, redo att påbörja denna resa tillsammans med andra. För närvarande sker en stor förändring i denna nation (*USA*) såväl som över hela världen. Denna nation måste befrias från olika bojor; religiösa, sociala och politiska. Vi är här för att uppmuntra er alla att göra er del, oavsett vilket område ni känner er mest engagerad i. Vissa av er här på Jorden har talets gåva, men är för närvarande inte medvetna om rösten inom er. Budskapet som vi önskar att ni delar med andra avser Jorden och hur det har blivit passivt på många sätt. Rädsla kan göra människor passiva. Just nu innebär uppvaknandet att ta steget från att vara passiv till att agera, och ni kan göra det på olika sätt. Andevärlden kommer att hjälpa till på det sätt vi kan, både individuellt och globalt.

O. (*Ophelia kom fram under en offentlig session med ett budskap för alla*). God kväll, det här är Ophelia. Jag hälsar er alla. Jag är här för att ge tröst till dem som inte riktigt förstår vad som händer omkring er. Som nämnts är världen återigen i behov av tröst. De av er som är upplysta och som följer er inre röst har förmågan att bistå detta projekt.

Helig Design

Uppvaknande betyder också att ge budskap till andra i små portioner, om ni så vill. Ert arbete är inte att dränka andra med den kunskap ni har, utan att bjuda in dem att lyssna och dela den kunskapen pö om pö. Jag är så väldigt tacksam för att ni omfamnar er ande, er egen själ och ande, såväl som era guider som ständigt finns med er. Vi är stolta och vi följer er, genom svåra tider och i glädjefyllda stunder. Ni har själva valt era liv och era upplevelser är era egna. Ni utformade er väg, vi hjälper er bara att stanna kvar på den vägen.

D. *(Vår kära vän, Bob, får nu de sista orden)* Har du något annat du vill dela med dig av?

B. Ja, jag är jätteglad att fler människor ska lära känna mig och att jag får dela lite av min kompetens. För, du vet, många gånger, är alla liksom, "Oh, kolla högt upp, se upp till änglarna och alla andra slags varelser, väldigt högt upp!" Men dom glömmer att se ner på sina fötter, och vi är bara liksom under fötterna, typ, vi är riktigt nära. Så, du vet, jag pratar jättegärna om sånt som ligger lite närmare den här verkligheten. För ibland kan människor ha problem med att ta till sig idén "Oh, jag måste vara så gudomlig, jag måste göra allt det här så bra och jag måste nå så högt". Alla möjliga saker. Men, du vet, dom små sakerna räknas också. Jag vill också säga att alla ska förstå, och veta, att ni har ett annat kompetensmönster inom er, för det är så ni har designats. Om ni inte hittar eller följer det mönstret, är det som att ni glömmer vem ni i verkligheten är. Ni struntar i den potential ni har och där ni verkligen skulle kunna göra gott och utvecklas. Jag vet att det finns några som försöker motstå, och undvika, att följa sin design, men dom uppmuntras av sina egna kamrater *(i sin självsgrupp)* att utforska mönstret och kartan som dom har inom sig. Vissa kallar det ritningar, det är den inre kartan som du har inom dig, som Skaparen har placerat i dig och i allt som getts liv, eftersom allt är skapat för att fungera och utföra ett visst uppdrag, om du så vill. Jag är säker på att Skaparen, som är ursprunget till avsikten och syftet med allt, under den här specifika cykeln önskar att alla dimensioner ska komma närmare och bli kända på det här planet. Jag är så glad att omfattas och få vara en del av allt det här.

Det är vi också, kära vänner. Det är vi också.

Böcker av Christine Kromm Henrie and David Henrie

The Spiritual Design; Channeled Teachings, Wave 1

The Spiritual Design; Channeled Teachings, Wave 2

Notes from the Second Dimension, Volume 1

Helig Design; Kanaliserade Budskap, Första Vågen
(*Svenska Derivat*)

Planerade utgåvor 2020-2021

Helig Design; Kanaliserade Budskap, Andra Vågen
(*Svenska Derivat*)

The Spiritual Design; Channeled Teachings, Wave 3

Notes from the Second Dimension, Volume 2

Publicerade av Access Soul Knowledge, LLC

Lakewood, Colorado, USA

För information om någon av våra böcker, besök vår hemsida:
AccesSoulKnowledge.com